断鳌立极

陈雳 ★ 著

：数字科技与绿色金融

SPM 南方传媒 | 广东人民出版社

·广州·

图书在版编目（CIP）数据

断鳌立极：数字科技与绿色金融/陈雳著. —广州：广东人民出版社，2023.8

ISBN 978 - 7 - 218 - 16371 - 0

Ⅰ. ①断… Ⅱ. ①陈… Ⅲ. ①数字技术—应用—金融业—绿色经济—研究—中国 Ⅳ. ①F832 - 39

中国版本图书馆 CIP 数据核字（2022）第 253165 号

DUAN AO LI JI

断鳌立极

陈　雳　著

出 版 人：肖风华

策划编辑：赵世平
责任编辑：赵瑞艳
责任技编：吴彦斌
出版发行：广东人民出版社
地　　址：广州市越秀区大沙头四马路 10 号（邮政编码：510199）
电　　话：(020) 85716809（总编室）
传　　真：(020) 83289585
网　　址：http://www.gdpph.com
印　　刷：广东信源文化科技有限公司
开　　本：890mm × 1240mm　1/32
印　　张：9.125　　**字　数**：200 千
版　　次：2023 年 8 月第 1 版
印　　次：2023 年 8 月第 1 次印刷
定　　价：69.00 元

如发现印装质量问题，影响阅读，请与出版社（020 - 85716849）联系调换。
售书热线：(020) 87716172

　　陈霁博士撰写的宏观经济周期与资本市场研究专著《断鳌立极》一书，是在中国大力推动数字经济建设，同时探索绿色金融体系建设的新时代大背景下，针对数字经济发展的战略、方法以及与金融创新的结合实践，阐述了中国绿色金融发展的现状、问题和趋势。本书立足金融视角，探讨了数字经济与绿色金融发展的时代命题，勾勒出当代中国经济发展特定领域的路径。

　　大力发展数字经济是助力中国经济高质量发展的关键之一，本书在此基础上深入探究了数字科技赋能下的金融创新，围绕区块链与数字货币进行了详细的分析，为数字人民币推广背景中的理论探索提供了有力支撑。作为经济学概念的数字经济是通过大数据的识别—选择—过滤—存储—使用，引导、实现资源的快速优化配置与再生，实现经济高质量发展的新经济形态。数字经济作为一个内涵比较宽泛的概念，凡是直接或间接利用数据来引导资源发挥作用，推动生产力发展的经济形态都可以纳入其范畴。在技术层面，包括大数据、云计算、物联网、区块链、人工智能、5G 通信等新兴技术。在应用层面，新零售、新制造等都是其典型代表。继农业经济、工业经济之后，以数据资源为关键要素的数字经济快速发展，其以现代信息网络为主要载体，以信息通信技术融合应用、全要素数字化转型为重要推动力，促进公平与效率更加统一。数字经济发展速度快、辐射范围广、影响程度深，正推动生产方式、生活方式和治理方式深刻变革，成为重组全球要素资源、重塑全球经济结构、改变全球竞争格局的关键力量，其引发了社会和经济的整体性深刻变革。

绿色金融方面，本书全面梳理了近十年来中国绿色金融发展的历程，并重点阐述了绿色金融服务实体经济的成就、挑战和建议。此外，就当下国际先进的ESG投资理念进行针对性剖析，实现时间上由远及近、空间上由外至内的全方位覆盖。绿色金融是指为支持环境改善、应对气候变化和资源节约高效利用的经济活动，即对环保、节能、清洁能源、绿色交通、绿色建筑等领域的项目投融资、项目运营、风险管理等提供的金融服务。绿色金融可以促进环境保护及治理，引导资源从高污染、高能耗产业流向理念、技术先进的部门。当前我国绿色金融政策稳步推进，在信贷、债券、基金等领域都有长足发展。绿色金融有两层含义，一是金融业如何促进环保和经济社会的可持续发展，二是金融业自身的可持续发展。前者指出绿色金融的作用主要是引导资金流向节约资源技术开发和生态环境保护产业，引导企业生产注重绿色环保，引导消费者形成绿色消费理念；后者则明确金融业要保持可持续发展，避免注重短期利益的过度投机行为。因此，本书是一部具有较强理论综述和现实指导意义的著作，尤其在当下，如此聚焦性的分析成果值得政企学研各方给予关注。

这部专著特色突出，主要体现在三个方面：其一，本书对数字经济与绿色金融发展的历程、现状与趋势进行了详细梳理，凝练了战略意义、实践措施和完善建议，方便读者全景式了解数字与绿色概念在中国的发展。其二，在资料详细梳理的基础上，立足金融视角深入探讨了数字经济对金融创新的驱动以及绿色金融体系的构建，并延伸分析了数字金融与绿色金融对产业发展的支持作用，针对性地回应了党的二十大报告强调金融服务实体经济的时代号召与政策要求。其三，本书在最后，从服务产业回归金融行业出发点，展望了数字经济、绿色金融与中国资本市场的关系，紧扣"双循环""高质量发展"等国家宏观经济战略，提出了数字经济和绿色金融发展的真知灼见。

鉴于"后疫情"时代数字经济加速崛起，应对气候变化成为全球共识，国内外的现行措施和经验将会为未来发展提供有益的参考。因此，在当下全球经济疫后复苏重启以及全球低碳转型刻不容缓的关键节点，本书具有一定的理论与现实意义，有助于推动中国数字经济与绿色金融的发展，为金融服务实体经济贡献力量。

国家金融与发展实验室副主任

曾 刚

2023 年 1 月 1 日

进入二十一世纪以来，全球数字化进程逐渐加快，大数据、云计算、人工智能、区块链等数字科技的发展广受重视，世界各国开始奋力推动数字经济的发展。我国同样意识到数字科技在经济发展中的重要地位，在传统经济活动的基础上，着手数字化的发展，目前中国数字经济呈现长足发展的态势，是创新我国经济发展方式的强大动能。

除数字科技外，绿色金融体系建设也备受海内外重视。随着全球极端天气事件增多、能源危机问题频发，经济的绿色低碳可持续发展成为世界各国的重要议题。绿色金融为经济绿色低碳发展提供重要支撑，发展绿色金融能够有效调整我国经济及金融结构，推动我国经济和环境的可持续发展。

二十多年来，陈霁博士主要从事宏观经济和资本市场研究，积累了深厚的研究经验，拥有许多独到、深入且犀利的见解。他撰写的这本书深入浅出地从多个维度对数字科技和绿色金融相关领域进行探究，阅读后，读者将能够对数字科技和绿色金融有更深层次的理解。

　　本书首先围绕数字科技相关内容展开。"大国博弈，科技为王"章节阐明科技创新对于国家发展战略的重要意义，以及数字科技对于金融创新的关键作用，分析未来科技发展的核心赛道，探究科创板、北交所助力我国科技发展的作用路径。"数字科技赋能下的金融创新"章节对数字科技的应用进行更进一步的探讨，梳理海内外数字货币、数字银行、信贷科技、支付科技等领域的发展趋势，分析我国资本市场的数字科技创新情况和数字科技发展过程中的机会与阻碍，并对金融、电子政务、文化传媒与艺术、房地产、消费、物流等行业应用数字科技提出发展建议。"数字货币与人民币国际化"章节加深对区块链技术、大数据、数字货币的介绍，阐述了人民币国际化的战略意义。之后，本书对绿色金融展开探讨。"绿色金融发展现状及展望"章节对国内外绿色金融的发展进行了详细介绍，点明"低碳绿色转型是产业升级之路"，并分析了构建完整绿色金融生态的方法路径。"日益重要的 ESG 投资理念"章节则对 ESG 投资进行详细阐述，并对产业（特别是对电力行业）参与 ESG 投资提出独到见解。最后的"数字化、绿色化的中国资本市场"章节是对中国经济数字化、绿色化发展的总结以及对未来经济发展格局的展望。金融的本质是服务实体经济，绿色金融在数字科技的赋能下，高效服务绿色经济的发展。

　　书中对数字科技和绿色金融进行了详细阐释，随着全球科技高速发展，加快数字化进程是效率改革，是大势所趋，应用数字科技是国家、企业未来发展的关键。同时，在能源枯竭、气候变暖的地球危机大背景下，绿色思维同样是未来发展的重要核心，

断鳌立极

完善绿色金融体系，将对绿色低碳发展转型大有裨益，助力经济的高质量可持续发展。相信未来数字化、绿色化将助力我国经济实现更好的发展。

中银证券全球首席经济学家

管　涛

2023 年 2 月 2 日

1

第一章
大国博弈，科技为王

1.1 科技创新投入彰显国家战略意识

科技创新是经济发展的重要推动力，全面发现、开拓和创造人类社会发展需要的新科技，对于促进科学技术发展从而推动经济社会的发展有着重要作用。另外，技术创新也可以提升中国在世界价值链环节上的地位。具体来看，利用科学技术创新推动中国企业走向国际产业价值链中高端的内在作用机制在于：首先，基础科学研发的重大突破，有助于扩大企业产销链上游研究创新环节的产业规模和提高行业总体技术含量，有效掌握产业重要技术，提升产业价值链。其次，在信息化、智能等技术领域的创新，增强了企业技术能力，推动了中国创新型产业集群的迅速成长。最后，通过采用新管理、新技术、新方法，打破了以往的经营和发展方式，让传统产业重新激发生机与活力，从而获得更高的附加效益。也因此，在技术革新的驱动下，我国制造业可以提高传统产业水平与培养发展创新型企业并存，进一步向全球产业价值链中高端跃升，从而推动国民经济高质量发展。

科学技术不仅在国民经济方面产生重要作用，而且在全球政治、军事、外交等方面，也开始发挥重大作用。随着全球资金、劳动力以及生产成本的日益增加，企业通过降低经营成本而获取更高收益、产生更多财富的行为，开始受到了更多的制约。同时科学技术逐渐成为国家核心生产力，也开始成为一国工业、农业和服务业中提高商品价值、增强全球竞争力和占领市场所不能忽略的决定性要素。如20世纪的美国，在核武器、计算机技术、航天航空、生命科学等各项技术方面有了重大突破，为后来美国发展成为超级大国打下了基础。二战之后，美国成功引领了世界绝大多数重大科技领域的发展，把这种技术力量所造就的国家硬实力，逐步转化为具有一定全球话语权的国家软实力。也正是依靠这一强有力的技术支撑，美国才能在国际交往中把握主动权。

对中国而言，技术创新对国民经济发展有非常重要的积极影响，它能够提升中小企业的效益，扩大经营活动的范围；推动生产方式转型，实现绿色发展创新；引导产业发展，实现人民对美好生活的向往；提升我国在世界价值链中的地位，形成正面的社会影响。技术创新推动企业成长的主要逻辑就是促进要素效率的提高，使公司具有长期竞争性，从而增强其可持续发展能力。

技术创新也催生了新型技术模式与新型经营模式，二者都能有效地影响公司价值活动。新型技术模式形成初期，公司基于风险分散、成本分担、效益至上等考虑，优先扩大横向价值活动边界，采取兼并同类公司、横向协作等多种形式，以占领传统技术范式转移取得先机，并迁移至新的技术发展道路上；但在产业性科技创新范式形成的完善时期，为了统一技术标准，公司逐渐趋向于纵向协作，并更加精细地分工，拓展了纵向价值活动边界。

对于中国来说，加强科研创新体系建设，增强国内科技创新活力的重要性不仅在于为中国经济发展提供持续动力，还在于为目前存在的人口老龄化、国内需求不足等问题提供解决方案。

近年来，我国出生率降低、人均预期寿命增长，老龄化是未来的趋势。在部分发达国家（如日本、法国、德国等），生育率近年来一直低于保持人口稳定所需的水平。同时随着医疗科技的进步，有分析机构预计65岁的预期寿命未来每十年将增加一岁。据此估算，到2050年，平均老年抚养比率（65岁及以上与15~64岁的比率）将翻一番。根据国际货币基金组织（IMF）数据，目前日本的老年抚养比率已经超过40%；到2050年，全球将有55个国家抚养比率超过50%，人口老龄化已经不可避免。

根据IMF分类，人口转型主要分为四个阶段，分别为人口转型后期（日本、德国等发达国家）、人口过渡进阶阶段（中国、越南等新兴国家）、人口过渡初期（印度、墨西哥等国家）、人口过渡期之前（其他第三世界国家）。处于人口转型后期的国家生育率下降、老龄化速度加快，适龄劳动力人口、人均产出和国民储蓄面临下降压力；人口过渡进阶阶段的国家虽然正在享受人口红利（储蓄率较高），但这种红利正面临结束。

2023年我国宏观经济呈现了恢复趋势，而从市场结构分析，生产端的恢复速度远快于需求端；在需求侧，基础设施建设和地产投资的恢复速度也比消费和制造业要快。这也从一定意义上说明，当前对中国经济的有效需求还不够，且供求错配问题仍然突出。凯恩斯学说指出，虽然人们的消费水平随着人均收入的提高而上升，但是这个关系中并非1:1的比率。而由于人均收入的提高，人们的边际消费水平（提高一单位人均收入所引起的居民消费开支的增长量）呈现下降倾向。边际消费偏好下降规律的出现，也象征了相对于工薪阶层而言，富人阶级的边际消费偏好相对较小。所以，即使面对着财富的累积，其消费意愿并没有明显提高。换句话来讲，中产阶级才是真正决定国家居民消费意愿和需求的中坚力量。

在此背景下，从2015年开始，随着供给侧结构性改革的不断深入，资源配置从产出端进一步优化，而需求侧投入结构改革依旧无法匹配当前的宏观经济增速。其中一项主要体现为，地产投资和以老旧基础设施建设为主的投资依然占有很大比重，在技术创新领域的投入却明显不够。同时由于国民经济中消费和服务业所占比的持续增加，传统投资对国民经济的边际贡献逐渐减少，从而导致了大规模资金和资源的耗费。

由工业机器人、5G、AI等技术引起的全球新一轮制造业升级将对制造业发展与全球分工格局产生深刻影响。过去几十年间，受用工成本与环境保护等因素影响，全球制造业产业链经历了由发达国家向新兴国家转移的过程，如上世纪70—80年代，全球制造业转移到日、韩等国家。近年来，随着工业机器人、工业大数据等新兴技术的推广使用，新兴国家机器替人的步伐不断加快，新兴国家制造业的人力成本不断下降。随着工业机器人方案的不断成熟与价格不断降低，未来全球制造业产业链受成本推动在全球范围内转移速度可能会逐渐减缓。同时，大数据、AI等新兴技术拥有产权属性，即大数据、AI作为新时代的新生产资料，有望受到法律保护。而大数据、AI等产业高度依赖"使用—反馈—迭代"的生态循环，先发国在该领域的优势将不断扩大，马太效应会不断加强，未来产业链的全球化可能会出现逆转。

先进科学技术是国家经济增长动力，有助于竞争力的提升。世界主要国家都将科研创新作为重要的投资建设领域。面对全球日益加剧的竞争趋势，各国近年来科研投入不断增长，特别是人工智能、量子科技、新能源、新材料、生物基因技术等重点领域的研发投资规模迅速增加，从而促进本国科研创新能力，以求能在第四次工业革命中抢占先机。本书以美国、德国、法国、英国、日本和中国等全球主要国家研发投入产出数据为例，分析各国研发投入差异和效率。

全球科研投入持续增长，中国后来居上。2009—2019年全球科研投入规模呈上升趋势，经济合作与发展组织（OECD）的数据显示，10年间全球研发投入规模从1.09万亿美元上升至1.45万亿美元，年复合增速为3.35%。其中，2009—2019年期间美国国内研发投入规模全球第一，2019年总投入达6127.14亿美元，10年间年复合增速为3.54%；中国后来居上，从2009年的1833.23亿美元上升至2019年的5147.98亿美元，位居世界第二，年复合增速达12.16%，同时也是全球研发投入规模增长的主要动力之一。日本、德国、法国和英国研发投入规模总体保持稳定增长，2009—2019年期间日本研发总投入从1516.13亿美元上升至1726.14亿美元，位居全球第三；德国研发总投入从940.75亿美元上升至1319.32亿美元；法国研发总投入从560.59亿美元上升至636.58亿美元；

英国研发总投入从 410.36 亿美元上升至 517.02 亿美元。

进入 21 世纪的第三个十年，全球主要国家对本国未来科技发展作出进一步规划，并根据自身现有资源与特点，纷纷推出了新一轮科技创新战略，涉及人工智能、量子信息科学、新能源、新材料、生物技术等多个方面。

美国是目前全球领先的科技大国，每年研发投入高居世界首位，在人工智能、生命科学、半导体等领域拥有领先世界的核心技术。美国政府早期的科学创新策略，可回溯至 1945 年由美国政府科研顾问范尼瓦·布什所提交的《科学：无尽的前沿》报告，该报告的核心内容最后成为二战后美国主要科学领域的发展方向，促进了美国研究型大学与国际基金会的发展，推动美国政府研发投入强度迅速上升，为美国战后至今保持全球最具科研创新实力的国家奠定基础。

20 世纪末，受到日本在发展汽车、半导体技术等方面的巨大冲击，美国政府对二战后比较简单的、以国家政府研究资金支撑为基础的国家科学技术创新方法加以重新调整，并主张将先进工业技术作为国家技术创新策略的基础，加大政府投入力度并引入固定资本投资方式，对科学研究和发展项目进行政策倾斜。在此基础上，美国进一步推出了一系列有针对性的行动计划，包括先进技术计划（ATP）、技术再投资计划（TRP）、新一代汽车计划、平板显示器计划等。统计资料表明，在 1994—2000 年，对美国公司、政府部门、高等院校以及非营利组织进行研究的总花费统计后，发现费用高达 2640 亿美元，约占全美 GDP 的 2.5%，等同于其他好几个大国研究投资的总额。这一阶段的创新战略实现了美国经济的高速成长，在 20 世纪的最后 5 年内，美国经济平均增速为 4.1%，美国 GDP 占全球 GDP 的比例由 1990 年的 24.2% 提高到了 2001 年的 31.8%。其中信息业对美国经济发展的贡献已达 35%，并成为美国经济的第一驱动力。

21 世纪初，由于受到阿富汗战争、伊拉克战争影响，美国政府的科研创新导向转向国防与军备，对美国前沿科技领域的创新能力产生一定负面影响。在这一时期，美国政府采取相对保守的科学发展策略，不断对基础研究以及包括互联网与信息研究项目、纳米技术项目、气候变化研究项目等的关键科学项目进行投资，但在生命科学、生物技术、环保、新能源等重要领域的技术进步上，保守战略抑制了美国这些领域的创新能力。同时，美国政府发动战争与实行减税，以及国内金融行业的迅速发展，限制了美国这一时期研发投入资金规模增长，国家研发投入强度也一度出现下降。

为应对国际金融危机，同时也是为了应对世界新兴经济体在科研技术创新上的巨大挑战，2009 年起奥巴马政府接连发布了三部《美国创新战略》，具体包括 2009 年的《美国创新战略：推动可持续增长与高质量就业》，2011 年的《美国创新战略：确保我们的经济增长与繁荣》，以及 2015 年的新版《美国创新战略》。重点领域的投资进入，可以加强美国在世界科学创新领域的核心影响力，同时实现美国经济的复兴和繁荣。

其中，2015 年的新版《美国创新战略》专注于先进制造业、精确医疗、人类大脑工程、新能源车辆、智能城市、清洁燃料与节能科技、金融技术、空间技术创新和计算机新技术等九大关键方向，具体的行动策略包含：支持国家技术创新核心因素投入，强化国家基于研发、移民路径和数字基础设施的构建；激励私营部门技术创新，改善限制技术创新的市场疲软以及确保对人与技术安全的基础保障；打造一个创新者的国度，激励全民技术创新，挖掘创新型人力资源；提供优良的就业岗位，确保整体经济长期稳中有进；促进国家优先行业的改革创新发展，取得变革性成果；打造创新型政府服务大众等。这一时期美国研发投入强度迅速增长，据 OECD 计算，2015—2019年美国研发投入总量占 GDP 的比重从 2.71% 上升至 3.07%。从数据的角度看，《2015 年全球创新指数》的报告结果表明，美国全球科技竞争力由 2012 年的第十位提高至 2015 年的第五位。

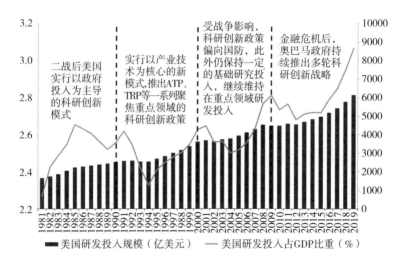

图 1-1 美国各阶段研发投入规模及研发投入强度

数据来源：OECD

2021 年 5 月，为确保美国在信息科学技术中的世界领先地位，美国参议院商业、科学和交通委员会一致通过了《无尽前沿法案》，确定了国家重点投资的十个技术领域，分别为人工智能和机器学习、高性能运算技术、量子运算和信息系统、工业机器人技术、灾难预防、前沿通信、生物信息技术、先进新能源技术、国家安全和材料科学，并宣布将在未来 5 年内投资 1000 亿美元用于发展这十大领域。此外，还计划授权资金 100 亿美元，建立 10 家产品服务中心，并形成整个供应链风险处理计划，处理像芯片影响的汽车制造等方面问题。该法案还送至参议院、众议院进行进一步的表决通过。

人工智能和量子信息技术是目前美国的重点研发方向。在 2021 年的财政预算中，人工智能和量子信息技术相关研发支出大幅上升，人工智能支出从 2020 年的 11.18 亿美元上升至 18.54 亿美元，增长 65.83%；量子信息技术支出同比增长超过 50%，2021 年预算达 4.67 亿美元。同时，美国政府还提出在未来 4 年中再给美国技术与研究的公司投入超过 3000 亿美元，以保持美国重点领域的领先地位。

在应对科研创新领域竞争力下降问题上，美国一方面与盟国达成科研领域的国际合作，持续对中国等国家的技术封锁，另一方面加大资金投入，增加国家研发投入强度。全球交流方面，美国和英国政府共同宣布将签订《人工智能研究与开发合作宣言》，共同推动人工智能方面的全球协作。技术封锁方面，美国司法部发起"中国行动计划"，持续将中国企业和高校列入出口管制"实体名单"以遏制相关领域的国际交流，以应对中国科研创新能力不断强化的问题，虽然拜登政府上台后重新放宽对前沿科技领域的签证管制，但预计在对华技术封锁上不会出现较大放松。同时美国还计划进一步加大政府政策支持科学研究的力度，增加政府研发投入将有利于美国整体研发能力增强，特别是聚焦于重点领域的投入能对全国创新投入起到引导和补充的作用，进一步强化美国在重点领域的科研创新实力。

总的来说，美国拥有一定规模优势，科研基础设施、人才培养质量和 GDP 总额均较高，为美国实施更加全面的科研创新战略提供基础。美国主要布局在有望对科技产生变革性影响的前沿领域，在人才培育、研发基础设施建设、研发资金投入以及产业链等领域全面发展，推动整个科研体系的优化，从而实现美国科研创新实力、产出与市场化的全面提升。

德国也是科技制造大国之一，在新型电池、精密机械制造等领域有着较大优势。德国人对科学技术创新的重视可追溯到普鲁士时代，但二战后德国经济与社会发展受到了毁灭性的冲击，同时丧失了大批杰出的科研人员，德国科技发展总体水平也一度落后。对此，联邦德国开始掌握一定自主权，政府高度重视科技创新的恢复与发展，注重工业基础与科技创新的结合，促使联邦德国经济实现复苏，科研创新实力不断提升。东西德统一后，德国政府出台了多项鼓励科学技术发展的战略规划，辅以政策措施的配套，进一步增加科学技术投资，构建了完备的技术管理制度和发展体制，德国再次回到技术强国和科技大国的行列。随着欧盟研发框架计划的实施，德国凭借自己雄厚的科研创新实力，引领欧洲科研合作。

德国政府高度重视国家战略规划及其对科学创新领域的推动作用，为保证国家战略规划的有效执行，先后制定了一系列政策和战略措施，以进一步加强国家政策在科学创新领域的宏观推动功能。1996年，德国政府通过了《德国科研重组指导方针》，确定了德国科学变革的基本方针。1998年，德国政府发布了《INFO2000：通往信息社会的德国之路》白皮书，强力促进信息工程的蓬勃发展。2002年，德国联邦议院批准了政府提出的《高校框架法第5修正法》草稿，为在高等院校设立的青年导师机制奠定了联邦法律依据。2004年，联邦政府和各州达成了《研究与创新协议》，要求大型科学研发协会的科研支出每年必须维持最少3%的增长。2006年，出台了《科技人员定期聘任合同法》，要求对公共技术机构科研工作者的定期聘用合约的最长年限放宽至12年或15年，以吸引青年科技人才。同年，联邦政府正式发表高科技战略报告，进一步加强尤其是对17个科技领域的支持，以保证德国未来在世界上的实力和科技领先地位。2012年，德国政府发布了《高科技战略行动计划》，计划2012—2015年投资约84亿欧元，以推动《德国2020高科技战略》框架内10个未来重要计划的实施。同年，德国联邦议院又批准了《科学自由法》（关于非大学研究机构财政预算框架灵活性的法律），给予非高校科研机构在财务和人事管理决定、融资、基础工程管理工作等领域更多的权利。2013年，德国政府批准了《联邦政府航空战略》，以确保德国航空工业在欧盟以及世界上的竞争力。

"工业4.0"是德国工业面向未来竞争蓬勃发展的总体策略方案，2013年，在汉诺威工业博览会上，德国官方发布了

《德国工业4.0战略计划实施建议》并将该策略视为德国市场经济范畴的重要发展对象，用以保障德国产业领域新一代革命性科技的开发和创新，并维护德国工业强大的国际竞争地位。德国工业4.0就是在运用工业生产信息化发展科技推动德国工业生产转型的智能化时代下，运用物联网信息系统技术使工业产品中的供货、生产、营销过程信息数据化、智能化，最后实现快捷、高效、个性化的生产供应。

在2019年最新发布的《高科技战略2025》中，德国宣布将人工智能、新能源、生物科技等多领域列为未来5年研发重点领域。在此基础上，德国政府又推出了《国家生物经济战略》《人工智能战略》《国家氢能战略》《研究和创新框架计划2021—2024：微电子，可靠与可持续，为了德国和欧洲》《数字化战略》等多个重点领域的配套战略。

生物科技方面，德国将癌症治疗、智能诊疗、可循环生物能源作为研发重点。出台了《国家生物经济战略》，规划投资36亿欧元，重点开发采用可再生生物资源来实现可持续发展，并将把数字化、人工智能、纳米技术、微型化等高新技术领域作为重点，运用于发展生物经济。主要战略目标包括：发展可持续的生物经济，开发生态学领域的生物潜力，构建可持续生物资源，将德国打造为生物创新的领先国家。

人工智能方面，明确提出大力发展以欧盟标准为依据的人工智能研究技术，使德国与其他一些欧盟国家在人工智能方面处于国际领先水平。德国也对《人工智能战略》作出了修改，并建议将研究费用增加至50亿欧元，以进一步落实对技术培训、人工智能研发体系建立、人工智能生态系统构建与使用等多方面的技术支持，以便将德国作为欧盟未来人工智能技术的重要驱动力，从而使得欧洲国家能够在该领域积极维护科技权利，在未来建立世界人工智能标准。

能源方面，德国发布《国家氢能战略》，提出将氢技术作为德国能源转型的关键技术，并把德国建设成为"全球领先的现代氢技术供应商"。战略计划到2030年向氢能领域投资90亿欧元，重点支持的领域包括：电解氢生产方式、固态储氢技术、有机液体储氢技术、氢燃料电池等。同时，德国也与法国进行合作，计划在制氢工业中复制"空客模式"，推动氢能经济的发展。

集成电路方面，德国推出《研究和创新框架计划2021—2024：微电子，可靠与可持续，为了德国和欧洲》，预计在未来4年投入4亿欧元支持微电子研发，并侧重于发展其在人工智能、自动驾驶、工业4.0、智能健康等领域的应用。同时，德国发布《数字化战略》，提出要建设以工业4.0、5G为基础的数字化经济。此外，在自动驾驶汽车技术方面，还提出要优先发展自主驾车和智能网联等新兴移动科技，以及发展与之相关的新兴业务和基础设施。

日本则是关注健康领域，推进绿色经济发展。二战后，日本在经济文化和科学技术方面同欧美国家、苏联等拉开了很大的差距，针对这样的现状，日本政府提出了"引入海外优秀科学技术，着重消化吸收后再技术创新"的科学技术创新策略，采用了"国外进口取代"的经济方式，以外贸立国。通过大规模引入海外科学技术，日本经济取得了迅速成长。在经济飞速成长期，日本政府利用政策约束和鼓励，积极指导企业

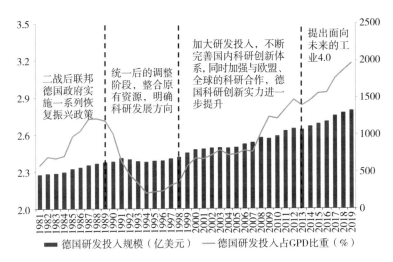

二战后联邦德国政府实施一系列恢复振兴政策

统一后的调整阶段，整合原有资源，明确科研发展方向

加大研发投入，不断完善国内科研创新体系，同时加强与欧盟、全球的科研合作，德国科研创新实力进一步提升

提出面向未来的工业4.0

■ 德国研发投入规模（亿美元）　── 德国研发投入占GPD比重（％）

图 1 − 2　德国各阶段研发投入规模及研发投入强度

数据来源：OECD

形成了内生的技术创新机制，在企业实施生产经营合理化措施的过程中，由高速的产品更新换代向高附加值产品的制造转变，并迅速建立起强有力的自主开发创新能力。在 20 世纪 70 年代，日本迅速完成"经济追赶"，成为仅次于美国的全球第二位经济大国。

　　20 世纪 80 年代日本金融危机以前，在吸引外国科技投资与支持国内创新产业研发这两种技术创新发展方式都成绩较差、成长乏力的情形下，日本政府意识到，"引进国外先进技术，重点消化吸收后再创新"的创新策略已无法满足当时的经济社会发展需要，科学技术成为国家发展的长期基础条件的必要性受到了重视。1980 年日本政府提出"技术立国"策略，并发布了《80 年代通商产业政策展望》，特别重视自主开发能力对日本经济、技术发展的重大促进意义，把增强日本的科技与主动开发实力，视为日本技术发展的基本战略。此后，为了推动技术立国策略的推行，日本政府也出台了相关政策措施。该阶段，美国国家技术政策的重心调整为治理环境问题和加强基础研发等方面，日本则继续加大研究支持的强度，1981—1990年日本研发投入规模从552.25亿美元上升至1091.63亿美元，复合增速达7.87%，研发投入强度从2.05%上升至2.71%。

美国在引领全球的技术变革方面所获得的巨大成功，令日本政府深切地意识到在知识经济时代，技术创新将是日本企业不断成长的重要基础因素，而技术创新又必须加强对基础研发能力的保证。因此根据日本未来的经济、高新技术竞争形势，于1995年制定的《科学技术基本法》明确提出"科学技术创造立国"策略。这是日本首部关于高新科学技术的基本大法，首次以立法形态实行"科技立国"策略。该法主张日本人民要告别仿制改良时期，创造性地研发遥遥领先于世界的高科技，将科技政策重心聚焦在"研发富有独创性的高新技术"之上，力求走过"追赶锁定"的泥沼，成为技术创新的强国。由此可见，"科学技术创造立国"策略是日本政府带着防止沦为知识经济时代失落者的强大危机感而制定的，是日本政府"引进国外先进技术，重点消化吸收再创新"和"科技立国"策略的延续与进一步发展。为保证《科学技术基本法》的顺利实施，日本政府从1996年以来配套实行5年一次的"科学技术基本计划"，目前已经公布第6期的科学技术基本计划。

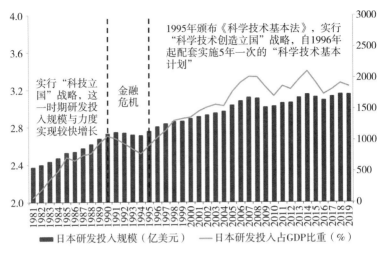

图1-3　日本各阶段研发投入规模及研发投入强度

数据来源：OECD

　　近年来日本的研发投入规模保持稳定，在医疗、芯片、材料等多个领域依然保持世界领先水平。根据最新发布的"登月型"研发制度，日本对未来30年的科研重点领域作出详细规划，计划在2050年前实现包括在人工智能、医药生物、农业、能源、量子信息技术等多个领域的重大突破。主要任务有：发展人工智能技术，研究人工智能与多人进行远距离操控相结合的虚拟替身，以及用于实施大型复杂目标任务的技术；生命科学领域，实现疫病的超早期检测与防控研究；人工智能领域，研发能独立认知、执行且能和人体一起成长的AI人工智能；能源方面，实现可持续的循环经济；量子信息技术方面，实现能带动经济、产业和安保飞跃发展的容错型通用量子计算机。同时发表《第11次科技预测调查综合报告》，对七大行业开展了研究与预警，开展重要度与全球竞争力的评价，并确定关键技术和研发主题。七大行业分别为：健康医疗生命科学、农林水产食品生物技术、环境资源电力、ICT 分析服务、材料设备工艺、城市建筑土木交通、宇宙海洋地球基础科学。

日本已发布第 6 期国家科学技术发展基本规划草案，从"以人为本的科学技术政策"出发，推进具有日本特色的创新模式。规划回顾了日本在科学技术创新上的失败，包括信息化社会变革进程落后、数字化迟缓等问题，并分析了日本国内外形势变化，认为环境问题、老龄化、社会保障、社会稳定、财富分配不均、信息化社会科技巨头等将成为未来要重点应对方向。

从具体规划举措考虑，第 6 期科技规划的主要创新措施重点涵盖：建设智能城市，进一步完善电子政务建设，推动政府数字化政务、研究体系数字化、信息平台、官民信息融合、超 5G、超级计算机、太空系统（定位、通信、观测）和下一代基础设施的建立；到 2050 年达到碳均衡目标，把以太阳能燃料电池等低碳循环技术为主的新型能源技术纳入国家重点发展规划，促进革新型和创新战略研究与"登月型"科研项目的进行；加快应用和发展的研究，在航天与海洋、粮食和农林水产业等应用领域，以及计算机、生物、量子信息技术、材料科学等新型科技领域提出创新的策略；强化科技生态系统构建，包括强化大学功能和经营能力，通过小企业技术转让制度等进行援助，从根本上强化产学共创系统等举措。

总体来看，日本国内自有资源限制使其不能如美国一样对创新领域进行全覆盖，无法全面推进各重点领域的全体系科技创新建设，因此日本将重点放在具有长期优势或能解决本国存在的资源匮乏、老龄化等问题的领域。将有限的资源聚集在几个重点领域，不断深入推进研究，能够有效促进国家在该领域实现革命性突破，维持在领域内的科研创新地位。

随着世界各国科技竞争进一步加剧，中国面临关键技术受制于人、产业结构亟须转型升级等发展形势，原有的科技创新战略需要进一步调整，这一时期我国进一步加强对科研创新体系的建设，形成以科技创新为核心、以产业创新为重点、以体制机制创新为保障的全面创新战略体系，实现"从优到精"的转变。2012 年，党的十八大报告明确提出"科技创新是提高社会生产力和综合国力的战略支撑，必须摆在国家发展全局的核心位置"。要坚持走中国特色自主创新道路，实施创新驱动发展战略。《关于深化科技体制改革加快国家创新体系建设的意见》也明确提出以推动高新技术发展和社会主义经济建设的紧密结合为重点，逐步形成经济创新主体主导科学发展创新的体制机制。同时，我国还先后制定并颁布实施了《中华人民共和国促进科技成果转化法》《关于实施〈中华人民共和国促进科技成果转化法〉的若干规定》《促进科技成果转移转化行动方案》等高新技术成果转让的三部曲，旨在释放我国科研发展强大的内在动能，科学技术成果迁移转化工作已成为创新驱动发展目标任务的重要举措，以保障我国创新驱动政策实施与执行。

2016 年，我国发布了《国家创新驱动发展战略纲要》，明确提出了"三步走"的总体发展战略。第一步，到 2020 年进入创新型国家行列，基本建成中国特色国家创新体系，有力支撑全面建成小康社会目标的实现。第二步，到2030年跻身创新型国家前列，发展驱动力实现根本转换，经济社会发展水平和国际竞争力大幅提升，为建成经济强国和共同富裕社会奠定基础。第三步，到2050年建成世界科技创新强国，成为世界主要科学中心和创新高地，为我国建成富强民主文明和谐的社会主义现代化国家、实现中华民族伟大复兴的中国梦提供强大支撑。具体任务，一是推进生产技术制度革新，创造社会发展生产力的新突破；二是加强源头创新，扩大产品原始供应能力；三是完善区域创新格局，形成区域经济增长极；四是壮大国家技术创新根基，推动经济技术创新成长；五是落实国家重点技术计划和重大工程项目，完成关键突破；六是打造高素质人才队伍，筑牢国家技术创新根基；七是促进创新就业，激活全社会经济的创新动力。

随着我国科学政策越来越精准，创新型国家建设成就更加丰硕，载人飞船、探月技术、深海技术、超级计算、量子信息技术、复兴号高速动车组、大飞机制造等领域产生重要的科技成果，量子信息技术、航空航天、新能源等多个前沿科技领域进入世界先进行列。

2021年3月12日，《中华人民共和国国民经济和社会发展第十四个五年规划和2035年远景目标纲要》发布，明确提出了制定科技强国行动纲领，健全社会主义市场经济条件下新型举国体制，在关键核心技术领域攻克难关，提高创新链整体效能，到2035年完成国家整体科学技术能力的大幅跃升，在关键技术领域实现重大突破，逐步走向创新型大国的行列。

整合优化国家高新技术资源配置体系是当务之急。以国家重大战略性需要为引导推动技术创新结构优化组合，加速形成以国家创新实验室建设为引领的国家重点技术研究框架。围绕量子计算机信息、光子和微纳材料、通信、人工智能、生物医药、现代能源系统等主要技术创新建设若干国家级实验室，整合全国重点创新实验室，建立结构合理、运转有效的国家实验室系统。对国家工程技术研究中心、国家技术创新中心等一系列创新和服务平台进行调整升级；进一步促进科研机构、高等院校与企业的技术能力优势配置与共享；重点扶持培养新型教学研究型高校、新兴技术研究单位和新型创新主体，促进投资主体类型多样化、经营管理体系先进化、运行机制市场化、用人方式灵活化。

目前来看，各国在信息技术、能源、生物技术、材料、先进制造等多个领域进行了差异化战略布局。其中，中国和美国体量较大，在科技创新前沿领域布局较为全面；英国在工业空心化较为严重的情况下，选择完善国内科研创新体系，强化与全球战略合作伙伴的联合研发项目实施，推动全球科研中心建设，从而确保自己科研创新实力与在国际上的地位；德国和法国则依托欧盟，在人工智能、新能源、新型电池等多个领域展开深度合作；日本受限于国土资源和人口老龄化影响，在可循环资源经济、数字化社会、医药健康等领域进行重点创新支持。

信息技术方面，各国均对量子信息技术、人工智能和5G进行布局，英国则重点布局大数据和互联网数字经济，从而促进其全球研发中心的建设。其中德国和法国在人工智能方面统一采用欧盟标准，以此来提高欧洲人工智能技术在国际上的地位，争取在未来使欧盟标准成为全球通用标准。

能源方面，美国和中国均将风能和光伏列为实现碳中和的优先研发支持技术；法国、德国和日本则布局氢能技术，重点支持氢制取、储存、运输和应用相关技术的研发和改进；英国作为海岛国家，海洋资源丰富，因此将海洋可再生能源利用作为重点研发对象。各国均大力支持新能源汽车的研发与应用，出台多项补贴政策促进新能源汽车的使用，其中英国主要将研发重点放在新能源汽车电池储能技术的升级上，目前欧盟政策力度最大，欧洲市场成为2020年全球新能源车第一大市场。新材料方面，美国和中国积极推动半导体的研发、制造和应用，德国和法国合作对新型电池进行研究。另外，纳米材料和复合材料也是各国研发重点。先进制造方面，机器人、自动驾驶汽车和数字化工业是各国的研发重点领域，中国和日本将芯片制造业纳入优先研发领域。另外，美国、中国、英国和日本还将航空航天技术列为重点领域。

表1-1 各国科研创新重点领域

国家	信息技术	能源	生物技术	材料	先进制造	农业	其他
美国	量子信息技术、5G、人工智能	风能、太阳能等可再生能源；核电	生物制药、基因编辑等	复合材料及混合材料、半导体、量子材料、纳米材料等	机器人、自动驾驶汽车等	精准农业、数字化农业、基因编辑精准育种、微生物组技术等	航天技术

续表

国家	信息技术	能源	生物技术	材料	先进制造	农业	其他
德国	人工智能、5G、量子信息技术、大数据	生物能源、氢能	癌症治疗、智能诊疗	纳米材料、新型电池、生物材料塑料、微电子	自动驾驶汽车	可循环、可持续新型农业	智能化社会
日本	人工智能、量子信息技术	氢能、氨能	疾病预防、健康医疗	芯片制造、机器人	海洋、空间等	可持续农业	
中国	大数据、人工智能、5G	光伏、风能、核电	癌症治疗、健康医疗、数字化医疗、脑科学等	半导体、复合材料、纳米材料	机器人、芯片制造、自动驾驶汽车、工业智能化等	绿色生态农业	航空航天、海洋装备等

资料来源：各国政策文件

1.2 未来科技发展的核心赛道有哪些

智能制造与工业机器人：制造业变革大趋势。智能制造是企业在制造流程中，智能设备利用信息科技和网络手段与终端实现集成、管理，达到制造流程智能化自动化。同时可以在设备上布置传感器收集工作中的数据，通过数据清洗、建模等方法对工作过程中的情况进行分析，对关键因素（温度、压力等）进行控制和优化，从而提升效率、产品质量，实现智能化生产。

智能制造的发展理念在20世纪80年代末被提出，随着计算机技术、人工智能、网络信息等技术的日益发展以及在制造业领域的广泛应用，智能制造已经引起了全球各国政府高度重视。发达国家纷纷提出了相应的智能制造扶持战略和发展规划，包括欧洲的七个工业发展战略框架项目和德国的工业制造业发展4.0战略项目、美国的国家科学基金智能制造计划和新型制造业发展战略项目、日本的智慧制造业发展十年规划和制造业机器人新战略、韩国的高级工业先进技术国家计划和制造业发展3.0战略项目等。中国早在1991年就开始了在智慧制造业方面的探索，国家自然科学基金确立的国家重点项目智能制造系统关键技术，尤其是当德国提出工业制造业4.0战略之后，中国也先后制定了二化深层次融合、"互联网＋"、"中国制造2025"等系列计划，用于引领我国智能制造的建设。

第三代半导体：新能源、快充等领域持续发力。半导体材料是指一般正常温度下导电能力介于导体和绝缘体的物质，它在集成电路、消费电子产品、行动通信装置、光伏发电、照明、大功率电源转换系统等领域均发挥重大作用。不管是从技术还是从经济发展的角度来说，半导体的意义都是相当重要的，因为几乎所有的电子设备，例如电脑、移动电话或是数码录音机当中的关键单元，都与半导体有着非常紧密的关系。

按照半导体物质的化学成分，可将它分成元素半导体、无机化合物半导体、有机物半导体、非晶态半导体和本征半导体。元素半导体是由单个元素组成的半导体，或由相同物质构成的带有半导体功能的固态物质，会由于微量物质和外部环境的相互作用而改变。目前，只有硅、锗稳定性高，应用的范围较为广泛，硒也在电子照明和光电行业中广泛应用。硅在半导体行业中也应用广泛，二氧化硅可以在电子元件制造中产生掩膜层，从而改善半导体器件的稳定性，也有利于自动化生产。

半导体材料在集成电路、消费电子产品、信息通信技术、光伏发电、照明应用、大功率电源转换系统等领域已有丰富应用。光伏发电和电动汽车技术已经成为当今世界的重点领域之一，由于半导体在光电和大功率电器转换领域的重要作用，半导体行业将成为未来核心赛道。

光伏领域方面，半导电物质光生伏特效应是太阳能电池运行的基石。现阶段半导体材料的光伏应用已成为一个热点，是世界上成长速度最快、发展前景最好的绿色能源市场。太阳能光学动力电池的主要制造材料为半导体材料，而评判太阳能动力电池质量的好坏最主要的标准为光电转化率，光电转化率越高，表示太阳能动力电池的效率越高。按照所使用的半导体材料的不同，太阳能电池又包括多晶硅太阳能电池、光覆膜动力电池和Ⅲ-Ⅴ族物质动力电池。

大功率电源切换方面，交流电与直流电的交替切换对家电的正常使用来说非常关键，是对家用电器的必要维护措施。这就需要采用等电源转换设备。碳化硅的击穿电流强度高，禁带长度宽，热导性高，所以碳化硅的半导体器件非常适宜使用于功率密度大和开关频率高的工作场所，电源装换设备便是其中一种。由于碳化硅器件对于高温、高压、高频工作的良好表现，现在已经被普遍地应用于深井勘探，发电设备中的逆变器，电混动车辆中的能量转化器，以及轻轨车辆牵引动力切换等应用领域。鉴于碳化硅的优点，加上现阶段业界对轻量化、高转化效率的半导体材料需求，碳化硅将会替代硅，成为目前使用最普遍的半导体材料。

目前已研究出三代半导体材料，每一代的推出与大规模应用都推动人类产业实现升级。第一代半导体出现于20世纪50年代，并带动以集成电路（IC）为基础的微电子行业快速成长。第一代半导体一般由硅、锗等半导体材料组成，20世纪50年代，硅在半导体中占据的地位，大部分使用在低压、低频、中功率晶体管和光电传感器上，但由于硅半导体器件的常温稳定和耐辐射稳定性都不好，在20世纪60年代后期逐步被硅元件所代替。

随着微电子、二级发光管等技术的发展，人们对于高功率、高频半导体的需求增大，诞生了以 GaAs、InP 为代表的二代半导体。近年来新能源汽车、5G 等技术的发展，对半导体耐高温、耐高压需求扩大，三代半导体应运而生，其中 SiC、GaN 材料尤为引人注目。第三代半导体具有较大的禁带宽、电导率、热导率。硅基半导体由于具有构造简便的优点，已被大量应用于半导体行业，主要包括集成电路、中低压功率分立器件。

大数据：应用范围不断拓广。大数据挖掘指无法使用常规软件、技术手段实现收集、管理、分类的大数据集合，必须通过创新数据处理模型才能形成更强有力的决定力、洞察与发掘力，以及过程优化能力的海量、高增速和多样性的数据信息资产。相比于传统分析，大数据必须从软件开发、模块构建、算法等方面进行全新架构搭建，才具备更强的决策能力、洞察能力，还有过程优化能力。大数据已经成为制造业、金融业等行业的重点发展对象，是未来发展最为重要的新型资产之一。

中国政府持续推进的大数据产业政策将进一步推动我国大数据分析市场的蓬勃发展，服务行业方面，国内大数据分析应用最大的领域是金融服务产业，占比 16%，通信领域占比 15.6%。未来随着大数据应用方案、应用场景的不断拓宽，大数据有望应用到更多的行业。

全球进行的工业 4.0 革命将进一步推动工业大数据领域的发展。数字化、智能制造是工业 4.0 的核心概念，而智能化转型又要求对制造业大数据分析的市场化进一步提升。目前，生产过程优化的大数据产品也越来越丰富，包括对工业机器人工作环境、湿度、压强等的分析也逐步完善。企业大数据分析技术的进一步落地会产生全新的生产方式、商业模式等，未来生产有望实现无人化、智能化。IDC（国际数据公司）中国预计，2024 年我国的工业大数据业务总收入将超过 500 亿元。

新能源汽车：汽车产业转型重要方向。新能源汽车，是指通过使用非传统的车用燃料，或使用传统的车用燃料，同时用较新式汽车动力设备为动力源，并结合车辆的发动机控制系统与驾驶领域的先进科技，产生的科技原理进步、拥有较新科技、新型构造的车辆。新能源汽车分为四个类别，混合动力电车（HEV）、纯电车（BEV，包含太阳能车辆）、燃料电池电动汽车（FCEV）、其余新动能（如超级电容器、飞轮等高效率储能器）车辆等。非例行的车用燃油指除了普通汽油、柴油以外的所有燃油。

混合动力汽车是指那些能够使用常规燃油，并配合发电机/引擎以提高低速动能输出功率并降低燃料损耗的车辆。而根据是否能够外接行驶，又可分成插电式混合动力车辆（PHEV）和非插电式混合动力汽车（MHEV）。非插电式混合动力汽车能够实现内燃机和动力电池的相互补偿，让车辆在最佳情况下正常运行；能够有效利用制动时、下坡时、怠速时产生的动能；在市区内，能够关停内燃机，让燃料与电池相互独立驱动，以达到零污染；有助于克服能耗较高的冷气、供暖、除霜等传统纯电车辆出现的问题；能够使用现有的加油站加油；同时能够使动力电池维持正常的运行状态，而不会产生过充、过放现象，延长了其寿命，从而降低成本。插电式的自动汽车，则在非插电式的基础上还拥有纯电续航里程更长的优势。

纯电动汽车是指主要使用电能行驶的车辆，多数车辆直接使用发电机推动，还有一些车辆直接将电机装在发电机舱内，但也有一些直接将整车四个轮子当作电动机中的转子，其难点就是电能贮存技术。车辆本身并不会释放污染环境的有害废气，即便按其消耗量转化为电能产生的废气后，除硫和微粒以外，其余污染物也明显减少。因为电能可以直接从各种一次能源获取，如煤、核能、水力、风能、光、太阳能等，从而降低了对石油资源的依赖程度。同时它们还可以利用晚间供电低谷时富余的电力充电，使发电设备在昼夜均可利用，从而大大增强其经济性。相关研究人员指出，将同样的石油进行粗炼，然后运送至汽车生产工厂转化为电能后，充入电池再由电力驱动车辆，其能源效率比进行精炼后变成车辆燃料，再经汽油机推动车辆高，有助于节约能源并降低二氧化碳的排放量，也正是由于上述优势，使得纯电动汽车的研发与使用成为汽车制造业的一大热点。

燃料电池车辆，是指一种利用储氢材料、甲醇等燃料，并利用基本化学反应形成电流，再通过马达带动的车辆。燃油电池的动力主要是利用氢气和氧气之间的化学反应，并没有进行燃烧，而是直接形成电力。由于燃油动力电池的化学反应不形成有污染的化学物质，所以以氢燃料电池汽车是无污染车辆。由于燃料电池的动力转化效率比一般内燃机提高了 $2\sim3$ 倍，所以从环境资源的合理使用与环保角度来看，燃油动力电池车辆也是一种很合适的交通工具。因为单独的动力电池往往需要组合成电池组，才能得到所需要的动力，以符合汽车应用的特点。和常规车辆比较，燃料电池车辆通常具备如下特性：零排放或接近完全零排放；避免了汽油滴出和排放所造成的环境污染；大大减少了温室气体的排放；提高了燃烧效率；提高了发动机的效率；运转稳定、无噪声。

其中，氢动力汽车是现代燃料电池的主要研究领域。氢动力汽车是一种真实的零污染的运输工具，释放出来的是水，由于它具备了不排放温室气体、零污染、储量充足的优点，所以，氢动力汽车对普通电动汽车来说是最合理的替代方法。它具备了很大的能量密度，放出的电能可以让整车发动机正常工作，同时它和空气在燃料电池中进行的化学反应只产生水，不会破坏气候环境。因而，以氢能为燃料的电池将成为 21 世纪电动汽车的技术核心，其对电动汽车产业的革命性作用，相当于现代微处理器对计算机业一样巨大。由于目前受材料制约，氢燃料电池生产成本过高，同时氢燃料的储藏与输送的工艺条件也十分严苛，而且由于氢原子非常细小，非常容易通过存储设备的壳体逃逸。在有些情况下，氢的获取也必须利用电解水和使用燃气，但如此一来也同样会耗费大量资源，并不能从根本上减少二氧化碳排放量。

2020 年 11 月，国务院办公厅印发《新能源汽车产业发展规划（2021—2035 年）》，提出进一步落实我国清洁能源汽车行业发展政策，以促进我国新能源发电及汽车行业的可持续发展，积极推进中国打造电动汽车大国。同时，中国各地方层面也相继颁布优惠政策，引导清洁能源汽车消费。随着中央和各地政府的政策框架逐步成型，国家给予清洁能源汽车行业很大的政策扶持力度，预期在未来 5 年间国家政策支持将继续起到不可或缺的作用。

风电与光伏：我国能源转型主流趋势。中国新能源也处在实现跨越式增长的关键阶段和走向平价的关键期。2020 年，中国以风能、光伏为代表的新能源行业继续平稳发展，通过科技进步带动企业降本增效，多措施推进优质新能源企业的发展。但同时也应看到，中国风能、光伏等新兴能源技术在向着成为主力电源的过程中，还存在着电网消费的巨大空间约束、与电网协同平稳性能欠缺、与其他传统电源技术存在竞争关系，以及中国电网体制改革亟须破解等种种困难。

太阳能将是世界未来最洁净、安全和可靠的资源，发达国家和地区正将对太阳能的合理利用当作能源革命重要内容进行长期谋划，而光伏行业也日渐成为国际上继信息产业、微电子行业以后，又一个爆炸式发展的新行业。使用太阳能的最好方法就是光伏转换，即运用光电效应原理，将太阳光照射在硅材质上生成电压以进行发电。由硅材质的应用发展而生成的电光转换行业链条称为光伏行业，重要内容涉及高纯多晶硅原料生产、太阳能蓄电池生产、太阳能电池组件生产及相关生产装置的建造等。

光伏发电技术是指利用半导体界面的光伏效应，而使光能直接转换为电能的一项高新技术。该项高新技术的最重要元件为太阳能电池。太阳能电池通过串联后再加以密封防护就可产生更大规模的光能电池组，再配套电压控制器等基本元件就构成了光伏发电装置。光伏发电系统的最大优势就是较少受区域局限，同时光伏发电系统还具备了安全、无噪声、低污染、无须耗费大量能源、架设的输电线路可以就地发电供热及施工周期较短的优势。

无论是独立运行或是并网运行，光伏发电设备一般都由太阳能电池板（模块）、继电器和逆变器三大部分组合而成，它们一般由电光模块形成，不包括电机模块，所以光伏发电设备极其精炼，可靠性高、生命周期长、装配维修简便。理论上讲，光伏科技能够应用于所有需要电力的场所，上至航天器，下至居家用电，大到兆瓦级电厂，小到玩具。光伏开发的最基础电子器件是太阳能动力电池（片），还包括多晶硅、非晶硅和抹子动力电池等。目前，单晶和多晶电池应用最广，非晶电池则作为某些较小系统（如计算器）的辅助电源使用。

中国晶硅太阳能电池利用率一般在 10%～13% 之间，而国外的同类产品效率一般在 18%～23% 之间。由单一或众多太阳能电池片所组成的太阳能电池片称为光伏元件。目前，光伏发电产业主要用于以下三个领域：一是为无电场合供应电能，主要是为边远无电区域人民的生活生产供应电力电源，也有微波中继电源、通信电源等，另外，还涉及某些移动电源的后备电源；二是利用太阳能的日用电子产品，如各种太阳能充电器、太阳能道路灯和太阳能草坪灯等；三是并网发电，这在发达国家和地区得到了大量普及应用。

风能利用空中气流活动而形成空气动力，是太阳能的另一个主要转换方式。太阳能照射导致地表的各组成部分受热不平衡，进而导致地球大气层中压力分配得不均匀，在高低压力梯度的影响下，气流沿高低气压水平移动而产生风。因此风能资源的总储量十分大，一年中技术可开发利用的总储量约 5.3×10^{13} 千瓦时。风电是无污染的可再生洁净能源，虽然储量大、分布范围广，但是它的能源密度非常低（只有水能的 1/800），而且存在不固定性。在特定的科技要求下，风能也可以成为一项巨大的再生能源进行开发利用。而风能利用也需要综合性的科学技术，通过风力机把风力的动力转化成机械能、电力和热力等。风力资源主要决定于风能密度和可使用的风力日累计小时数。风能密度是气流垂直通过单位截面积（风轮面积）的风能，与风力的三次方与气流密度成正比联系。

将风力的自然动能转变成叶片转动的机械动能，并将机械能转换为电力，这便是风力发电。风力发电的基本原理就是通过风力推动风车叶片转动，并通过加速机增加转动的效率，从而驱动汽轮机发电。按照风车设计，大概有每秒 3 米的微风频率（微风的程度）就能够进行发电。因为风力发电不须用到燃油，也不会造成辐射及污染，风力发电在全球成为一种风潮。

从经济效益的观点来看，风力必须超过每秒 4 米才适合于发电。根据测定，对于一个 55 千瓦的风力发电机组而言，当风力为每秒 9.5 米时，发电机组的输出功率约为 55 千瓦；当风力为每秒 8 米时，输出功率则为 38 千瓦；当风力为每秒 6 米时，则为 16 千瓦；而当风力为每秒 5 米时，则只有 9.5 千瓦。可见风力愈大，效益也就越好。在中国，许多成功的中、小规模风力发电设施仍在运行。因为中国的风力资源十分充足，全国大部分地区的年均风力都在每秒 3 米之上，东部、西北、西南高地以及近海岛屿的平均风力更大，有的地区每年三分之一甚至更多的时候都有大风天。在上述地区，开展风能发电是非常有前景的。

风力发电厂由于受风量不平衡的影响，故它提供的都是

13～25 V 交流电，必须经过充电器整流，而后再对蓄能池充满，将风力发电厂所形成的电能转变为化学能。接着用带有保护电路的逆变电源，将电瓶内的化学能转变成交流电或 220V 居民用电，就可以保证稳定使用。

中国已对碳中和作出了保证，将力求二氧化碳排放量在 2030 年前到达历史峰值点，并极力争取在 2060 年完成碳中和。"十四五"规划中，又进一步明确了要在 2025 年完成能源资源配置的合理、效率的显著提升，单位国内生产总值能耗和超临界二氧化碳排放量将各自下降约 13.5%、18%。大力增加风能、光伏、水力发电总量，非化石能源占能源消费的比例将增加到 20% 左右。进一步促进电力开发工程建设向能源资源丰富区域集中，适当调控煤电发展总量和发展节奏，积极推动以电代煤。有序开放石油勘探开发市场，因地制宜发展综合利用地热能。在此基础上，2021 年 5 月，《国家能源局关于 2021 年风电、光伏发电开发建设有关事项的通知》出台，明确 2021 年，我国风能、光伏发电量占全社会总用电量的比例在 11% 左右，以后将逐渐增加，到 2025 年非化石能源消费占全国一次能源消费的比例将达到 20% 左右。其中，2021 年保障性并网容量将不小于 9000 万千瓦。而户用光伏发电仍有政府补助，全国财政补贴的计划金额超 5 亿元。预计未来在碳中和相关政策的支持下，我国以光伏、风力发电为主的新能源产业将逐步替代传统能源消费的主要份额地位，绿色能源行业将维持较快增长。

数字科技成为金融创新领域关键 1.3

当今世界各国的发展方向与技术路径不尽相同，在未来一段时间里，全球科技创新格局仍将处于多方力量主导的局面。我国正迈向世界科技强国行列，在某些领域已崭露头角，但在知识产出的质量、高水平科技人才、创新制度环境以及创新对经济社会发展的支撑方面依然短板明显。全球科技强国的兴起深受经济发展、社会进步、人力资源聚集等诸多因素影响，并不存在唯一的最优路径。其中大国具有的规模优势，能有效帮助国家在科研创新体系建设上实现全面发展，从而更好地构建国家科技核心竞争力。

随着计算机科学的蓬勃发展，特别是网络信息技术等相关产业的兴起，分布式的应用、编译工作链、数据库系统、网络浏览器、移动应用等开始成为潮流，还有不少公司利用开源软件建立自己的商业模式。例如谷歌的安卓（Android）技术，自2007年首个版本起，目前已掌握了手机应用中1.05以上的份额，而谷歌（Google）公司更是凭借Android技术在移动网络这一重要领域，取得了世界领先地位。而纵观整个IT领域这20年的发展历程，开源原码技术已然成为推动计算机科学和其他领域不断前进的巨大力量。

断鳌立极

广义地说，开源软件系统是指拥有公开源代码的软件系统，其中部分商业软件也可以是开放的。而人们一般认为的开放软件系统，是狭义上的，即任何人都能够以最小的成本获取该软件源代码的商业软件，也即将其源代码向公共领域敞开。与狭义的开源软件相对的，是指所有未对大众开放源代码的软件产品，一般也称为商业软件。而实质上，在电脑诞生的初始时期，基本上所有的软件产品都是开放的。而当时的电脑公司，也大多是以出售硬件产品为主，所以最初的软件产品基本上也是以开放的形式附送的。

全球科研协作是技术全球化时期科研协作的主要方式，是各个国家或地方组织的科学家或机构开展科技合作，共用科技资金，以便达到科研或技术方面的优势互补。由于新兴科学技术领域的研发、创新与商业应用的难度逐年加大，单靠个别国家的力量难以在关键领域实现重大突破，国家间的相关合作尤为重要，而大国通常在国际合作中更具领导力。例如中国与欧洲建立的研究创新联盟，在 CPU、物联网、量子计算、大数据等关键技术领域通力合作，加快研发进度。

进入 20 世纪 60 年代，受到资源、技术等多重限制，国际科研合作迅速增加。当前国际科研合作的主要表现为国际合著论文、国际科技会议、国际科技合作项目等大量增加，国际科技合作的重要性提升；各国政府对国际科技合作的重视程度越来越高，合作程度越来越深，合作范围越来越大；促进国际科研合作的战略、政策以及措施在逐渐增多。

新兴行业的前期相关研发资金投入需求大，成熟的资本市场能够为相关企业提供更多的融资手段。我国大数据 50 家企业中，2021 年研发投入超过 100 亿元的企业有 1 家，研发投入超过 10 亿元的企业有 7 家。50 家公司平均研发投入为 9.9 亿元，研发费用中位数为 3.4 亿元，可见高新技术企业前期研发投入需求巨大。而发达国家的资本市场更为成熟，融资工具更为丰富，融资手段更为多样，能够为高新技术企业提供充足的资金保障。

除资本优势外，新兴行业也需要政府对于社会资源的统一协调配置。例如新兴基础设施建设方面，中国政府统一协调社会资源，集中攻坚特高压、5G 基站等关键领域。此外，政府的统一调配能力也得以体现，中国对网约车相关政策支持成就了业态快速发展。

中国金融市场过去十年的一大变化即数字化。支付宝与财付通分别于 2003 年、2005 年上线，当时不过是阿里巴巴和腾讯为了自家旗下购物网站进行方便快捷的线上支付而打造的支付工具。经过漫长的业务导入期，随着互联网和 3G/4G 移动网络的快速发展，两家公司业务于 2013 年进入爆发期。用户数量与支付规模大幅增长。同时，各大银行纷纷在原先网上银行的基础上推出手机银行服务。自此国内金融业务逐渐由线下走向线上，由网点窗口走向电子荧幕。在这个背景下，各个互联网公司也纷纷在各自的支付平台上推出理财服务，使得用户可以直接通过支付平台购买理财产品而不用像过去一样前往银行网点。这一变化大幅改变了理财产品销售的格局，使得互联网成为高速成长的金融销售渠道。

金融创新大致涵盖七个方面，分别是制度、市场、产品、机构、资源、科技和管理。其中制度和市场是宏观层面，由国家政府制定并执行法规政策进行调控。长期以来，我国科技和金融业立法长期滞后于实际监管需要，经过几十年的高速发展，中国金融业职能越来越丰富，承担的社会角色越来越重要。

全球化背景下的金融行业巨变在即，金融创新迫在眉睫。随着中国金融市场的不断开放，我国金融业在可预期的未来会吸引更多实力雄厚的国际机构、国际资本参与进来。对于机构来讲，在这个背景下会带来两个显著的影响，一是市场估值会随着外资进入进一步水涨船高，在股市、债市、保险等各个领域创造更多的市场机会。二是本土金融企业将面临海外金融巨头的直接竞争。可以说在新形势下，本土金融机构机遇与挑战并存，采取合理的措施进行应对，维护自己的利润空间成为各大机构的课题。

维护和巩固基本盘，打造机构自身具有优势的服务领域，为客户提供差异化的服务。在同质的行业领域寻求业务的差异化是企业的立身之本，难以形成自身独特优势的机构，最终将在巨头的规模优势下面临业务缩水的困境。以券商为例，目前国内券商交易佣金早已同质化，各家机构都将佣金比例压到成本线以维持竞争力，在佣金方向寻找差异化服务基本不存在可能性。而未来受冲击较大的发债业务，券商则大有可为。综合性券商做大做强可依靠标准化流程和细致周全的服务强化自身的获客能力。而中小型券商尤其是地域性券商则可以深耕渠道，巩固自身省内业务，以此为基础，通过各种方式尝试拓展传统经营范围外的市场空间。外资进入改变市场格局、对市场重新洗牌也是中小型券商进入新客户视野的一次宝贵机会。

数字经济作为社会经济繁荣重要的因素，数字化也为金融业提供创新力量。以计算机、量子数据、移动通信、物联网、区块链等为代表的新型技术通过不断的创新发展，将再造世界创新版图、重塑世界经济格局，并促进数字经济的迅速成长。而 2020 年的疫情，更是加快了这个过程，由于人类出行存在问题，在家成本增加，大批公司不得不把用户与员工的交流从线下转向线上，据 Twilio 数据，这场疫情把世界数字化发展提早了 5～7 年。作为全球经济体系重要环节的金融业，在数字化的浪潮下也得到了长足的进步，而中国金融业在其中尤为突出。海外市场上，由于信用卡普及早且普及度高，刷卡支付传统悠久。尽管出现了 PayPal、Venmo 等支付平台，但这些平台多数用于网上支付和朋友间小额转账，在实体经济支付环节中，难以撼动信用卡的地位。实体支付中只有苹果手机依赖庞大的客户群体和自身科技实力打造 Apple Pay 刷机支付从信用卡手中分得一杯羹。相较之下，得益于我国过去现金支付场景较多，移动 App 支付兴起时未遇过多阻力，海量客户群体赋予了支付平台量变引起质变带动金融业数字化革命的能力。2019 年 8 月，中国人民银行印发了《金融科技（FinTech）发展规划（2019—2021 年）》，要求进一步发挥科学技术对金融服务的赋能影响，并加强区块链、大数据分析、新一代人工智能（AI），以及云计算等信息技术与传统金融服务的深入结合。政策成了金融数字化的一大重要驱动力。在这个背景下，金融机构有着诸多进行创新改革的发力点。

数字化金融最显著的变化是渠道的重大变革。数字金融并不是简单提供足不出户的金融服务，其背后蕴藏着金融业服务渠道的深刻变化。由传统物理网点转为线上服务，意味着传统银行网点渠道话语权比重大幅下降。同时线上渠道在搭建和维护成本上有着绝对优势，基于成本优势，线上渠道可以通过申购费率打折等一系列促销活动挤压银行网点理财产品销售业务的空间。金融服务线上化是金融机构一大重要发力点，以东方财富为例，公司于2003年创办天天基金网，移动网络兴起后，其线上业务不断发力，近年东方财富公司业绩有显著增长，金融数字化对金融机构的影响力可见一斑。

数字化金融带来无限可能。数字化金融目前最深刻的变革体现在渠道上，但未来绝不会止步于此。无论是区块链技术的应用，还是人工智能在客户选择以及量化资产池上的助力，数字化、智能化给金融业带来的变革才刚刚开始。

2

第二章
数字科技赋能下的
金融创新

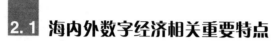 2.1 海内外数字经济相关重要特点

近年来，数字货币等数字经济科技也引起了全球各国的广泛关注，但各国对数字货币的发展态度并不相同，部分国家正积极推进数字货币创新，有些国家则对数字货币采取了观望的态度。深入分析先进国家的数字货币理念和相应政策措施，将有助于认识数字货币的发展并加强国际金融协作。研究数据表明，全世界80%的央行正积极地深入研究国家主权数字货币问题，其中大约50%同时研究零售模式和批发模式，35%只研究零售模式，另外15%只研究批发模式。

2019年，国际清算银行和支付与市场基础设施委员会考察了66个国家的合法数字货币技术与开发现状，结果表明80%的国家正积极探索合法数字货币技术。2019年6月，在脸书（Facebook）上发表了针对天秤币（Libra）的白皮书之后，部分发达国家的法定数字币开发出现增加势头。

发达国家的数字货币竞争日趋激烈。2019年6月，加拿大银行披露，其正在设计一种数字货币系统，没有银行账户或电话的用户也能够在停电的状态下通过这个系统进行操作。因为这些证券类似于货币，可以获取更愿意拥有资金的人的支持。2019年7月，日本央行发布题为《央行数字货币具有与

现金相同功能的技术课题》的研究报告，提出法定数字货币应与现金功能相同。在 2020 年 2 月召开的二十国集团财长与央行行长会议上，英国中央银行的首席财政官员莎拉约翰指出，英国中央银行加强对国家主权与加密货币的研究至关重要，否则政府将永远无法为私营部门实现平衡。2020 年 3 月，美国参议院银行、住房和城市事务委员会公布了一份关于加快引入数字美元的法案草案。同样是在 2020 年 3 月，法国央行宣布将加快法定数字货币的测试进程，以推动数字欧元的发展。欧洲央行行长拉加德也强调，应推进数字欧元的可行性研究。

一些发达国家不但关注法定数位钱币方面的挑战，同时也关注在这方面的各国合作。2020 年 2 月，英国、加拿大、瑞士等 6 国央行宣布将在华盛顿讨论数字货币合作问题。由加拿大、瑞典、日本、英国、欧盟和瑞士的中央银行与国际清算银行成立了一个小组，研究与数字加密货币有关的问题，并交流经验。2020 年 7 月，七国集团决定就合法数字货币问题展开合作。2020 年 10 月，国际清算银行与美联储、欧洲央行、日本央行、瑞士央行、英国央行、德国央行、澳大利亚央行共同发布了题为《央行数字货币：基本原则和核心特征》的报告，论述了当前普遍的数字货币的基本理论与主要特点，并指出了有效运用大数据技术来完善经济和实现社会政策目标的重要意义，同时各地金融机构也在积极开展研究，并向社会大众介绍数字货币的优缺点。

事实上，南非在相关金融服务技术上已做出了不俗的成就。2018 年 6 月，南非央行发布了名为"Khokha"的数字货币支付项目试验报告。试验结果表明，在完全保密的交易环境下，每笔南非兰特数字支付都能在一两秒钟内完成，南非所有金融机构全天的交易量能在两小时内处理完成，大大提高了金融系统的效率。而新冠疫情所造成的影响，为南非中央银行在数字货币发展上增添了新动力。一家区块链科技企业的主管辛格提议，南非中央银行应该和商业银行合作推进创新，这样社会保障金等就可以直接投放到居民的电子钱包中，而居民也就不必冒着感染疫病的风险去排队领现金了。

但人们很快发现，许多国家不但重视数字货币产生的新机遇，而且高度重视私有数字货币可能带来的潜在挑战，特别注意对私有数字货币的交易监督。

美国联邦政府并没有特别控制私有数字货币贸易，只是沿用了既有的金融监管体制加以控制，包括证券交易监督、反洗钱监督以及税收监督等。在证券监管领域，按照美国《证券法》，私人数字货币归属有价证券领域，其发行或转售如果被确认为有价证券发售，就可以接受美国联邦证券交易委员会（SEC）的监督，而美国证券交易委员会和最高法院也将通过对有价证券买卖的实质或非形式作出判决。从 2017 年开始，美国联邦证券交易委员会采取发声明、起诉、调查等方式对数字货币市场实施监督，并指出大部分国家的代币融资行为都需要发行证券，而其他行业也需要先完成备案。2019 年 7 月起，美国联邦证券交易委员会豁免了部分公司的上市申请，并对部分项目出具了不行动函。在反洗钱领域，美国主要依靠《银行保密法》对数字金融货币产品实施金融监管，但该种金融监管不是面向所有参加虚拟货币贸易的市场主体，只有开展金融货币服务经营的市场主体，才应该符合《银行保密法》的反洗钱规范条件。在税收监管领域，2014 年 3 月，美国国家税务部门出台了关于虚构钱币的指引，表明对转换虚构钱币的买卖、兑换及利用，都可能产生税务不良影响。

日本政府明确提出了把数字货币作为虚构钱币领域加以限制。按照日本政府新修订的《支付服务法》规定，从事虚拟货币交易业务的工作人员应当在金融服务厅进行登录备案，并设立与他人金融机构相似的内控制度、记载保存系统和可疑交易报告系统，否则就会受到行政法律惩罚或刑法追诉。同样，按照日本《犯罪收益转移防止法》的规定，虚拟货币交易服务提供商有义务在确认委托人以及对其业务具有实际控制力的人的身份信息，并保留验证信息和交易数据后 7 年内，向日本相关的主管部门申报可疑交易。这些规制实际上与对商业银行等任何机构的反洗钱法律法规监督规定相关，对办理钱款转移贸易的虚构物品贸易场所，也应当承担反洗钱法律法规监督义务。

部分国家对合法数字货币总体上保持正向的积极态度，并持续探索相应的优惠政策，不断创新合法数字货币的发放和清算模式，积极地推动在合法数字货币方面的良好合作和竞争。而民间数字货币和政府合法数字货币之间的博弈也构成了国家数字货币政策制定的主要看点。

美联储没有推出数字美元，私人数据货币"天秤币"变成策略制定讨论的重点。美联储主席鲍威尔曾指出，由于目前美元制度这个金融机制的"心脏"仍能很好地发挥作用，因此美联储并不能保证最后会推出数字货币。在 2020 年 2 月，其在美国国会众议院金融委员会听证会上表示，"数字美元或将在隐私保护问题上胜出"。前美联储理事布雷纳德在斯坦福大学演讲时也曾指出，美联储已经开展了关于分布式登记方法和数字货币潜在应用项目的研究与实践，包括通过研究确定开发法定数字货币的可能性。

欧盟目前还没有针对数字货币的具体要求，不过欧盟中央银行总裁 2021 年宣布，将在 5 年内将数字欧元变成实际。这一表态也是对欧盟央行的"政策宣示"，数字欧元的推广工作也是箭在弦上。部分欧洲国家也在进行这方面的探索，当中就包含了法国。法国中央银行不但重视法定数字汇率的推出，同时已经开始探讨相应的结算制度设计。2019 年 12 月，法国央行行长表示，法国的法定数字货币实验将关注以下几个方面，法定数字货币的研制、发展、潜在的科技挑战，以及法定数字货币对法国传统经济领域产生的深远影响等。法国中央银行也呼吁学者进行关于数字欧元使用情况的研究，探讨通过法定数字货币实现清算与结算。虽然此前已提出在欧盟采用基于区块链的支付体系，但法国中央银行认为，其新的数字货币研究方案没有规定应该采用的方式。该实验计划主要包括了三个阶段，设计数字货币、分析其影响以及最后的实施运营。另外，该项目还将深入研究法定数字汇率对金融市场基础设施、货币政策、宏观经济因素及法规与金融监管框架的可能影响。

虽然有些国家早已在数字货币方面开展过长期的探讨工作，但在私有数字货币与合法数字货币的区别方面，世界各国还没有达成共识，有些国家在经济政策制定方面着重关注私有数字货币，有些国家则注重于支持合法数字货币。因此不管未

来数字货币将怎样演变，都需要人们秉持严谨认真的心态做更
多的实践与探索。

数字银行泛指不同于传统商业银行经营模式的金融机构，
这种新型银行利用金融技术来为用户创造更方便、创新的银行
产品和金融服务，并通过"新技术、低收费"的经营方式来
留住用户群体。而近年来，随着银行技术的迅速发展，数字银
行已成为金融科技领域的先行者。数字银行的优点在于具备数
字化技术的基础架构，能够帮助用户开展更多的线上金融服
务。如今，数据金融已经发展成金融服务技术进步与发展的一
种产物，该领域的争夺十分激烈。下图是 42 家全球市场上具
有代表性的数字银行。

图 2-1　全球市场上的数字银行代表

以美国为例，近年来美国的银行及其分支机构的数量一直
在下降，而美元个人的储蓄规模则在持续上升中。美国的数字
银行已经初具规模，2022 年美国最大的数字银行 Chime 的用
户规模已经达到 650 万，累计资金也已经超过 8 亿美元，是美
国数字银行业的领头羊。

数字银行可以较快地进行信贷申请和资本募集，有力地支

持资金不足的初创公司发展。目前数字银行业务大多使用手机操作的方式，因此费用相对于传统银行更低，能够覆盖传统银行难以企及的领域。

传统银行的经营管理模式通常比较固化，有时候无法给消费者带来舒适体验。数字银行公司则可以利用金融技术，为顾客开辟更多的线上银行服务和制定个性化业务。

目前中国的数字银行尚处于萌芽或起步阶段，进展较为缓慢，没有设置专门的数字银行牌照监管机构。由于中国和美国的数字银行的发展境遇相似，我们可以借鉴美国的"Banking-as-a-Service（BaaS）"数字银行运营模式。

美国政府没有颁发专门的数字银行执照，所以近年来由美国政府投资建立的数字银行，实质上完全是专门经营银行业务的技术公司。而美国政府的数字银行需要和拥有银行执照的传统商业银行联合才能开展业务。

BaaS运营模式的代表银行是Moven，创建于2011年，是美国的一个移动银行服务商。尽管它自身并不拥有银行业务许可证，但它和CBW Bank以及TD Bank Group（TD）等在内的许多美国传统商业银行都形成了长期合作伙伴关系，向它们推出了手机银行。Moven最优秀的合作项目之一，就是和TD共同开发的TD MySpend应用程序。

目前，美国市面上的所有数字银行系统都在以BaaS模式运作。我国的数字银行业务也可以借助BaaS模式，若高新技术企业和传统商业银行积极合作，既可以增加顾客对高新技术企业的信任度，又能够使商业银行利用金融技术进行更多的创新型经营，拓展市场空间。

随着区块链技术逐渐成熟，全球信贷科技市场规模迅速扩大，中国的信贷科技产业也在高速发展。目前，信贷科技产业链主要由提供各种消费信贷、商业信贷和相关承销服务的非银行公司或平台组成，主要通过直接提供贷款和对该服务收取费用来获利。随着金融科技监管趋严，网络金融也大规模淡出金融市场，剩下的企业在积极寻求转型之道，助贷成潮流。

目前的助贷企业，大多为小贷企业、担保机构、融资租赁企业、部分有资金获取能力的企业转型为P2P机构，还有很多其他非持牌金融机构。主要合作方分为四种，分别是商业银行、保险、消费金融以及P2P网贷平台等。而在国内，银行信用卡主要服务于中高端的消费人群，助贷机构则专注于中低端消费群体的服务。同时，针对部分银行、保险等传统企业来说，贷中获客、贷后催收等服务相对复杂，再加上自身大数据分析风控水平、信息集成程度也没有很高，在消费金融公司行业和中小型公司领域，必须与外部服务协同。

以个人和中小企业的未偿还贷款余额总额衡量，预计个人和中小企业的未偿还余额分别将以18%和1.5%的复合年增长率增长，到2023年将达到1万亿美元。2020年，全球信贷市场的投资交易数量总体保持稳定，超过56亿美元的风险投资已部署到信贷领域。总交易额保持稳定，这受到几笔大交易的提振，例如SoFi的5亿美元融资。随着行业的成熟，该细分市场中的许多先行者已经退出，包括Lending Club、OnDeck、Funding Circle等，很多P2P企业正在积极转型。

数字科技极大程度上推动了支付科技领域的发展，这一领域主要由支付与转账、POS支付、后台支付机架构基础组成，其中支付与转账方向的投资占比最大。后台支付机架构基础细分行业主要是指提供并运营移动支付平台，整合支付方式的公司。付款部分包括提供付款接受、授权、处理、发行和结算服务的公司。供应商还专注于全方位商务支持、销售数据分析、缓解欺诈和交易安全性。尽管这个行业由大型信用网络（如Visa、Mastercard）和其他处理程序（Worldpay、Global Payments）主导，但已经出现了许多专注于利基机会的参与者，包括跨境、应用、人与人、B2B等。

随着诸如 Venmo 之类的转账服务无处不在，P2P 快捷支付最早被采用。P2P 的交易额在 2018 年达到最高，为 2390 亿美元。到 2023 年，支付交易量预计将超过 3.3 万亿美元，复合年增长率为 29.3%。

数字科技方面，越来越多的国际企业开始关注大数据研究和投融资管理这两个领域，AI、云计算、大数据等技术的应用使得这些领域的发展更为迅猛。其中，市场服务领域主要包括市场研究与数据和中小型企业商务工具。金融公司向以新技术为驱动转型，在技术上的支出约 127 亿美元，并且该支出有望以约 13% 的复合年增长率增长。资本市场基础设施提供商（CMIP）是资本市场的中介机构，包括交易场所、中间商、票据交换所、信息服务与技术供应商、证券存管和服务公司。该部分的支出 2019 年约为 1940 亿美元，到 2023 年将增长到 2360 亿美元，复合年增长率为 5%。自全球金融危机以来，对专注于资本市场的金融科技公司的风险投资急剧增加，从 2013 年的 1.97 亿美元增至 2018 年的 9.17 亿美元。2019 年则超过了 12 亿美元。由此可见，海外资本市场十分看好数据领域的未来，预计随着资本市场的发展，该领域的上升趋势将得以持续。

另一个与数字科技息息相关的领域是投融资发展，西方企业的运营模式值得借鉴。在美国，商业投融资管理领域由股权融资与机构投资组成。股权融资是指资金必须投入由风投支持的公司，专指在任何时候都从风险投资公司、企业风险组织或天使投资者那里获得资金的公司。金融科技行业也迎来了转折点，机构投资者加大了对加密货币试点的投入。

2.2 中国资本市场的数字科技创新

中国经济由高速增长阶段走向高质量发展时期，经济成长的驱动由过去的要素驱动、债务驱动，逐渐向市场驱动过渡。中国经济正处于转型升级、结构调整的时期。在长期的市场经济活动中，以商业银行为主体的政府间接投资结构使得债务问题不断积聚，并出现了产业结构不合理、企业生产效率不高、资金生产质量低下等现象。于是，在进入产业化的中后期，资金创新的效益便突显出来。尤其对数字创新，产生了一种与激励相融的管理机制，实现了经营风险承担、利益资源共享的目标。

中国数据经济发展已出现新的契机。在新冠疫情以前，数据经济发展得很快，经过此次疫情，全球各地意识到建设数据经济社会的重要意义和紧迫感。未来，数字经济与数字金融市场的争夺必将越来越激烈，中国数字经济、数字金融市场的建设，资本市场对数据技术和信息的应用将走在世界前列。20世纪90年代，中国的资本交易市场进入无纸化交易，突破了其他国家特别是发达国家上百年的单打手势、纸质交易这种常规方式，体现了中国的后发优势。

数字资本市场一般分为两个层面，一是数字资本市场，将来会产生许多数字资本或数码财富，会成为商品交易金融市场；二是数字市场。所有市场经济的流通、支付环节都要电子化，所以这两个领域是交叉联系、互动的。应当怎样认识数字资本市场呢？它一般有三个作用：其一，表现市场经济，即以信息来表现一个市场经济的买卖、登记、清算等行为的大数据系统（无纸化操作），并且将资金市场信息结构化（如年报、招股说明书信息结构化等）。其二，促进投资市场，即扩大投资市场活动边界，以促进金融市场普惠化，从而改变金融信息不对称的现象，改变传统的监管手段方式。其三，赋能投资行业，新一代人工智能在投资领域应用一定会促成投资决策的自动化，包括智慧投顾、智慧风控、智慧服务等，是数字投资领域的高级阶段。

近年来，中国高新技术发展步入空前的高度密集活动期，并不断重建世界科技版图、重塑中国经济社会发展结构、改善社会治理效能。在此背景下，中国高新技术在金融服务领域广泛应用，并深深融入中国金融血脉、注入金融服务灵魂。改革开放40余年来，尤其是党的十八大以来，以习近平同志为核心的党中央高瞻远瞩、审时度势，对科技创新发展做了前瞻性规划和系统布局。在金融方面，精心传达执行党中央、国务院的决策部署，全面用力、多点突破，促进了高新技术在金融领域的运用取得突破性进展。

第一，我国金融技术顶层设计工作已日臻完善。在发展计划工作方面，中国人民银行将保持重大问题研究导向和发展目标引领导向，2019年8月颁布的《金融科技（FinTech）发展规划（2019—2021年）》，明确了我国金融科技发展的指导思想、基本原则、发展目标，提出了 27 个重要任务，指导银行业遵循守正创新、安全可控、普惠民生、开放共赢的准则，进一步发挥我国金融技术赋能效应，进一步增强人民群众对金融机构数字化、互联网、智能产品与服务的信心。在金融监管规则方面，建立健全金融技术安全监管基本规范系统，尽快建立包容审慎的金融技术安全监管工具，平衡好安全性生产和技术创新之间的相互关系，为金融技术创新发展确立刚性法律底线，设定柔性技术管制界限，留出充分发挥空间，营造良性的发展政策环境。

第二，技术驱动的产品功能显著提升。在信息可得性领域，通过移动互联网、条码识别等新信息技术为支付业务"插上双翼"，卡基支付和移动支付兼顾，形成了全方位、广覆盖的付款业务布局，充分满足人民群众多元化的需求。至 2018 年，全国已累计办理移动支付业务 5300 亿多笔，市场规模已达 440 万亿元，约为当年中国国内生产总值的 4.89 倍，当前移动支付已形成中国支付领域最亮丽的风景线。在交易安全领域，将构建线上线下统一的支付安全防范系统，进一步强化账号实名制监管与敏感数据安全保护，进一步完善涉案账号的应急支付措施与快速冻结制度，全面提高网上支付安全性和线下伪卡诈骗风险的防范能力，逐步筑牢支付与结算安全屏障。中国人民银行等组织建立的支付系统安全风控平台累计支付总额突破 1500 亿元，单笔最高冻结总额为 10.8 亿元。在金融监管效率方面，通过金融监管机关积极组织建设的跨行业信息资源共享制度，积极推进建立风险状况感知平台，通过动态监测线上线下、国内国际的资本流向，实现金融监管范式从事前向事中、事后的过渡。例如，中国人民银行进一步落实国务院"放管服"的政策，利用现代科技手段有效提高公司开户便捷性和公司客户管理水平，早5个月完成暂停公司金融客户许可任务。

第三，通过科技赋能服务提质增效。在信息服务领域，面对传统银行脱实向虚、投资怠速的现象，部分银行利用现代科技手段完善了信贷业务流程和信用评价模型，打造以"3分钟申贷、1秒钟放款、全程0人工干预"为特色的智慧征信业务，将有助于有效缓解中小微企、民企的贷款难、融资贵问题，并高效推动金融服务资源投入到经济社会建设的重点领域和薄弱环节，从而显著提高金融服务实体经济的能力。截至2019年三季度末，全国小微企业贷款余额36.39万亿元，其中单户授信总额1000万元及以下的普惠型中小微企业信贷余额为11.31万亿元，比当年初增加了20.81%。在业务效率方面，将通过5G、物联网等先进技术手段促进线下实体站点的智能提升，并且将通过App、开放API等技术手段进行更全面、多元化、高智能的线上服务，实现线上线下一体化发展。2018年我国银行业离柜交易超过2781亿笔，成交总额1936万亿元，离柜率达88.67%，便民服务效能得以进一步提高。例如，光大银行的"云缴费"业务将公共事业缴费时间从"小时级"缩短到"分钟级"。

第四，技术方法支持金融服务基础设施的不断完善。近年来，中国人民银行积极利用技术方法不断调整优化金融服务设施，以支持金融服务结构转型升级和金融服务资源有效合理配置，并大大增强了金融服务系统对实体经济发展的支持功能。

一是积极打造系统的数字票据交易平台，增强票据业务稳定性、透明度和提高交易质量，推动票据交易全部数字化，提高货币政策信息传递质量和准确度。二是建立了外币对交易中央对手清算制度，通过进行跨境交易品种的风险对冲，逐步减少交易活动成本，实现商业银行与外币交易的风险有效控制，健全人民币汇率市场化形成体系。三是我国首次采用分布式结构的金融基础设施网联系统，实时支持互联网的大量交易，数据处理峰值达到24万笔/秒，显著提高数据处理和监管能力，在带动居民消费、促进发展等方面起到"高速公路"效应。

第五，利用高新技术发展助力金融服务开放领域全面拓展。在技术互鉴领域，中国银行业的高新技术发展将由"跟跑"到"并跑"，再到部分领域"领跑"，并利用技术创新为金融服务开放领域提供发展机遇。比如，中国人民银行投资建设的粤港澳大湾区贸易金融区块链平台，目前交易量已突破700亿元；国家外汇管理局投资建设的跨境金融区块链服务平台（注：外汇局跨境金融区块链服务平台是中国人民银行牵头六部委开展的金融科技发展试验建设试点项目），目前服务客户已达1590户，其中中小外贸企业占比近70%，将有力推动中国跨国金融服务与国际贸易的合作。在设施互联领域，打造人民币跨国结算体系，方便世界各领域人民币跨国交易汇转和交易清算，为人民币国际化保驾护航；与"一带一路"沿线国家和地方合作搭建信用卡办理业务设施，开创金融合作的新篇章。在技术标准互通领域，积极推进 LEI 编码等国外领先的技术标准在中国金融业深入运用，并广泛参与金融技术、数字货币、绿色金融和国际行业标准的研究等，以提高我国金融现代化程度和全球影响力。

金融技术创新与科技、信息、体制和价值观等多种要素存在关系。其一，新一代技术将从计算能力、数据、互联网等角度，给金融服务体系结构提升、流程重塑、金融服务手段拓展等方面带来巨大的改革动能，将以前所未有的深度、广度和速度激活金融市场发展动力，并不断催生金融服务的新产业、新方式。其二，金融技术创新兴于大数据。数字经济时期，大数据将作为关键的生产要素。通过对海量多维数据资料的深入发掘，可以在实践中发掘新知识，提供新价值，从而形成以应用与场景为中心的关系网络与认知图谱，在一定程度上能够做到预测未来，促使金融的业务流程管理更有效、客户服务更精确、风险管控更智能。其三，金融技术创新稳于政府制度。技术创新发展是向未知领域持续摸索、不断试错的过程，具有巨大的发展机会，而风险和挑战往往隐含其间。所以，为了防止"一管就死、一放就乱"，需要设定科学合理的观察期，在充分摸清创新本质、有效防范潜在风险的基础上，及时建立机制使技术创新稳定并发展成熟。其四，现代金融的发展成于价值观。金融创新的基本意义就是不忘为民立企之初心，秉承守正的经营思想，以服务实体企业、惠及百姓生活为出发点与落脚点，利用技术手段疏解中小微企业融资难、融资贵，普惠金融服务"最后一公里"的问题与难题，而不是完全依靠个人利益驱动，罔顾法律法规和政府监管规定，以"创新"之名行非法诈骗之实。

从长远角度来看，金融业科技进步可以有效维护金融市场稳定。具体的优势如下：一是减少信息的不对称，从而增强风险评估和定价能力。通过大数据分析技术的应用来获取、解析海量数据，并研究出针对特殊风险类别的金融工具，可以增强风险评估与定价能力的准确度，从而增强各类金融市场参与者的风险管理能力。二是进一步增强社会诚信体系透明度。比如，对金融机构推出了交易跟踪等技术手段，使得尽职调查过程更为便利，从而减少了合规成本，也便于满足反洗钱和反恐怖融资的监管需求。三是金融科技的迅速发展，能够促使其他金融机构采用最新科技、改进服务质量、提高业务模式、减少运营费用成本，从而提升金融市场资源质量。金融稳定理事会（FSB）的研究报告指出，分布式记账信息技术能够减少会计核算时限，从而提高交易过程执行质量和速度，进而减少交易过程对手之间的经营风险暴露，增加质押品的数量，提升整个国际金融系统效益。四是大数据挖掘和信贷投放智能化，可以减少信用业务市场准入障碍，智慧投顾可以降低融资难度。金融技术的发展能够将整个金融体系、金融业贯穿得更深、更广，可以提高广大城乡居民、中小企业金融技术的可行性和便捷度。

当然，从风险角度来看，一是部分较新型的数字金融技术容易引起信誉风险的传播。金融技术应用越是广泛，越易形成复杂的网络效果和传染性。比如，复杂的算法交易使得整个金融市场产生了难以预见的系统性风险。2010年，美国道琼斯指数曾在30分钟内大跌700点，但随后又戏剧性地反弹600点。此次"闪电崩盘"使美国股市暂时性地失去了1万亿美元，其中的一个主要因素就是自动化交易的算法问题。

二是数字金融在许多情形下出现较明显的顺周期性和波动

性。例如，互联网贷款平台服务可以提高贷款业务的顺周期性。价格稳定运行期间，智能投资顾问可以利用高频信息捕获价格变化，较为迅速地撮合买卖。这种顺周期性同样发生在价格流动性紧张期间，智能投资顾问会以较快的速度撤离交易市场，导致市场价格的急剧下滑。

三是加密资产管理和数字货币技术的广泛运用，增强跨国资金流向。但由于加密资产管理不受地域界限的制约，一旦缺乏全球金融监管合作，一国的金融监管法律规定在另一国境内就无法发挥作用。又因为各国金融市场成熟度、司法、金融监管、人民币可兑换程度等方面存在差异，在某个国家属于违规的事情，在其他国家却可能是完全合法的，因此跨国金融监管与国际司法合作沟通成本很高。

四是在零售终端，用户维权复杂性、困难增加。由于金融业数字化发展，指纹交易、刷脸交易、异地开户等新兴科技涌现，个人身份信息数据和金融资料被过度获取，超出个人权限的商业性应用和企业内应用，对用户的侵犯范围、侵害手段、侵害类型呈现多元化。

资本市场将成为连接投资人与实体企业的重要平台，更好地促进技术创新、资本与实体经营之间的循环，在资本端、市场端与资本端协同发力。

利用资本扶持科技创新型中小企业，积极满足科技创新型中小企业的发展，进一步完善上市条件，拓展市场对实体经济的业务覆盖范围；进一步增强市场对实体企业的包容性，让有效金融服务于更多中小微科创公司；进一步改善社会金融服务资源配置，形成完善的风险投资市场发展环境；进一步做好对拟上市企业的教育与指导，更好发挥私募股权投资基金支撑技术创新的重要功能作用；进一步提高拟上市公司规范化水平，从根源上改善公司的服务质量；进一步健全社会主义市场化激励约束制度，尽快形成资本市场改革和技术创新的双向互动。

进一步推动开放，以促进社会资金来源的多样化。需要进一步推进市场双向放开，以便境内外企业直接投资国内金融资产，从而扩大资金来源。同时投资领域开放也会倒逼投资领域改革，以竞争促发展，推动本国投资领域的进一步发展和提高，以形成与国际市场接轨的中国法律框架。还可以积极推动私募股权与创投资金投早、投小高科技领域。科技创新型公司一般具有规模较小、以人力资源为最主要资本、经济发展期较长、所需研究资金投入较多等特征，以商业银行为首的政府间接投资体系无法满足科技创新型公司的融资需要。但由于私募股权和创投资金都具有较高风险承受能力，因此可以利用政府鼓励外商投资科技创新型公司的挂牌和收购等政策，来带动私募股权和创投基金投资属于经济发展早期、规模相对较小的科技创新型企业，进而带动中国科技核心的开发和市场的发展。

数字科技未来发展机遇与挑战 2.3

近些年中国数字经济蓬勃发展，主要归功于长期以来积淀和形成的诸多领先优势，总结起来有三个。第一是我国体制优越。中国的社会主义制度具有集中力量办大事的突出优势。自党的十八大以来，中央对发展数字经济进行了系统化、科学化、前瞻性的顶层设计，陆续制定了《国务院关于积极推进"互联网＋"行动的指导意见》《促进大数据发展行动纲要》《国家信息化发展战略纲要》等一批重大决策文件，为中国数字经济快速发展提供了清晰指引；并相继制定了各种促进经济社会快速发展的政策措施，为企业主动开辟新兴领域保驾护航，有效地推动了中国数字经济的迅速成长。

第二，超大体量市场竞争优势。一方面，中国已经有了超过10亿网民，并形成了巨大的消费需求，这就是发展数字经济的最原始力量；另一方面，中国经济行业门类齐备，拥有完善的产业链基础，有实力生产供给完整的数字经济商品和服务。

第三，数字科技研发能力。国家基础研究力量强大，具有进行数字科技研发攻关的实力。按照科技部《中国科技人才发展报告（2020）》，"十三五"期间我国科研人员全时当量快速增长——从 2016 年的 387.8 万人年增长到 2020 年的 509.2 万人年，居全球首位。国内科学人员的高等教育质量日益提升，年轻人逐渐成为研发主体，对基础研发与教育的关注程度也不断提高。目前，国内科学家已经在 5G 通信等多项重大技术方面形成了局部领先的良好优势。

虽然我国数字经济工作已取得相当大的成绩，但在许多方面仍存在短板，在重点工作等方面仍存在不少问题，总结起来大致有三点：一是数字经济大而不强。尽管我国数字经济发展迅速，但还需要更多的新方式、新产业。总体来说，中国的数字经济主要依托互联网人口红利和市场红利，消费端较为成熟，但技术端和创新端发展较为单薄落后。二是核心技术工程有待攻克。核心技术问题成为阻碍中国数字企业向高水平发展的绊脚石，尤其是在算力系统发展方面。无论是个人电脑，还是超计算、云计算的算力结构，都是由系统、芯片、操作系统、应用四个主体部分所构成，其中，系统芯片和操作系统受国外的技术控制程度最高。以操作系统（OS）为例，操作系统可分成移动服务器、桌面端、移动端。从国际看，谷歌的安卓（Android）体系、苹果公司的 iOS 体系、微软的视窗（Windows）等应用，在世界各种 OS 市场中一直占据着垄断地位；从国内外现状来看，虽然整个市场拥有近千亿容量，但始终由美国企业所主宰，如桌面终端市场由 Windows 主导，而移动终端则由 Android 和 iOS 垄断。在重点产品国产化领域上，相比于芯片、应用软件等，操作系统国产化水平较低。应该庆幸的是，各类技术的创新尝试在中国已经开始出现，中国和发达国家之间的距离正在逐步缩短，"麒麟""统信"等国产桌面端操作系统和"鸿蒙"（HarmonyOS）、"鲸鲮"（JingOS）等移动端操作系统在国内市场广泛应用。从综合国力与市场需求看，除了美国之外，中国是世界唯一有实力、有机会孕育自己操作系统的国家。三是中国数字经济的国际话语权还有待进一步增强。按照天府大数据国际技术与战略研究院的《全球大数据发展分析报告（2020）》，数字开放性与经济方面具有明确的正相关关系，政府部门的数字开放性措施能够促进经济增长。中国的数字对外开放水平和发达国家比较仍存有一些差距，并不适应中国经济高速成长的需要。另外，面对单边主义的不断兴起，中国互联网企业的全球地位也遭到了弱化。因此，华为、字节跳动等信息科技公司在经济全球化进程中频频挫折。在数字经济有关的国际组织中，我国的政治话语权尚处于劣势，没有建立与综合国力相匹配的话语权。

"十四五"规划和2035年远景目标纲要首次明确数字化在中国信息化发展全域中的关键作用，明确提出了加快构建数码国家、数字社区、数字政府的13项总体目标，并展示了构建数字中国的宏大图景。数字经济已作为中国实现2035年远景目标和第二个百年奋斗目标的新动力，我们必须用数字经济赋能更多区域的产业信息化，从而形成更加突出的数字文化特色，走有中国特色的数字化之路。

我国统一大数据中心协同创新系统建设算力中枢建设的总体目标，即选择在"四极"重点城市群（京津冀、长三角、粤港澳大湾区、成渝）和四个省级重点地区（内蒙古、宁夏、甘肃、贵州）率先布置，并且根据我国的区域发展总体目标统筹兼顾，按照国家资源结构、产业布局、资源开发、气象条件要求，在资源充足、环境宜人的地域内合理布局建设国家枢纽节点，各节点间形成高速信息传输网络，并组织实施国家算力资源调配，逐步建立国家算力节点系统。在网络布局进程中，将着力推动绿色数据中心发展，积极推进传统数据中心节能和环保化转型，推动电力网与数据网的联合共建、合作运营，以显著减少传统数据中心的电力成本。

当前中华民族正处在百年未有之大变局的历史时刻，我们比历史上任何时期都更接近中华民族的伟大复兴。未来要万分珍视和有效运用这一千载难逢的大好机会，审时度势、继续努力地用科技发展经济、以科技改善人民生活。

各产业如何把握数字科技方向 2.4

　　首先，我们看一下金融行业。目前金融服务领域仍存在着许多亟须破解的技术问题，在支付结算系统方面，由于目前的支付结算体系仍需要大量中间机构的投入，工作效率低，尤其是在跨国转账和支付领域，时间和金额的交易成本更多且程序烦琐，这也造成了用户的手续费更多且小额支付服务无法开展。在负债管理方面，由于目前的股票、证券、发票、获利单据等由不同中介机构保管和核算，大大增加了交易成本，且容易被伪造。在清算与结算方面，由于各个银行内部的基础设施结构、流程等各不相同，而各自内部的规章制度又不一致，同时许多环节都需要人工处理，这不但提高了银行办理成本，而且增加了在银行清算结算过程中出错的风险。

　　在交易方面，区块链的点对点交易可以减少银行之间的对账时间，能有效提高支付效率。如蚂蚁金服利用区块链技术，利用港版支付宝实现了一次在中国香港和菲律宾之间的实时汇兑业务，用时只有3秒；井通科技则利用区块链技术，实现了我国与新加坡之间的点对点小额汇兑服务；支付宝跨国信汇的便捷性会冲击传统商业银行的汇款经营，推动了传统商业银行的服务变革，引入区块链技术将给消费者带来更加便捷愉悦的体验，而通过区块链技术降低传统银行的服务成本，又会增加其整体收益；2018 年 12 月，由中国银行业协会与国家开发银行等单位联合推出的"中国贸易金融跨行交易区块链平台"开通运营，同时中国工商银行和招商银行也实现了首笔跨行境内信用证链的成功认证。

传统金融机构可以借助现有的部分基础设施，再结合区块链技术，将股权、债券、票据等各类资产整合进区块链中，机构只是充当托管者的角色，确保资产的真实性和规范性，将拓宽的资产链接上区块链，使得用户能够通过区块链查询资产，并通过区块链进行交易，这样可以保证资产的真实性与安全性。

在我们买房买车进行贷款的时候，个人征信系统需要用户亲自到银行进行查询，并等待一段时间才能拿到征信报告，这为用户带来了不便。如果各大金融机构将客户的征信情况上传到区块链中，那么便能在需要的时候直接在区块链中查询数据即可，无须到银行进行查询，这为征信信息的查询带来便利，且区块链的数据能保证真实性，不会存在伪造等情况。

2017 年 9 月，《中国人民银行、中央网信办、工业和信息化部、国家工商总局、银监会、证监会、保监会关于防范代币发行融资风险的公告》发布，在数字货币行业度过了虚假 ICO 诈骗时期后，监管一定会更加严格，而从国外来看，不少国家也宣布了比特币合法化。我国或将在充分研究数字货币相关监管措施后，允许数字货币的交易。我国目前的资本市场主要是股票市场和债券市场，而普通投资者很少接触债券市场，数字货币交易合法后将成为资本市场的第三大支柱，丰富投资者的投资选择，完善我国资本市场。

电子政务领域也非常有代表性。党的十九大报告提出，转变政府部门职能，推进简政放权，革新监督管理方法，提升政府部门公信力和执行力，建成人民群众满意的服务型政府。新型政务体系的建立，需要我们运用现代化技术手段缓解民营企业和群众普遍反映强烈的办事难、办事慢、办事繁等问题。而区块链技术的出现在不同程度上解决了现有的部分问题，且我国在区块链与政务系统的融合道路上已经取得一定的成就，未来有望将区块链技术全面用于电子政务系统，更好地为人民群众服务。

全国政务系统数据繁多且相当重要，数据的安全性至关重要。由于不同政府、不同部门有不同的规约，异地政务系统之间的融通在此之前是比较困难的。在使用区块链技术的基础上，可以做到异地政府信息系统互相连通信息，更能保证信息的安全与隐私，可以有效缓解跨单位、跨部门、跨层次的信息交流与服务协同的问题，进而改善服务、提高协同效能。比如，住建部通过采用中国自主可控基础联盟链系统开发的公积金信息共享平台，迅速完成了连接近 500 个城市的公积金管理中心，每天有多达 5000 万个客户信息完成上链共识，有效完成了跨省市的公积金管理资源共享，也大大便利了居民异地公积金存取和个人所得税减免等事项申请。

我们在办理日常业务时经常需要各种证件，例如身份证、医保卡、社保卡等，且有时候还需要各种纸质材料，手续较为复杂，如果忘记携带证件材料便无法办理相关业务。身份证是每个人都特有的身份证明，身份证丢失，可能会造成严重后果，比如被不法分子用于贷款或者诈骗等。而如果是基于区块链技术的电子证件，则能够给我们办理业务带来便捷，我们无须携带相关证件，通过出示电子证件即可；电子证件的使用需要个人的授权，只要保证私钥安全便不会被盗用，极大地提升了安全性。

2019年1月在深圳上线的电子政务App"i深圳"是基于区块链的电子营业执照系统，现已推出了24类最常用的电子营业执照；此外，北京市东城区也开始尝试区块链电子证照的使用。在各个试点单位试点并完善技术与基础设施后，电子证件将有望在全国范围内推广实行，为广大群众提供更高的安全性和便捷性。

传统的纸质票据存在不便于保存、容易损坏或丢失的问题，而电子票据则存在验证复杂的问题。若将区块链技术与电子票据相结合，通过打造一个联盟链，只有相关部门可以对电子票据进行生成、存储，且由相关负责部门在电子票据上加盖电子签章，可以保证电子票据的安全性、真实性，且便于保存。而电子票据的拥有者只需要查询自己的票据的功能即可，在需要使用的时候将票据出示，由于电子票据在上传区块链时需要相关部门盖章，保证了真实性，且通过区块链技术验明真伪也简单易操作。

原深圳市地方税务局早在2018年便推出了国内第一个区块链电子发票，并完成了对电子发票的加密管理，让信息流和电子发票流程合二为一，真正做到了"交易即开票，开票即报销"。2019年6月，国内第一个区块链电子发票系统——浙江区块链电子发票平台上线，该系统由浙江省财政厅推出，与应用于支付宝的蚂蚁区块链科技联合推进，意在优化消费者就医流程。在 2019 年 11 月，深圳市推出了中国首个交通罚款区块链金融电子发票系统，这也是深圳市财政局积极推进区块链科技在社会民生方面的应用领域的新举动。2021 年重庆市大数据应用发展管理局发布《关于拟列入 2021 年大数据产业发展项目库项目名单的公示》，易保全网络科技有限公司以旗下君子签区块链电子签约平台项目经过申报、初审、专家评审和综合审核等层层选拔，凭借区块链在电子签约领域的创新应用能力从众多申报项目中脱颖而出。君子签是易保全旗下专业的区块链电子产品合约业务，其依托区块链基础技术，融合国家自主发明专利的全数据链核心技术，通过改变传统合约方式，形成"区块链 + 司法 + 电子签约"创新模式，形成面向各行业企业及政府的多情景、多方案支撑，通过实名认证、网上签订、合同智能管理、电子商务签字、区块链存证、全凭证链保存、司法咨询服务等全方位电子产品合约业务，高效地破解原有纸质合同"签订速度低、运营成本高、公章监管难、用章风险大"的困境，赋能中小企业真正做到降本提效。目前，君子签创新的区块链电子合约业务和全面的司法业务服务能力，已落地于商业银行、保险公司、教培、信息、地产、运输交通、医疗、电子政务等 10 余个主导领域、50 余个专业细分领域，线下签订总量超过 20 亿元，日均签订总量超过 400 万元，助力农行、国药集团、韵达、旭辉集团、华宇集团、太平洋保险、建工集团等多个领域名企降本提效，完成转型升级。

如今的传媒行业大多借助于网络，网络的快速发展带来了信息快速传播的便捷性，但同时由于网络的匿名性和快速传播的性质，部分虚假信息以极快的速度在网络中扩散，且普通群众难以辨别信息的真伪。区块链技术的公开透明性以及溯源能力能有效提高信息的真实性，若是发现虚假新闻也可通过区块链溯源技术进行追溯。

在文化与艺术行业，版权问题始终困扰着作者。虽然我国规定作品自完成之日起，作者便取得著作权，但是在实际判定的时候对于作品创作时间的验证较为困难，且版权登记时间长、费用昂贵，这诸多问题都不利于版权保护。除此之外，文化和艺术行业中抄袭事件频发，若没有完善的版权保护机制，对于创作者来说无疑是巨大的打击，而且会助长抄袭之风。百度在2018年发布推出了百度"图腾"，能够实现原创产品可溯源、可转载、可管理。2019年5月，百度智能云发布了区块链音录像软件版权保障方案，利用"区块链＋新媒体DNA"两大功能，形成了数字内容知识产权的全新业态。该方案主要涉及三个领域：出版物确权、版权贸易以及知识产权管理。如果将区块链技术运用到出版物维护上，人们就能够在写作完成之时，方便地将作品提交或登录到区块链上，同时区块链也能够利用时戳、哈希算法对作品加以审核，同时区块链的去中心性以及不可修改的特性，提高了区块链中资料的准确性。当他人要求使用我们的作品时，就必须缴纳著作权使用费；在出现抄袭等造假情况时，也能直接通过区块链存储的数据进行证明，快速解决版权问题，打击艺术造假。

在房地产、消费、物流行业应用广阔。房地产行业不仅是我国的一大经济支柱，也是与民生息息相关的。但目前房地产行业仍然存在部分欺诈行为，例如一房多卖、虚假宣传等。将区块链技术应用于房地产行业，将为每一个参与者提供更加透明、安全的交易。如通过区块链技术签订购房协议，则区块链智能协议系统可自动验证并实施协议，一间房只有一个对应的合同，这样能够有效避免一房多卖的情况出现；在房屋信息中加上各种信息，例如行政区域划分、学区划分等，信息的透明化能够避免虚假宣传的出现。目前在海外很多以区块链技术为基石的地产企业，包括 Bloq、Rex 以及 Ubitquity 都一直在探讨区块链技术在地产领域的运用。

在消费行业，很多行业内领先的产品均伴有假冒产品出现，例如茅台酒一瓶难求，市场上便有很多假冒茅台的产品出现；攀枝花杞果全国闻名，就会有其他地方的杞果以次充好，冒充攀枝花杞果；新疆和田大枣也会有很多其他地区的大枣冒充，蒙蔽消费者。将区块链科技和商品相结合便可高效地鉴别真假，中食链公司发布了中国食品公链，并形成了赣南脐橙、新疆和田大枣等品种区块链溯源应用；蚂蚁金服与茅台国际控股运用区块链技术，联合推出了针对茅台酒的生物防伪追溯功能；蓝石科技建立了茶叶"一物一码"的数字资产应用场景。目前各大商家企业对于产品和产权的保护意识愈发强烈，区块链技术的推出能有效帮助企业低成本维护产品，预计未来将会有更多的企业使用区块链技术防伪溯源。

物流领域高度分散化和高度竞争性，并且整个供应链有很多的利益相关者，经常导致信息透明度较低。物流很多领域都需要人工操作，比如有进出口业务的企业需要依靠人工录入数据以满足海关要求，人工操作出现问题可能会带来较大的损失。在与客户接触的业务方面，物流领域更是事故频发。有客户通过快递运输贵重物品并进行保价，但在发生损失后赔偿难以追回；快递包裹填写的各种私人信息也存在信息泄露的可能性；快递签收往往会有代签的情况，这就使得客户可能丢失包裹，多种问题的存在使得物流行业亟待整改。

使用区块链技术的公钥、私钥加密技术能够有效解决信息安全问题，收寄快件的用户也可以通过私钥加密进行签章，快件员不能代签，能有效避免快递被冒领或者误领，区块链的匿名性也能有效保护客户的个人隐私。在寄送贵重物品时可以通过区块链电子合同签署保价协议，区块链的公正性和不可篡改性也能够在损失发生后有效地保护客户的合法权益。在进出口业务方面，通过将数据录入区块链，海关只需要查看区块链的信息即可，能够提高工作效率，并且能够防止传统的纸质单据丢失等情况发生。

第三章
数字货币与人民币国际化

3.1 国际货币发展的历史进程

纵观货币发展历程，货币国际化离不开其特定的时空环境。近现代国际货币体系是英国在 1816 年建立的。当时英国通过了《金本位制度法案》，借由英国与其殖民地之间广袤的贸易范围，以及英国自身强大的军事经济影响力，该法案推出后，其他欧洲各国及美国随即跟上。经过近半个世纪的发展，金本位成为世界性的货币制度，为各国提供稳定的货币兑换比例，为欧美各国国际贸易提供了极大的便利，这一体系一直维持到第一次世界大战。尽管一战后各国央行尝试着恢复金本位制度，但这一行动面临着刺激经济增长、提高就业等现实压力。黄金作为增量缓慢的货币压舱石，如果国家货币仍与黄金锚定，则无法满足市场流动性需求。最终各国央行被迫放弃自身货币与黄金的可兑换性，对货币实施贬值。自此，以英镑为代表的金本位制度彻底瓦解。但伦敦作为国际金融中心的地位被保留了下来，并且在接下来的近 20 年里，英镑仍在国际贸易结算中发挥了重要的作用。

重新审视金本位制度建立的过程，我们可以发现，发挥重要作用的是英帝国当时的影响力。在英国殖民的鼎盛时期，英国拥有的领土、自治领、殖民地等合计约 3400 万平方公里，是历史上单一国家管辖范围最大的帝国。同时，当时的英国管辖范围有着分布广的特性，与历史上其余面积庞大但集中一地的帝国不同，英国管辖范围分布在世界各地，北美洲、南美洲、非洲、亚洲、大洋洲加上欧洲本土，也就意味着英国自身的贸易就已经需要一个全球化的货币体系。

同时，经历第一次工业革命后的英国工业品产出一度占据全球的四分之一，同时还有大量的航运、金融等服务类产业。这意味着在当时的世界上，其他国家想要获取工业品或者进行跨国贸易，不可避免地要与英国打交道。即便美国在独立战争以后，与英国的贸易关系仍然难以割裂。独立战争后，英国限制了英国本土与美国的贸易往来，这一举措使得刚刚立国的美国经济遭受重创，直接伤害了美国南方种植园主们的利益，不得不去寻找新的市场以出售他们生产的烟草、靛青和大米。这反映了当时英国在国际贸易体系中举足轻重的地位，也解释了英镑为何能够成为当时应用最为广泛的全球贸易结算的货币。除去英国自身的经济实力，强大的军事实力也是英国经济殖民扩张的保障。自1692年塞纳湾海战中击溃法国海军后，英国海军成为世界最强海军，而这一优势在100年后面对拿破仑时也发挥了重要的作用。18世纪末19世纪初，伴随着一场场军事胜利，拿破仑上台。经济方面，当时英法围绕欧洲的争霸已持续了近100年，但随着拿破仑在欧洲战场取得胜利，法国掌控的土地不断扩张，越来越多的国家倒向法国，英国对法国的海上封锁也不得不随之扩大。法国同样有着对英国的锁国令，这导致英国的商品难以销往欧洲大陆。而同时期美国独立战争之后英国又失去了重要的北美13个殖民地，英国对刚刚独立的美国实行贸易限制的同时也伤害了英格兰贸易商的利益，长此以往对英国经济贸易产生了严重的损害。军事方面，拿破仑则试图用海军主力引诱英国海军追击，而自己则率领登陆舰队利用其擅长的陆战在英伦三岛击溃英国。

在这一历史背景下，英格兰船队终于在1805年10月寻到战机，一举打败了法军、西班牙联合船队，并取得了特拉法加战役的胜利，自此英国海军可以专心对法国执行海上封锁以防御法国渡海船团。这次战役的获胜巩固了反法联盟的信心，也促使拿破仑不得不放弃入侵英格兰本土的打算转而专注于欧洲大陆发动战争。特拉法加战役9年后，因为当时拿破仑对欧洲继续实施的军事行动大大耗费了法兰西国力，最后抗法联盟取得了胜利。自此，英国彻底取得近代历史上的世界霸主地位，并将之维持了一个多世纪。

1885年，英国首相汉密尔顿正式提出大名鼎鼎的"两强标准"，即英国海军实力必须超越海军力量排名第二和第三的国家之和，从而确保英国海上霸权，进一步保障英国在全球范围内的利益。1914年爆发第一次世界大战，对德宣战两周前，英国举行了规模盛大的阅舰式。两年后，在人类历史上规模最大的舰队决战——日德兰海战中，尽管英国海军相较于德国公海舰队损失了更多的船只，在战术层面略输一筹，但此次海战维持了英国海军对德国的海上优势地位，并使得德国明白突破海上封锁并无可能。对德国的海上封锁沉重打击了德国本土的经济，同时逼得德国人耗资无数建设的公海舰队不得不长期停在港内毫无作为，为一战协约国取得最终胜利奠定了基础。可以说，这一场海战胜利是英国人长期投入巨资建设其军事力量的结果，而在最终需要军事行动维护英国利益的时候，这部分投入也给予英国人相应的回报。一战后，英国国力大幅削弱。战前英国是美国的债权国，而战后却欠下美国大笔债务。战争也使得原先的金本位制度遭受打击，战后各国试图重塑金本位的行动也随着现实需求而破灭。尽管经济上英国已被美国超越，但在政治、军事的影响力上，英国仍坐在世界头把交椅上。虽然金本位制度已千疮百孔，但并不妨碍英镑在国际贸易中的主导地位。英镑仍作为通行的国际货币参与国际贸易的结算，但是自身国力的下降使得这一地位不可避免地被撼动。二战末期的 1944 年，在布雷顿森林会议中，凯恩斯明白衰落的英国保持英镑作为国际结算货币已是天方夜谭，便提出了成立国际银行发行国际货币的英国方案。尽管凯恩斯作为英国经济学界的代表已经做出最大努力，但全场除英国外所有参会国均同意了将美元作为国际货币的美国方案。毕竟二战仍未结束，美国本土作为远离战场的大后方，为参战各国提供了大量的作战物资。与会国家面对作战的现实需求，无力拒绝美国提出的要求。至此，英镑时代正式落下帷幕，英镑结算仅局限在英联邦国家内的贸易。

回顾整个英镑作为国际货币执行计价、结算任务的历史，不难发现其发展历程与英国自身国力息息相关。《金本位制度法案》的颁布正是在滑铁卢战役彻底击败拿破仑的一年后。而布雷顿森林体系的建立，距离英国彻底衰落的标志性事件——苏伊士运河危机也仅仅 12 年。可以说，一个国家的主权货币想要成为国际货币，需要的不仅仅是强大的经济实力，也需要对世界政治格局有着举足轻重的影响力。

20 世纪 50 年代前，经济学界还没有国内生产总值（GDP）的概念，一个国家经济实力一般用工业总产值来衡量。1894 年，美国工业总产值超越英国，这也是一般认为的美国经济实力超越英国的一个转折点。尽管 19 世纪末经济实力已超越英国并保持快速增长的势头，但美国在政治、军事上的影响力相较于英、法、德等欧洲传统强权仍处于弱势地位。而美国第一次在国际影响上崭露头角的事件则是 1898 年的美西战争。经过这场战役，美军攻占了加勒比海的古巴、波多黎各，以及太平洋的关岛、菲律宾群岛。这也让世界认识到了一个新兴强国的崛起，但击败已经没落的西班牙并不足以使美国与欧洲列国平起平坐，真正令美国国力迅速超越其他国家的则是第一次世界大战。

一战初期，美国政府保持其中立政策，同时也向协约国、同盟国公司售卖作战物资，并对部分国家进行了贷款，获取了巨额的经济利益。1917 年，同盟国大势已去，后继无力。美军则以德国船只击沉了美国商船为由表示参战。次年，第一次世界大战结束，美国从欠下 60 亿美元的债务国摇身一变为借出 100 亿美元的债权国，并一跃成为世界上最富裕的国家。一战为美国政治军事力量的发展提供了千载难逢的良机，也沉重打击了以英镑为核心的金本位制度。战后各国为发展经济无力维持金本位，为日后美元取代英镑的地位埋下了伏笔。

然而，和平并未随着硝烟的消散而彻底来临。各国在为下一次可能发生的战争做准备，花费了大量经费用于军备竞赛，直到 20 年代末经济大萧条打断了这一进程。经济危机的出现导致世界各国都无力再进行军备竞赛，美、英、日、法、意 5

国代表在华盛顿开会，并签署了《限制海军军备条约》。该条约对各国主力舰的吨位、火炮口径、总吨位做了严格的限制。在条约上，美国获得了与英国相等的主力舰总吨位额度，即52.5万吨。该条约使得美国在军事力量上第一次得到了与世界第一强国英国平起平坐的机会，也宣告了英国海军政策"两强标准"的彻底破产。1932年，随着"罗斯福新政"的推行，美国从经济危机中走了出来，这个新兴经济体爆发出新的活力，进一步拉开了与陷于战后重建的欧洲各国的实力差距。

真正让美国成为超级大国的则是第二次世界大战。除去德国潜艇偶尔在太平洋东海岸露出踪迹以及日本效果极为微弱的气球炸弹以外，美国本土完全没有受到任何波及。在这种状况下，美国强大的工业机器得以完全开启，为盟军提供充足的物资。战争的巨大消耗带来的订单也使得美国巨大的工业产能得到消化。1941年12月日本偷袭珍珠港后，太平洋战争爆发。1942年上半年，美日双方在海上进行了激烈的交锋。美国战前建造入役的"胡峰"号、"约克城"号、"大黄蜂"号、"列克星敦"号航母相继战沉，海军兵力一度捉襟见肘。但在这种情况下，强大工业能力对战争的支持体现了出来。从1942年下半年开始，埃塞克斯级航母逐步下水服役。在太平洋战争之后的3年时间里，共有17艘该型航母建成服役并投入战争。最快的建设周期仅12个月，建造速度在历史上也是绝无仅有的。反观日本，尽管战前积攒了强大的海军力量，但工业能力与美国差距太大。中途岛海战损失的航母，一直到战争结束都未能补充完毕。美国的工业能力并不仅仅体现在太平洋战场，欧洲战场、亚洲战场也有其支援的物资。战争后期，当日德的飞机苦于缺油难以起飞时，盟军依靠充足的飞机、油料补给牢牢占据了制空权。二战结束后，美国钢铁产量占世界的 63.92%，石油产量占 70% 以上，工业产值占到了世界的 40% 以上，同时拥有全球 75% 的黄金储备。某种意义上讲，美国在二战的胜利，是其用巨大的工业产出堆砌出来的。同时巨大的黄金储备，也赋予美国建立以美元为核心的布雷顿森林体系的能力。

随着国力的上升，美国的称霸意识也逐渐觉醒。自华盛顿任期结束发表了告别词之后，在长达一个多世纪的时期内，美国一直奉行着孤立主义的外交政策。军事上不主动卷入外部冲突，经济上也对对外交流实行限制。一战结束后，美国总统威尔逊积极参与战后谈判，促成国际联盟的建立。但在国内，遵循孤立主义的美国参议院否决了包括国际联盟盟约在内的《凡尔赛条约》。直至二战前期，孤立主义仍是美国的核心外交理念。随着太平洋战争爆发，美国不得不加强与反法西斯国家的合作，加入反法西斯同盟，并依靠自身经济军事实力在盟军中取得了举足轻重的地位。或许是食髓知味，在体验到参与国际事务带来的种种好处后，美国孤立主义的心态也逐渐改变。美国强盛的国力也让美国领导层寻求在国际事务中更多的话语权。在这一背景下，哈佛大学教授怀特提出了包括建立稳定基金、建立国际复兴开发银行等事项的"怀特计划"。这一计划无疑可以帮助美国领导战后经济格局，因此得到了罗斯福总统的大力支持。

1944 年，联合国国际全球货币与金融大会在布雷顿召开，

依赖国家巨大的经济实力与国际经济影响力，美国支持的
"怀特计划"得到了广泛的认可。在新的全球货币体制上，将
采用金银—美元本位制，美元在布雷顿森林体系里变成金银的
等价物。各地都可利用美元，按 35 美元/盎司的固定价格以美
元在国内换取金银，并且将各地的货币汇率统一与美元相挂
钩，采用全球固定汇率，上下浮动不超过 1%。在过去金本位
制度下，各国货币可自由兑换，而在布雷顿森林体系下，则需
要通过美元进行计价。同时美元也可以毫无障碍地兑换成任何
国家的货币。在美国超强国力的支持下，美元获得了超越一般
主权货币的特殊地位。

事实上布雷顿森林体系有自身的结构性问题，美元的地位
也不可避免地在多重因素叠加下受到影响。布雷顿森林体系建
立在美元与黄金固定价格兑换的基础上，是一种黄金汇兑本位
体系。尽管进入国家主权信用货币时代，发行货币不再需要像
过去的金币一样加入实物黄金，由铸币金平价改为法定金平
价，货币发行的限制大为减弱，但固定兑换价格仍要面临与金
本位相似的问题，即经济需要流动性而黄金储备增量有限。为
了克服这一缺陷，布雷顿森林体系进行了一系列改进。除了实
行法定金平价代替铸造金币以外，也对黄金流动实行了管制。
在金本位制度下，金银都是可以自由流通的，但在布雷顿森林
体制下只有各国政府才允许人们在固定价格方向用美元换取金
银，排除了市场上的个人和金融机构，限制了黄金的流动，以
保障美国拥有充足的黄金进行兑换。此外，过去国家储备资产
为黄金，而现在美元取得黄金等价物的地位以后，各国直接将
美元作为外汇资产，进一步减少了对黄金的需求。理论上，美

联储发行美元的弹性空间比金本位制度下的各国货币大得多，而且在布雷顿森林体系下有全球资产为其发行买单，但美国自身利益导致的超发仍会导致美元兑黄金在事实上的相对贬值，当各国央行开始大规模使用美元兑换黄金时，这一体系也就面临崩塌。

随着国际形势的快速变化，这一天很快就到来了。二战结束后，美国的风头一时无二，但在朝鲜战场遭遇了失败，且耗资巨大，强盛的国力出现疲态。且布雷顿森林体系建立初期，美元稀缺，国际市场的美元无法满足国际贸易的需求。但这一时期通过美国贸易逆差流入世界的美元补充了流动性，所以美元贬值问题并未突显。真正使得布雷顿森林体系迅速崩塌的事件是越南战争。1965年北部湾事件后美军正式介入越南战争，尽管1968年底就已经被迫逐步撤出越南，但是空军轰炸行动直到1973年初才停止，美军在越南的军事行动前后历时8年。布雷顿森林体系也变得摇摇欲坠。1967年6月，法国宣布将其黄金从纽约转移至巴黎。1968年3月14日，仅仅在这个交易日，英国伦敦黄金市场成交额就达到了350吨，在创纪录的成交数量之下，美国政府不得不要求伦敦暂时关闭黄金交易。通过磋商之后，美国政府宣布将不再按35美元/盎司的固定价格向市场供应金银，但世界金价仍自我震荡。1971年，美国尼克松政府实施了新的经济措施，同年10国联合签署《史密森协议》，宣布了美元对金银的下跌，同时美联储不再向国际央行销售金属。布雷顿森林体系也随之结束。

1973年的"赎罪日战争"，由于美国对以色列的大力支持，欧佩克组织决定对美国、西欧和日本实施石油禁运。这使得本就陷入停滞的美国经济更加雪上加霜，但也让美国人看到了石油作为"工业血液"的潜力。1974 年 7 月，美国新任财政部长威廉·西蒙开始了他的中东之旅。虽然表面上看是美国对中东地区的经济访问，但其实他的特殊使命是要和当时全球主要的产油国沙特阿拉伯达成协议。最后，美国政府以同意向沙特阿拉伯出售军火为条件，换取沙特阿拉伯原油出口指定美元的唯一计价汇率。同时沙特阿拉伯承诺买卖原油的美元收入将用来购买美元国债。由于沙特在欧佩克成员国中有着重要影响力，很快美元结算石油推广到整个欧佩克组织，也影响了全世界的石油贸易。而美元在主权信用货币时代终于找到了一个合适的商品与之绑定。石油作为现代工业必不可少的原材料，世界各国都不可避免要参与石油贸易。国际原油需要以美元计价并结算，意味着各国必须先换取美元储备才能购买原油。在布雷顿森林体系崩塌 3 年后，美元再一次找到了合适的机制保障其特殊地位，并将这一体系维持至今。

表 3 – 1　国际货币体系演变史的结构分类

结构	历史阶段
单极体系	英镑为中心的古典金本位体系（1870—1914）
	美元为中心的布雷顿森林体系（1944—1973）
双头体系	美元与英镑并驾齐驱的金本位体系（1919—1931）
	英镑、美元、法郎、马克为中心的货币集团体系（1932—1939）
多级体系	美元主导、多种货币参与的牙买加体系（1976—1998）
	美元和欧元主导、多种货币参与的多极化体系

◆断鳌立极

经济强国通常都会发放主权货币，在发达国家的经济鼎盛时期，所发放的主权货币通常都充分发挥了该国钱币的主要职能，除了日本还包括西班牙、英国、荷兰、美国等。纵观世界历史，人们已经知道主权货币的重要性会随着其发布者综合能力的改变而不断变化，无论加强或削弱，各国货币的主权互换都将改变全球货币系统的架构。

国际金融市场对于主权货币全球化进程有着至关重要的作用。所以除了贸易作为支撑，货币必须在金融领域占据主导地位才能实现全球化的目标。贸易和金融的关系密不可分。首先，商业和中间资产负债的货币结构是联系在一起的，它们之间呈正向关系。例如美元，如果金融中介的资产方有美元贷款给出口公司，金融中介机构自然希望其负债方有美元存款；相反，金融中介的负债方有美元存款，其资产也会更倾向于持有美元贷款的公司，从而减少成本并且避免金融出现货币错配的问题。贸易也有着一样的道理，在选择货币结算时，如果美元贷款便宜的话，出口企业会倾向选择美元融资。其次，选择贸易结算货币时要考虑货币对金融机构和中央银行外汇储备币种结构的影响。例如美元，作为央行持有美元的重要动机，国家贸易结算中币种选择美元的话可以提高美元在金融部门的地位与占比。各国为预防潜在的危机，中央银行需要防止危机发生也要在事后调整。不过，公众对于央行的负债信心很大程度上影响央行事后干预的结果和程度，但大量的美元储备可以提高资产储备进而增强其事后干预能力。

布雷顿森林体系使美元与金银挂钩，而其他的币种则与美元挂钩，这将导致美元长期处于贸易、国际金融领域的中心位置。所以，二战之后，美元通过贸易和金融领域互相加强一跃成为国际领导货币并在近几年占据绝对领导地位。所以，国家主权货币在国际贸易和金融领域的作用是互相加强的，而且对于其货币全球化进程有着至关重要的作用。

当主权货币进入第三阶段，其贸易影响就会相对减弱，但同理，其金融领域的作用会更为突出。在此阶段，国外货币的发行国有着巨大的优势便是其能够利用建立"低利息负债 + 高收益资产"的债务结构减轻本国日渐扩大的对外债务规模，但这就面临"特里芬难题"。因为这种模式难以长期经营下去。所以，当国家进入第三阶段就难以维持其原本的绝对主导地位，而其影响力就会减弱；同时，别的新兴主权货币正在经历第一阶段并且向第二阶段冲刺，因为它们的经济体增长更加稳健。

然而美元已经迈向了衰弱的第三阶段，这为人民币国际化铺平了道路。人民币的稳健发展，展现了巨大的潜力；同时，随着人民币不断上升的趋势，逐渐体现了人民币对全球金融市场的稳定和繁荣的重要性。未来，随着美国国内市场的进一步改革以及我国政府在金融市场上的进一步努力，人民币将逐步迈向国际化并推动未来的全球汇率新体制再次改革，逐步走向"美元、欧元与人民币"鼎立的新局面。

近些年来，美元在国际货币体系中占据绝对领导地位。美元化是指随着美元国际地位的加强，出现美元对主权国家货币进行替代的过程。同样的原理，去美元化是指由于美元国际价值的降低，其国际货币功能将由其他币种代替的过程。通过对历史的经验与判断，美元化和强势美元周期往往会同时发生，而其背后的原因则是，强势美元引发了全球市场货币的震荡，从而造成国际金融危机，而一部分小的或经济实力较弱的国家其主权货币会遭到大幅贬值，美元化将会发生。去美元化浪潮中通常存在四个特点：脱钩对美元清算体系、减持美元国债、扩大美国黄金储备、降低对美元结算价格等。

以 SWIFT 为代表的美元清算体系原本应该给全球的清算与结算带来方便，不过，近些年来，它显然早已沦为美国对其他发达国家实施财政限制的手段。去美元化中最突出的特点，即是完全脱钩美元清算体系。在 2018 年，俄罗斯联邦央行认为外国商业银行很快就能够加入俄罗斯联邦的国际金融传输体系（SPFS）。主要目的就是替代 SWIFT，从而在降低其对美元的依赖性的同时减少其他成员国轻易受到美元惩罚的风险。而同样地，在 2018 年，印度与伊朗签署了石油交易订单，宣布将不再使用美元而开始使用卢比作为贸易结算货币，摆脱美国的看管与制裁。2018 年底，欧盟新出台的《朝着欧元更强国际化地位前行》表明，全新的欧洲支付体系将被正式命名和启用，即全新的支付体系 SPV 将以欧元为主要清算币种。

货币储备是很多国家的储备资产结构的一种，其中最主要的货币储备是美元国债。自 2018 年开始，很多国家都对其储备资本结构做出了积极的调整和重新部署，目的就是减持美元国债。所以，去美元化的又一个特点就是大量减持美元国债。

据美国财政部资料，在 2018 年的第二季度，俄罗斯已经抛售了价值接近 800 亿元的美国国债，其幅度约为 84% ；而早在 2015 年，日本政府开始大量抛售美元国债，其减持美国国债速度逐年递增，到 2018 年，涨幅达到了 10% 。除此之外，印度等国家也在逐年抛售美国国债。

通常，外汇储备与金银储蓄组成了一个国家的主要储备财富。而近年来，大部分国家开始抛售美国国债，并开始对储备资产做积极调整，为弥补降低的美国国债份额，大部分国家选择了黄金储备。因此，世界黄金储量的增加已经是去美元化时代的另一大特点。无论是在贸易领域，还是在金融领域，美元毋庸置疑是第一大计算货币。不仅美元所属国的贸易往来使用美元，大部分的第三方国家也倾向于美元作为结算货币的使用。但是，近些年来，由于美元的货币政策或是政治经济大环境的影响，不确定的因素在增加，潜在风险也在增加，导致了美元结算的外汇风险增强。一些国家为降低投资成本，避免经营风险，往往选择签署双边或多边的清算协定，使用所属国货币或除美元之外的其他全球主要货币作为交易结算币种。所以，减少美元的结算成为去美元化的第四个特征。在 2017 年，马来西亚、泰国和印度尼西亚的央行共同制定了本币外汇交易支付架构，并决定逐步摆脱对美元过高的依赖。3 国将在交易结算方面，以及直接融资方面逐步增加对本国货币的使用。而世界各国，包括俄罗斯、土耳其、委内瑞拉以及伊朗都表示将放弃使用美元完成国际交易结算。

美元在二战后一直是全球第一大储备货币和结算货币，其原因归结于最开始的布雷顿森林体系。到 2015 年，其总储蓄份额已达全世界的三分之二；其交易总额也达到了世界份额的 40%。尽管如此，去美元化风潮仍然对美元产生了一定的冲击。当美元的主导地位逐年下降时，这为人民币发展提供了新的机遇。作为新兴货币，把握住去美元化浪潮的好时机，着力推动人民币向国际金融市场的发展，让人民币国际化进程再上新台阶。

数字货币发展应用场景与变革 3.2

自 1960 年以来，数字支付在全球发展迅速。1958 年，美国运通创建了第一张信用卡，为顾客提供了一种更为便捷的支付方式。1990 年后，随着互联网技术的发展，网络购物开始流行，数字支付也进入了高速发展的阶段。1998 年，Paypal 推出了在线支付功能。2007 年，M-Pesa 首先提供移动支付的服务。2008 年后，比特币等加密货币开始迅速发展。

随着私人数字货币市场的发展，全球各主要央行也开始将数字货币作为研究的重点。与私人发行相比，中央银行发行数字货币显著提升了货币支付和清算的效率，一方面降低了央行发行货币的成本，另一方面为市场提供更加便捷和安全的交易方式，能更好地规避交易风险，保护资金安全。

2019 年 6 月 18 日，Facebook 官方宣布设立数字货币项目，将通过加密货币向用户提供金融服务。具体来看，Facebook 在白皮书中表示，将"创建一种简单、无边界的金融货币和金融基础设施"，这就是 Libra。

Libra 最初由美元、英镑、欧元和日元这 4 种法币计价的一篮子低波动性资产作为抵押物。Libra 的主要功能体现在不追求汇率的稳定性，更加注重货币的实际购买力。因此，Libra

表 3-2　全球央行发行央行数字货币的优点

优势	描　述
现金成本低	在某些国家/地区，现金管理的成本非常高，央行数字货币可以降低国家级支付相关的成本
金融包容性	央行数字货币可以向公众提供一种安全、流动、由政府支持的支付方式，甚至不需要个人拥有银行账户。在当前现金使用量越来越少的世界里，央行数字货币将更好地渗透市场、增加潜在用户
支付系统稳定性	一些中央银行担心支付系统在少数大型公司（有些可能会是海外公司）手中的中心化程度越来越高，在这种情况下，这些中央银行将央行数字货币作为增强自身支付系统弹性的一种手段
市场竞争力和原则性	一些中央银行认为，央行数字货币可以与大型支付公司展开竞争，央行数字货币能够成为限制那些支付巨头寻租的一种手段
与私人发行的数字货币竞争	一些中央银行认为，由政府支持的、以本国账户单位计价的、在本国发行的数字货币，有助于减少人们使用私人发行的数字货币，人们往往更加信任央行发行的数字货币，通过这种方式，私人数字货币的市场占有率将逐渐降低
支持分布式账本技术	一些中央银行已经发现了基于分布式账本技术的央行数字货币具有优势，因为它可以用来支付基于分布式账本技术的资产。如果这些资产增值，那么基于分布式账本的货币将有助于在资产交付时自动付款，这些都可以通过智能合约自动化执行

具有削弱汇率和通货膨胀变化引发的贬值风险的优点。根据白皮书中的说法，Facebook 不会在管理机制层面实施 Libra 的独家管理战略，而是打算应用多锚管理模式。Facebook 在瑞士日内瓦注册了一个协会，并打算让该协会的员工共同控制公司的资金和技术运营。该集团目前有 28 名成员，包括行业重量级的 Visa、万事达卡、贝宝等，计划将这一数字增加到 100 名。Libra 的社会、商业和企业背景广泛。

从白皮书来看，Libra 是一种基于区块链技术发展的相对稳定的货币，因为它具有较强的跨国性质，因此可以在国际交易中作为货币交易的媒介，在跨国贸易中发挥较大的作用。可以看到的是，国际支付市场规模较大，且正在高速发展。Libra 的出现顺应了市场扩张的趋势，并且，将短期国债和银行存款混合用作储备资本的做法增加了抵押品的数量，具有较大的发展潜力。

考虑到 Facebook 是美国上市企业，美国政府的监管趋严，美元有较大的可能性在 Libra 的一篮子抵押资产价格中占据主导地位。与其他货币相比，美元资产占比或超过 60%。Libra 与美元相互依存、相互竞争，其对美元的影响主要体现在国际结算和储备资产两个方面。国际支付时，Libra 和美元存在着直接的竞争关系，但从国际储备的角度来看，Libra 与美元又相互促进。存托于中国境内外机构发放的 Libra 代币，一般都是离岸美元。由于中国在过去较长时间里一直缺乏对离岸美元的计价权，曾一度使得美元离岸的同业拆借收益率并不能完全反映实际投资价值，Libra 对美国政府进一步控制美元的离岸市场定价权有积极作用。对美国而言，Libra 是科技金融发展的重要里程碑，科技在金融发展中逐渐占据重要地位。

对于美元以外的法定货币，特别是币值不稳的法定货币，Libra 可能会形成货币替代效应。Libra 对欧元、英镑、日元等更国际化的货币来说也存在着一些作用，而对于 Libra 篮子货币来说，对其作用则主要体现为替代作用与增强效用的综合作用。

比特币最初由中本聪于 2008 年在《比特币：一种点对点的电子现金系统》一文中提出，比特币技术导致人们在线支付时可以自己直接付款给其他人，并且中间不出现任一家银行。比特币具有去中心化、全球贸易、专属所有权、降低贸易手续费、无隐形贸易、跨平台挖掘等货币优势。

比特币的发展基于区块链技术发展，区块链在狭义上指由一个根据时间序列，将所有数据区块按照序列连接的方法所组成的一个链式统计组织，由信息学保证数据不被篡改和无法伪造的分布式账本；广义上，则泛指所有使用区块链式统计结构验证、保存资料信息，使用分布式节点产生、发布信息，使用信息学保护安全，以及使用智能合约编程、控制数据的新型分布式结构和运算范式等。但区块链和比特币并不完全等价，不仅仅运用在数字加密货币方面，在金融服务、供应链管理等行业中也得以广泛运用。

2009 年 1 月 5 日，比特币正式出现，其特点是不受中央银行或者其他机构的管制，去中心化。比特币和其他加密货币的不同之处在于比特币与现有货币没有任何固定联系。此外，这类数字货币没有可识别的发行人，其供应受算法控制，稳定币还可以通过分布式分类账技术实现点对点交易。总结数字货币的发展历程可以发现，它最初是以私人货币的形式出现，在叠加了不同的设计后产生了多样化的价值。

2014年1月，Overstock开始接受比特币，成为世界上第一个接受比特币的大型互联网零售商。2021年3月，特斯拉CEO马斯克在个人Twitter发文表示，通过加密货币支付车价的新选项，已经出现在了特斯拉的美国网络上，比特币的线下使用将引发市场对数字货币的重视。同时，中国六大国有银行也已经开始推行数字人民币货币支付宝钱包服务，在业务网点中，顾客只需提出申请便能开通并使用。

比特币通过区块链手段快速成长，但目前区块链还面临着不可能三角悖论（需要做到高效率低功耗、安全和去中心化）、存储成本高浪费大量资源、密码学自身缺陷等问题，仅依赖于提升区块链技术是无法解决的，只有进一步完善监管政策才是未来趋势的首要前提。

基于此，区块链有望重塑社会形态，形成应用模式升级、去中心化转为多中心化、行业应用从金融扩展至实业、从有形资产应用到无形资产管理等发展趋势。

尽管已经存在大量研究表明数字货币或将决定未来全球金融市场的竞争格局，但美国政府并不支持央行数字货币的发展。2020年3月以来，受到新冠疫情的影响，世界各国的经济均遭受了巨大冲击，美国经济前景并不乐观。在衰退的预期下，美元的国际地位受到挑战。为了巩固美元的地位，维护美国金融市场的稳定，促进经济复苏，美国政府开始对数字货币展开探索研究。首先，受新冠疫情影响，数字货币需求量明显上升。2020年，美国国会通过许多经济激励法令，向低收入公民创造了救济款。但是，因为发放救济款的途径被严格限制，许多美国人都未能按时接收到救助款项。低收入的人们也不能进行直接储蓄，不得不付出更多的时间等候纸质支票的邮寄，并需要考虑在收到纸质支票时提现的问题。相反，如果引入更为有效、简单的数字货币，则可以提高政府部门效率，更好地给人们带来方便。另外，为了减少疫情的病毒传播概率，企业和政府积极降低现金货币的使用量，人们逐步形成无接触购物和保持社交距离等新的习惯，也极大地促进了付款手段和交易模式向电子化的过渡。

由于世界科技经济的蓬勃发展，美元的世界影响力开始受到巨大挑战。2019 年 8 月 23 日，时任英国中央银行行长卡尼发布了名为"当前国际货币金融体系中货币政策面对日趋严重的挑战"的讲话，提出经济正在重新排序，美元不应该仍然继续作为全球储存币种，应该转向使用依托一篮子法币的"合成霸权数字货币"来作为世界储存币种。2020 年 1 月，国际清算银行（BIS）和欧洲中央银行、伦敦央行、瑞士中央银行等机构共同组建了中央银行数字货币工作组，以联合研讨中央银行对数字货币的技术选择、潜在利益和风险等问题，而美联储也于后期参加了该工作组会议。

除此之外，尽管数字货币的流行可能会引发一些风险，但是也为政府带来了发展机遇。2020 年 4 月，Libra 联合会发布了第 2 版白皮书，确定将取消公有链，并在原先挂钩于一篮子货币的基石上重新提出锚定于单一法币的稳定币，将全部拥抱政府监管。为了减少各方对本土法定货币受到冲击的疑虑，Libra 联合会曾表明希望支持缺乏本土数字稳定货币市场的各方建立数字稳定币或数字法币，各地自行研制的数字币也可以通过与 Libra 互联网连接，并在 Libra 互联网上运行。Libra 系统如果取得了市场的准入资质，则可以很快发展为超主权的数字货币体系，这也对美元的国际影响力产生了一些影响。究其核心，由于 Libra 系统实质上仍然以美元为基础，可以确保美国政府在国际监管领域更具有洞察力，再加上美元在与 Libra 相关的一篮子币种中占比 50% 以上，远大于美元在世界交易领域中所占的比重（2020 年 6 月美元占比为 40.33%），反而让 Libra 系统有机会作为美国政府在数字经济领域中继续实施美元霸权的强力手段。2020 年 12 月，Libra 更名为 Diem，进行了品牌的重建。如何处理私人数字货币对法定货币所可能造成的冲击并积极运用它可能产生的机遇，是美联储加强央行数字货币研发的一个重要原因。

现阶段，美国央行数字货币仍处在初步发展的阶段，数字货币体系还需要健全。但在此阶段，美国政府对如何开发、建立、推行数字美元已经进行了一些尝试，并取得了一定的成果。从历史经验来看，美元在世界货币体市场中替代英镑就是得益于技术的进步。在实现货币替代的过程中，技术进步为美元提供了较大的优势。展望未来，为了在世界央行数字货币中保持美元主导优势，巩固自身的优势地位，美国政府还将积极推动数字美元的发展。整体来看，美国政府将对央行发展数字货币的政策采取更加积极和谨慎的态度，认真权衡央行发展数字美元的潜在优势和风险，积极构建数字货币的金融监管体系和法律框架。

3.3 数字货币的优势与重要特征

数字货币是一个通过融合密码学科技和网络信息技术所发展出来的全新的货币形式。数字货币又可分成无锚定私人数字货币、数字稳定币和央行数字货币。人们经常说的"数字货币"一般指央行数字货币。但具体来讲，央行数字货币实际是指央行所发放的数字化的法币，和流通中的现钞本质相同，只是形式不一样。就长期而言，以防资本占用比不断减少，中央银行利用技术手段发放有效的数字化形式的法定货币是未雨绸缪的事情，这样才能确保通胀的执行与影响体系的顺畅执行。此外，央行数字货币也和私人化的加密数字货币存在着根本性质的差别，后者的比特币和天秤币，要么是通过特定算法发布，要么由大型的技术企业与商业合作伙伴共同管理，实质上也是完全私有的。中国自 2017 年 9 月起，已经全部禁用了比特币、以太币等私人加密数字货币的交易所，这意味这些私人加密数字货币的地位在中国是不予承认的，跟 DC/EP 完全不可相提并论。

具体来看，央行数字货币，属于央行发行的"基础货币"，直接受央行控制，能保证 100% 的法偿，除非出现整个国家经济崩溃从而央行崩溃的极端情况。而存放在商业银行的钱，一旦银行出现清偿力问题或者破产，储户的存款很可能无法全额收回。哪怕对于我国这种很少发生银行企业倒闭事件的大国而言，包商银行被政府接管的案例，也表明了银行企业所面临的巨大偿还能力问题；至于欧美和世界其他国家就更不用说了，在十多年前的世界金融危机中，偿还能力出现问题的外国企业可谓层出不穷。而微信、支付宝和 Apple Pay 等数字化支付手段，背后都与使用者的商业银行账号相关，实质上也处于商业的"内生货币"领域中；与 100% 可以获得法偿保证的央行数字人民币相比，不但有商业的清偿力问题，还有这些电子支付平台自身的经营风险。随着数字稳定币的出现以及央行数字货币被提上日程，数字货币的"货币"职能逐渐显现。而数字货币和数字稳定币的使用将建立大规模的分布式交易系统，可能是下一代金融市场基础设施的关键部分，将逐步成为全球人民币结构的多元化改革形成持久驱动力。

从 2009 年比特币诞生后，关于数字货币的讨论一直没有停息。当前，各国对央行数字货币的探索，更多是由于民间数字货币对央行货币产生了定位冲击，与金融监管和金融稳定息息相关。近年来，通过比特币、全球性稳定币等附加负债尝试实现人民币职能化，并开启了新一轮私铸人民币、外国钱币和合法人民币之间的博弈。因应这一局面，我国有必要运用新一代信息技术对 M0 实现数字化，并为中国数字经济发展创造通用性强的基础货币。时至今日，世界主要经济体都争相试水中央银行数字货币。BIS 的研究报告表明，全世界近 80% 的中央银行已经投入到研发中央银行数字货币领域，并有近 40% 的中央银行已经开展了由概念研制，进展到试点甚至是新概念的试验。

央行数字货币是货币形态的一种变化,背后的信用仍然是中央银行的信用,价值和目前的现金是完全等价的。凡是能用现金或者银行卡、第三方支付的地方,理论上数字人民币也都能使用。同时,它有一个更好的金融普惠特征,可以不依托银行账户存在,比如境外用户使用数字人民币,会比使用人民币存款方便。

从定义来看,当前全球金融机构尚未对数字货币形成统一的国际概念。从全球各主要央行的报告来看,数字货币(Digital Currency)是指以网络平台为基本,以电子计算机和通信为主要手段,以数字化的形态(二进制数据)储存在计算机网络或相关电子产品中,并透过系统(包含智慧卡)或以数据方法进行流通与消费功能的现代网络上一般等价物,具有货币的基本职能。

与电子货币和虚拟货币不同的是,数字货币的发行主体包括私人和央行,并不局限于金融机构和网络运营商。在中国,数字人民币是由中国央行发行的法币之一。

表3-3 数字货币、虚拟货币、电子货币的区别

名称	数字货币	虚拟货币	电子货币
发行主体	不限于单一个体	网络运营商	金融机构
适用范围	不限	网络运营商相关产品	不限
储存方式	数字	运营商账号	银行卡
流通方式	双向流通	单向流通	双向流通
安全性	高	低	中
交易成本	中	低	高
典型代表	比特币、以太币	游戏币、Q币	公交卡、银行卡

数字货币的种类繁多，当前市场上主要发行的数字货币有央行法定数字货币、超主权数字货币、数字稳定货币和加密数字货币。

具体来看，央行法定数字货币是由各国央行直接发行的数字货币，是法定货币的电子形式，也是各国央行重点研发的领域；超主权数字货币主要是由国际货币基金组织等全球性的金融机构所发行的跨境货币，仍处在发展初期，还未取得较大进展；数字稳定货币价格较为平稳，一般由私人发行，但也具备"准公共性"，需要注意的是，由于发行机制独特，数字稳定货币受到严格的监管和约束，一定程度上限制了其发展；加密数字货币是一种使用密码学原理来确保交易安全及控制交易单位创造的交易媒介，近年来加密数字货币在全球得到迅速发展，逐步走向市场化，为了保证交易的合规性、维护投资者的权益，各主要经济体均加强了对该领域的监管。

近年来，随着数字经济蓬勃发展，全球数字货币市场也在迅速发展。当前全球主流的数字货币包括比特币、以太币和泰达币等。具体来看，主流数字货币具有用户数量多、交易量大、资金来源广泛等特点，在金融领域产生了重要的社会影响，推动了全球数字货币市场的发展进程。

从交易场所来看，数字货币交易所是进行数字货币交易最主要的场所，是数字货币市场的重要组成部分。当前，全球数字货币交易平台主要包括法币与数字货币交易平台、币币交易平台和数字货币衍生品交易平台。近年来，全球数字货币交易规模大幅增长，据莱道区块链的不完全统计，截至2022年，全球数字货币交易所数量超过500家，加密货币用户数超过2亿。

随着市场规模扩大，数字货币交易所之间的竞争也愈发激烈。现阶段，全球各大数字货币交易所主要围绕交易所的安全性、产品多样性和交易所商业模式三方面展开竞争。首先是交易的安全性，资金安全是数字货币交易的核心要素，也是投资者进行投资的重要考虑因素，保障数字货币交易的安全性对扩大交易所交易规模有着重要意义。其次是产品的多样性，投资者的交易需求各不相同，丰富产品数量可以更好地满足客户需求，增强交易所的吸引力。最后是优化交易所的商业模式，建立高质量的交易平台。

与普通货币比较，数字货币具有交易成本低、交易方式便捷、交易速度快、具有较高的保密性等特点。除此之外，数字货币具有明显的去中心化特征。主要是因为区块链的本质是去中心化的数据库，而数字货币作为一种区块链的应用工具，也具有去中心化的特点。具体来看，去中心化意味着投资者可以在没有中介机构和货币机构参与的情况下，自主进行货币交易。其所有组织均无权或无法关闭它，也不受其他国家、地方政府组织或央行的控制。

其次，数字货币交易反应速度更快。数字货币中所使用的区块链科技具备去中心化的特性，不需要一个所谓的中央组织来管理数据，交换处理速度也更快。这就如同在微信中的人群，这种群体也就是区块链，因为在群体中所有个人的信息交流都是点对点的，不需要第三方认证，所以更简单、更快捷。

再次，数字货币也有着高度的保密性。众所周知，现实中的金钱交换，也就是现场买卖是没有中间商介入的点对点买卖，相对于其他电子交易手段，数字货币能够进行远程的点对点买卖，不存在其他的第三方中间商，买卖双方能够在相互之间均没有信誉可言的前提下进行买卖，因此能够更好地保护交易者的隐私。

数字货币的本质可以在五个方面体现。首先是价值形成机制，数字货币是信息货币，是价格的外在反映，所以数字货币可以被看作是对不确定性价格、相对价值等加以描述的过程，也可以被看作是价格形成的过程。其次是货币决定机制，在全球范围内，普通货币大多是由中央银行选择发行，而数字货币的使用是由个人决定的，以个人为中心市场。再次是价值交换机制，从当前的交易市场来看，普通货币与数字货币并未在同一个交换市场，普通货币是双向交换机制，可以较为方便地购买和售卖。数字货币大多选择在数字货币交易所直接交易。继次是货币创造能力，目前在数字货币运营流程中是完全不需要提现的，而只在互联网上进行交易，但是其传播速度因为网络的快捷性而非常迅速，间接使得数字货币拥有了很大的扩张力，尽管各大互联网经营公司并不能无限创造虚拟数字货币，但其创造力量在某种意义上是能够无限扩大的。最后是数字货币市场具有风险性，与普通货币相比，数字货币仍然存在很多问题。从发行主体来看，传统的法定货币是由中央银行根据国家整体经营的总体规划而发行的，其发行方式严密规范，以国家信誉为保证。而现在流动的数字货币大多是由私营企业发行，数字货币的信誉由私人公司财务资源和商誉保障。在此背景下，如果私人企业遇到运营问题，他们发行的数字货币或将面临失去价值的风险，市场对数字货币交易缺乏信心。需要注意的是，当前世界多国陆续出台多项条例，完善相关的法律法规，进一步加强了对数字货币的监督和管理，这将在一定程度上减少数字货币交易的风险。整体来看，数字货币具备一定的优势，但是也存在不容忽视的一些问题。

数字货币作为一种新的货币形式，在我国的影响也不断加大，中国央行一直在关注数字货币的发展趋势。2017年1月，中国人民银行数字货币研究所挂牌成立，这也标志着中国人民银行成为世界上第一家系统实施数字货币的金融机构。对中国而言，数字人民币的推行有助于提高交易的便利性，弥补监管不足，缓解汇率风险，为国家经济复苏和金融市场稳定发展提供支持。

中国央行正稳步推进央行数字货币的研究，逐步完善央行数字货币体系。2014年，中国人民银行组建了数字人民币研发小组，开始进行法定数字人民币的相关研发。2017年，经国务院批准，中国人民银行组织部分实力雄厚的商业银行和有关机构共同开展数字人民币体系（DC/EP）的研发。2019年8月，中国人民银行在深圳开展数字货币研究和移动支付试点。2020年，国务院印发《中国（北京）自由贸易试验区总体方案》，支持北京建设法定数字货币试验区和数字金融体系。

2020年开始，我国数字人民币进入了试点测试阶段。数字人民币试验实行"4+1"试验模式，即先在深圳、苏州、雄安新区、成都和未来冬奥场景等开展国内封闭试点测试，以进一步优化环境和丰富服务功能。深圳也是全国最早开展数字人民币红包试验的城市。之后，在深圳、苏州、北京、成都四地开展了多轮的数字人民币红包试验，发行总数已超过1.5亿元，数字人民币试点测试的规模、场景以及参与机构不断实现突破。深圳、苏州、北京、成都的数字人民币红包测试是数字人民币在一定范围内的试点，数字人民币的发行仍需要进行更多规定范围、多场景的测试才能过渡到全国范围的大规模公开测试阶段。

随着数字货币的不断发展，各种类型的虚拟数字货币不断出现，相关企业也逐渐增多。数字货币在我国的影响也不断加大，相关数据显示，2016年比特币一半的交易额发生在中国。

与其他国家相比，中国在开发数字货币中具备较大的优势。从数据可以看到，中国是全球电子商务交易最为活跃的国家，终端用户使用数字货币的社会意愿较为强烈，使用场景丰富多样。近年来，随着中国金融基础设施建设逐渐完善，金融数字化水平也得到了显著提升，为数字人民币的发展提供了良好的科技基础和商业环境。人民币是中国的法定币种，而数字人民币也是中国的合法数字币种，是由中国人民银行统一签发的数字形态的人民币，对外亦称为"数字币种/电子支付"，对应的英文是Digital Currency/Electronic Payment，即DC/EP，抑或e-CNY。

我国央行数字人民币遵循了"一币、两库、三中心"的设计理念。"一币"是由央行统一数字人民币的基本要素和结构。"两库"指数字人民币发行库和数字人民币商业银行库。数字人民币发行库是中国央行在数字人民币私有云上储存数字人民币发行资金的数据库系统，而数字人民币商业银行库是为企业储存数字人民币的数据库系统，既可以在本地，也可以在数字人民币私有云上。"三中心"是认证中心、登记中心和大数据分析中心。认证中心主要是对数字人民币相关机构和用户的资料实施集中管理，登记中心承担对数字人民币产生、交易、清点审核和消亡等全过程记录，而大数据分析中心提供对数字人民币发行、流通各环节的数据分析支持。

数字人民币将具有如下的核心特点：（1）可替代性。替代M0，按照100%的准备金发放，不计付利率，承载社会价值度量、流动工具、交易工具和社会利益贮藏等4种功能。（2）加密性。数字人民币在表现上为密码字母串，含有号码、数额、持有者和发放者姓名等。（3）可控匿名性。数字人民币将采取资金松耦合的投资模式和中心化的模式，客户验证采取"前台自主、后端实名"的原理，实行可控匿名，即唯有金融机构能够跟踪货币去向，其余第三方金融机构则无此功能。（4）可追踪性。央行将能够通过可控匿名模式和设定前瞻触发条件，完成对央行人民币流动情况的跟踪。（5）可编程性。可编程性是实施大数据人民币可防御性的最高效道具，能够很好地监控用户数据的获取和使用。（6）系统无关性。数字人民币可以在各种交换媒介和交易通道上进行买卖，市场主体可以基于数字人民币建立各种商业应用，央行只把控技术标准和应用规范。

其实，从交易现代化的视角出发，各个发达国家对不同数字货币的要求是不相同的。万向区块链首席经济学家邹传伟表示，上述要求重点涉及：建立健全批发付款体系（一般是RTGS）；为零售业使用者创造快速付款业务；提升跨国付款效能；适应数字经济发展的需要（特别是非接触式交易）；推动零售业与交易市场公平竞争；鼓励金融包容；保障企业使用大数据隐私有效进行反洗钱、反恐怖融资以及反逃税。正基于此，世界各国中央银行推广央行数字货币业务分成了 2 种主要技术路径，一种是零售路径，主要是在国内，而更多的国家中央银行走的则是批发路径，这两条路线在实际落地过程中有着很大不同。

央行数字货币的设计非常关键。不同的设计会产生截然不同的政策传导效应和宏观经济影响。例如，在中央银行的数字货币已经完全取代现金成为唯一合法货币（也是交易媒介）的经济体中，如果商业银行能够获得中央银行的数字货币并将其作为储备，那么央行数字货币利率的上升，在大多数情况下都会对企业投资产生积极影响。未申请银行贷款的企业仅采用内生融资方式（即央行自行持有的数字货币）。一旦利率上升，企业的内生融资也会相应增加，实体投资最终会增加；而申请银行贷款的企业，随着利率上升，银行可获得的存款和准备金也会增加，所以他们最终能够提供资金支持，大部分的一般均衡结果是总投资的增加。然而，对商业银行的影响要复杂得多。在多重均衡的不同情况下，对商业银行最终利润的影响可能是正面的，也可能是负面的。相反，如果商业银行不能获得中央银行的数字货币作为储备，对企业投资的影响只对那些只有内部融资的企业有利。对于既有内部融资又有外部融资（银行贷款）的企业来说，影响是不确定的，对商业银行最终利润的影响也是不确定的。同样，在中央银行数字货币与现金并存的经济体中，根据不同的设计，引入中央银行数字货币对企业投资和商业银行的影响更为复杂多变。此外，商业银行能否获得央行数字货币还取决于具体金融基础设施的设计和选择：央行数字货币的发行是基于现有的商业银行网络（中国人民银行称之为"两层架构"），还是发展一个完全独立的中央银行数字货币发行和结算网络（瑞典等欧洲小国的首选方式）？此外，即使在中国人民银行所称的"双层结构"中，商业银行能否在存款人账户中获得央行的数字货币并将其作为储备，不仅是一个技术性问题，还会对货币政策传导和宏观经济产生不同的影响。

从货币政策角度看，央行的数字货币利率可以成为一种独立的货币政策工具。如上所述，近年来，主要发达经济体都进入了零利率下限甚至负利率的区间，这使得负利率实质上成为一种非常规的货币政策工具。现金零利率下限一直是现代货币经济制度的重要基石和标准。它一旦发生变化，将给金融市场的利率传导和金融市场的稳定带来一些未知的因素和风险。当现金使用比例逐渐降低，甚至有人预测有一天现金将完全退出流通，被数字合法货币所取代时，随之而来的"福利"之一就是央行可以对后者支付利息，甚至可以根据需要将其设定为负利率。本书分析表明，无论是在单一的中央银行数字货币体系中，还是在其与现金并存的体系中，中央银行数字货币利率确实可以成为一种独立的货币政策工具，并将其传导到商业银行，最终传导到实体经济（企业投资）。当然，每个国家的金融体系和货币政策体系是不同的。是否有必要将央行的数字货币利率作为一种新的货币政策工具，必须进行详细分析。以中国为例，中国现在致力于建设包括中期贷款便利（MLF）和短期贷款便利（SLF）在内的利率走廊。此外，公开市场操作实际上是一个混合的货币政策操作体系。以上这些都要根据各国的货币政策构成和金融体制进行详细分析。

　　基于当前全球央行数字货币实验的全新格局，我们既要充分感受到时不我待的危机感，更要从中吸取有益的战略启示，同时还要学习灵活包容的技术思路，不拘泥于某一预设路径，尽可能尝试各种方案、模式和思路，多方比较，探寻不同场景下的最佳解决方案。只有正确的战略方向加上开放的技术策略，数字人民币方能具备优秀的品质，在未来与数字美元、数字欧元、数字日元的竞争中脱颖而出。

3.4 人民币国际化是未来重要方向

在新时代，我国正面临着世界经济秩序重建、经济转型与社会结构调整转型的重大叠加机遇，必须深入推进金融体制改革和国际市场对外开放，着力推进人民币国际化的快速发展，提高跨国经济融资便利性，以促进经济的高质量增长和强国崛起，为国际社会贡献"中国方案"。

长期以来，中国利用劳动力、土地、环境等低成本优势实现经济的快速增长，但随着要素成本上升、环保压力大，粗放型经济难以实现持续发展。当前我国必须改革国民经济发展模式，使国民经济从高速增长向高质量发展过渡。人民币国际化有助于推进金融体制改革，提升企业对外贸易投资的便利性，促进金融产品与服务创新，增强企业在全球产业链的竞争力与影响力。一方面，人民币国际化提升资源配置效率，人民币国际化通过推动金融体制改革，激励金融机构创新人民币金融产品与服务，促进企业在全球范围配置资源，满足"走出去"企业的支付结算、投融资、防范风险等需求。另一方面，人民币国际化同时也是金融体制改革的重要成果，通过更大的开放"倒逼"金融体制改革。人民币国际化将推动人民币兑换的形成与方式转变，提高人民币汇率弹性水平，推动资金事项的可转换，扩大跨境资金进入和出境的途径，提升市场活力，提升金融实体效益。

推动人民币国际化既是我国经济融入全球化的实际需要，也是中国开展新一轮高层次开放改革的重要基础。一是通过人民币国际化，推动我国其他金融机构"走出去"。人民币的国际化推动市场开放，促进了商业银行、保险公司、基金等机构"走出去"，实现国内外金融服务对接，满足国内外企业对人民币资本、风险管理等需求。二是通过人民币国际化，促进人民币的离岸交易市场建立。人民币国际化有利于推动我国香港、台湾及伦敦、法兰克福等地人民币离岸交易市场的建立，拓展人民币海外资本池，进一步完善人民币进出和回流的制度，促进离岸和在岸金融市场有序交互。三是通过人民币国际化，推动国内外资本市场经济的互联互通。人民币国际化推动了中外投资者市场经济彼此的沟通，拓宽 QFII、RQFII 等渠道，放宽外资持股比例、外资设立机构和开展业务等限制，吸引境外机构投资国内债券、股票，促进国内外资本市场有序竞争。

全球金融危机后，国际影响力此消彼长，中国整体综合性国力进一步提高，国际政治话语权和国际竞争力也得以明显增强。在此背景下，推进人民币国际化有利于提升中国的国际话语权，巩固中国的大国地位。国际金融危机后，美欧国家面临着经济、社会危机，政策内顾倾向上升。人民币国际化是中国为全世界提供的公共产品。

数字化将重塑中国金融业市场新格局，带来投融资领域的巨大变化，资本市场更加普惠化。随着金融技术在银行、券商、保险公司、支付清算、网络金融服务等领域的深入使用，数字化正深刻改变着传统金融业的经营管理模式。在银行业，数字化转型的影响和渗透正在重塑传统金融机构的核心竞争力，促进了运营管理的集约化、市场服务的差异化、金融产品获取的便利化，为增强金融服务的有效供给打下了坚实的基础。通过大数据分析技术，银行可以有效地精准判断小微公司的运营情况、诚信程度以及潜在经营风险，提高金融投入的准确性与普惠度，并在高科技公司（如蚂蚁集团、腾讯）中获得了普遍的运用，特别是蚂蚁集团旗下的网上银行以及腾讯持股的微众银行，把这种机制灵活运用到针对中长尾用户的小额贷款中。这些大型网络企业通过在用户、技术、信息流量等方面的优势互补，能够实现更为便利有效的服务，对传统金融业形成了鲶鱼效应，甚至可以达到数据共享的作用，全面打破资本市场的信息壁垒。资本市场是高度依靠信息与数字技术的证券市场，中国 A 股证券市场在早期就已经进行了无纸化、电子化的操作，并随着大数据信息技术逐步融入发行、挂牌、交易、清算和日常管理等各个环节，从上市公司信息发布到网上交易，数字化技术提高中国证券市场的总体运作质量。

按照《2020 年人民币国际化报告》，随着人民币业务政策架构的不断完善，人民币在国际资本市场中充当计算币种、投融资币种、交易币种和存储币种的作用将进一步提升，2019年人民币跨境支付总额为 19.67 万亿元，同比增加了 24.1%，并连续 2 年保持高速正增加，交易总额也创下了历史新高，人民币将成为世界第 5 大交易币种，第 3 大贸易投资币种。

人民币国际化可简要总结为以下三点：一是经常项目收付额的持续上升，包括国际货物贸易从净汇出变成净汇入，金融服务交易收付额在近年来保持着高速的发展势头，而金融服务交易的收益与汇出的总额也在不断上升。二是政策带动了中国市场的进一步对外开放，资本项目人民币在跨境人民币支付中的总体份额在持续增加，最突出的便是中国金融证券业直接通过投资银行与国际债券市场合作（CIBM）吸引的外资净流入额为国内第一。三是人民币汇率弹性相对于过去已有明显提升，目前的人民币汇率弹性基本以市场供求关系为依据，有贬有升、双边自由浮动，在合理均衡水平上保持基本稳定。得益于我国发展能力的上升和改革开放的推进，人民币国际化把握住了世界局势变化的重大契机，在市场导向和政府驱动的综合影响下长期稳定增长，中国资本市场在全球金融市场中的地位显著提升。

我国金融业的国际化发展与人民币国际化可谓密切相关，我国金融业的开放发展逐步增加了人民币可自主贸易的程度和扩大运用范围，完善了人民币的国际金融计价交换职能，为我国资本领域的深化发展提供了保障。在国际"低利率 + 量化宽松"的条件下。特别是在 2020 年疫情之后，全球经济下行的大背景下，中国成为唯一实现正增长的主要经济体。国内宏观经济的稳定增长，促使人民币资产开始出现相应的避险特性，国外主体和资本加快流入国内市场。

从跨境证券投资来看人民币国际化。我们兼顾资金市场和风险管理，已建立人民币合格境外机构投资者（RQFII）、人民币合格境内机构投资者（RQDII）、沪港通、深港通、国债通、沪伦通、企业直接引入融资、组织相互认证、黄金国际期等投资贸易渠道，从而适应各种投资人的需要和偏好。近年来，随着世界对我国投资金融市场重要性的认可度越来越高，我国证券、股市也逐步融入世界主要指数，2019年4月，彭博又将以人民币标价的中方国债和政策性银行债券列入彭博巴克莱全球综合指数（BBGA）。2019年9月，摩根大通将中国政府债务列入摩根大通旗舰的全球新兴市场政府债务指标。2019年3月，上海明晟集团表示将提高我国A股在MSCI世界价格指数中的相对权重，将纳入指标比例从5%逐步提高至20%，并计划在2019年11月将所有我国A股中盘股加入MSCI价格指数。2019年6月，富时罗素宣布将把中国A股引入其世界主要股票指数系统。2019年9月，标普道琼斯公司将中国A股纳入标普新兴市场全球基准指数。

从"一带一路"来看人民币国际化。人民币国际化受市场需求驱动，尤其是"一带一路"沿线各国获得巨大发展，2019年，我国跨境人民币支付额度约为19.67万亿元，同比增加24.08%；与"一带一路"沿线各国进行人民币跨国收付金额达到2.73万亿元，同比增加32%。与此同时，中国金融市场的开放为"一带一路"沿线各国投资人创造了多样化的投融资途径，RQFII、沪深港通、企业直接入市融资、国内债券通等各类途径，均是企业进入我国资本领域和投资我国金融市场的良好选择。这种双向开放使得大量国内机构投资者可以通过RQDII机制，投向"一带一路"沿线的各国金融市场及其他国家市场。在人民币国际化影响下，中国与"一带一路"沿线国家构建了良好的互惠互利的关系，同步获取资本市场的高收益投资回报。

从全球金融中心发展角度来看人民币国际化。国内的金融中心建设是人民币国际化进程中重要的贸易基础，也是中国资本市场发展的里程碑。一个发达且有国际影响力的在岸金融市场使人民币在国际市场上的接受度和认可度越来越高，也使中国资本市场在国际化的进程中吸引更广泛的投融资。经过多年发展，目前上海已经成为全球少数几个金融市场类型较为完善的国际金融中心都市之一，全球金融中心指数（GFCI）排名提高至世界第三，市场规模也处于全球前列。尤其是上海建设全球性人民币产品创新、贸易、定价、清算市场和服务中心，会为人民币跨国投融资创造更为快捷且方便的市场平台，从而实现人民币国际化良性循环发展。就目前情况而言，上海已经聚集了股权、证券、人民币、外汇、期货、金银、商业票据、保险、信托等各种全球性的金融服务要素与交易市场，金融服务设施不断完善，并逐步形成了完整的金融服务生态链，国际人民币统一计价系统已初步形成，为人民币的全球运用与融资提供了有力保证，同时也为中国资本市场的交易、清算、结算、支付提供坚实的基础。

人民币国际化需要采取先周边化再国际化的战略发展，通过"一带一路"项目紧密与中亚、东南亚地区合作。重点提高人民币的计价能力，摆脱对美元的依赖。首先，进一步提高用人民币计价结算的能力，使得大宗商品都能用人民币结算。中国作为巨大的消费国，石油、天然气、铁矿石等大宗商品需求量极大，但当今，由于石油以美元进行交易，所以大宗商品还是需要依照美元的价格进行交易，这使得中国企业极其被动。而中国与东南亚、中亚国家的贸易商品中大宗商品极其占优势，所以我国要结合最新上市的大宗商品人民币期货市场进而提高人民币计价职能。当大宗商品交易不再以美元定价为首，而是用人民币时，周边国家对人民币的认可度与接受度将大幅度提升，进而降低成本与汇率风险。其次，境外人民币专项贷款规模也需要得到进一步扩大。中国周边地区，东南亚与中亚国家基础建设需要进一步完善，但由于它们政治经济的不稳定，缺乏足够的建设基金。针对这种情况，中国作为外汇储备居首位并且拥有丰富的基础设施建设技术与管理经验的国家，可以针对此情况，采取拓展银行贷款、并购贷款、贸易融资等人民币融资方式。这样可以帮助东南亚、中亚国家建设从而带动更多贸易往来，提高贸易领域人民币计价的职能，也可扩大人民币贷款规模，完善贷款定价形式。再次，人民币直接投资力度可以加大。在"一带一路"项目的倡导下，更多银行与企业遵循国家"走出去"的战略。越来越多的企业加大了对东南亚、中东地区的投资。服务实体经济，培育人民币的真实需求使得人民币可以为国内外企业提供融资支持，以提升人民币的计价结算职能。最后，中国制造业迈向更高精尖领域，以便适应日后的转型需要，增加出口产品的竞争力，从而提高人民币的核心价值。

人民币国际化需要国际金融中心的创建为支持。首先，中国作为世界第二大经济体，在贸易与经济总量上有着极大的优势，应把握机遇，加快金融中心的建设，尤其是在上海、深圳等地区。打造人民币支付清算中心、定价中心，从而开放金融市场，健全开放的金融环境。不仅能够提升人民币的影响力，也能够吸引其他优秀资本进入、各行业总部开设而集中发展。其次，扩大人民币影响力的直接方式便是提高人民币在特别提款权（SDR）一篮子货币中的权重。人民币能够加入 SDR 已是重要的发展成果，证明了中国在国际货币所属国中的地位。因此，中国也需要承担起这部分的责任，积极参与货币体系的改革、优化 SDR 职能和货币选择标准、完善 SDR 机制和计算方式。在保证境内金融稳定的情况下，更好地服务全球经济和稳定整体金融大局。最后，人民币想成为亚洲主导货币仍需要帮助协调汇率制度。"一带一路"倡议下，中国需要与沿线国家及地区保持紧密的金融合作关系，从而帮助人民币在区域范围内得到巨大发展。这需要形成一个以人民币为基础的市场，起源于我国内陆和港澳台地区，然后慢慢扩展到"一带一路"沿线各国。

中国市场快速发展，中国企业在世界上的地位不断提高，人民币或将成为全球首选币种。主权货币的地位不仅仅是国家的经济实力，更是一个国家总体的实力体现，包括文化实力、政治实力等。基于中国的特殊国情，人民币国际化的发展不仅需要国家政策的扶持，也需要活跃市场的推动。

为促进人民币国际化，我国需要更加完善和发展国内外的市场经济，其中国内金融市场是发展的根本、重中之重，其对人民币的发展有很强的影响力。首先是大宗农产品期货交易市场的蓬勃发展。为能接触更多的国外投资方与交易商，人民币大宗商品现货的贸易方式规则需要进一步完善，且相关的配套服务也需要完善。这样一来，这些期货的品种将会不断扩大，交割规模将会扩大，进而进一步增强大宗商品领域的人民币计价结算职能。其次，外汇市场的进一步发展与健全也是必要的。有一个成熟的外汇交易与人民币交易市场有许多好处：合理规避融资时的汇率风险，降低兑换汇率时的成本，最重要的是，可以增加人民币的计价职能的影响力，甚至可以在必要时干预汇率。在完成外汇市场基础建设后，需要提高政策透明度，完善沟通机制，优化交易功能，在政策上也要有所调整：对外汇市场实行放宽政策，允许更多资本涌入，从而创造更多元的外汇市场。但同时也要对外汇市场采取一定量的控制权，以保证能维护外汇市场的信誉，促进整体背景下的稳定发展，创造公平的竞争环境。中央银行最终要将汇率浮动控制权还给市场，因为只有减少汇率的干预才能增加汇率波动的弹性，创造更良好的信誉，但还是需要对极端情况有预期并做好预案。

再次，完善债券市场的改革和开放也是很重要的一步。在发展之初，需要通过学习其他发展成熟国家的市场并借鉴其经验，再结合自己国家的情况，完善自己国家的市场和机制以应对一些特殊情况，包括如何处置不良债券和资产等。同时，需要给予债券发行人较为清晰和明确的指引方向。若因境内外管理不同给发行人造成困扰，则需要简化管理方式，也需要保证保持债券的低违约率来维持较好的信誉度。如今的货币体系是需要几种主权货币共同发展，所以扩大在岸离岸的互通性可以促进人民币与其他主流货币包括美元、日元和欧元更好地发展。最后，要学会防范金融市场的不稳定性和高风险性。当国内政策逐渐放宽，会吸引更多资本涌入，市场环境将会变得复杂。所以调整金融市场结构，借鉴其他国家经验，提高金融服务实体的能力，从而更有效地控制和防范金融风险。

虽然人民币国际化发展取得了重大成果，但如今也面临着一些转变的需求。需要逐渐转型市场驱动的模式，而并非固化在政策驱动的模式中。从 2009 年起，中国发展领先的城市包括上海、广州、深圳等已开始使用人民币结算贸易。如同人民币国际化的推广，是从港澳地区起步，再迈向东南亚甚至欧盟国家，国内的人民币贸易结算也是逐步向全国扩径。政府对金融市场相对宽松的政策促使资本融入，相关政策包括银行间债券市场的准入限制、境内机构向境外发点心债和票据限制等。在政府的指导下，我国对离岸人民币市场的政策不断创新并扩展，不断签署货币互换协议等。中国还通过借鉴世界其他主要货币体系及其所属国家的成功经验，为适应不同投资人的需要与偏好而建立了人民币合格境内机构投资者（RQDII）、深港通、沪伦通、中国债券通、基金相互认证、黄金国际版等。但是我国始终没有放弃国内资本市场开发的主动权，若丢失了主动权，可能出现境外资金大量涌入或国内资金大量涌出的现象，我国的金融市场将会出现巨大波动。由政府主导的相应政策使得人民币国际化一直在稳步进行。市场需求也同样是不可或缺的考虑因素，然而市场需求可能会存在套利的性质，进而夸大了所谓的市场需求。

人民币跨境支付系统（CIPS）建设不断加速，应用范围持续扩大，人民币国际化在基础设施建设方面形成了良好的态势。而人民币清算网络逐步布局的背后，是全球市场对人民币的需求不断增加，在这个背景下，我国与环球同业银行金融服务电讯协会（SWIFT）等国外市场主体开展协作，积极地推动跨国支付系统的建立。2008 年全球金融危机后，中国国内经济运行率先回升，人民币的汇价一直保持坚挺。部分国家也对中国提出了设立双边本币交换制度的要求，以期适应世界主要货币流动性紧缺、人民币急剧震荡的情况。基于当时不利的国际金融条件，中国还是决定把握这次良好的发展机遇，相继同世界40余个发达国家和地方政府的主要货币主管部门签订了双边本币交换合同，总价值3.5万亿元，这为保持世界金融市场的平衡发展和稳定作出了积极努力。由于人民币在全球金融市场上的使用量越来越大，2016年10月人民币进入特别提款权（SDR）篮子中，所占权重为10.92%，超过英镑和日元，仅次于美元和欧元，大大提高了人民币资本市场对国际投资者的吸引力。人民币国际化的迅速发展，对合理化改革全球汇率体制发挥着至关重要的作用，有助于加强全球汇率体制的适应作用与安全。

不断提高全球汇率体制的稳定性，稳步提高人民币的全球影响力。在此基础上，中国借助"一带一路"等国家重大发展策略，在国际贸易和直接融资等多个领域中，进一步提高人民币直接收付结算的比重。贸易与金融双轮驱动、互相协同助力人民币再发展。通过利用低成本贸易融资、外汇货币错配调节和币值稳定的三个基本市场机制，内生拓展人民币在国际贸易和金融服务领域的应用范畴。随着金融市场在国家政策的引导下逐步稳定开放，中国金融基础设施的质量以及市场效率得到明显提升。同时，中国要进行基于外汇交易市场的人民币形成体系改造，努力形成一种数量庞大、运作质量较好、金融市场发展制度健全、现代化程度较高的人民币资本市场。建立稳健安全的人民币资产市场，通过人民币优良资产市场的国际化吸引外资开展人民币业务，从而大幅提高人民币国际化水平。

目前，我国的外汇储备管理部门还面临着美元储蓄占比过高的情况。美元在国际货币中的地位使得世界各国央行无法避免这个问题，因为国际贸易大多以美元结算，降低美元比例存在着天然壁垒。可以尝试先减少交易结算的美元分量，而后降低央行系统的美元化程度，最后再减少中央银行系统因结束贷款者角色而需要保持的美元储量。

在货币政策和金融审慎政策的双重支柱调控架构下，中央银行必须保持对资金流出、人民币市场的必要控制措施，以有效对抗不良影响，从而提高人民币国际化的能力，以防止系统性金融风险，并确保我国经济社会发展与民众财富的保值增长。只有"护城河"够深，人们预防系统性风险的意识够好，人民币国际化才能有充分的信用基础。实际上，防范金融系统性风险在我国政府央行会议中一直是高频词汇，主管机构对这一问题有着充分认识。

一系列的保障措施也必不可少。这不仅限于经济，更多是经济、政治和科技等各领域的共同努力，稳慎推进人民币国际化。首先要做的便是对金融市场的开放，只有足够开放的市场和体量才能为人民币发展打好基础。借助"一带一路"的政策，和沿线国家及地区开展合作，信息互通，建立人民币地域上的互通。其次是做好转型的准备，从低端制造向价值链中高端转变。大力发展高精尖产业，推行智能制造和绿色制造，提高研发设计能力，供应链管理，逐步巩固人民币国际化的微观基础。另外，需要进行人民币汇率的改善工作，需要不断完善以市场需求为核心的人民币体系，避免中央政府直接对人民币的干涉。有自己的浮动汇率制度，减少市场的波动，让人民币保持一定弹性。稳步推进资本项目可兑换也是必不可少的。稳步推动资本项目可兑换，可以进一步提高中国境内外经贸投资项目与金融市场的便利性，不至于由于内部管理机制差异，对投资者及交易商产生误导，从而促进对外贸易、使市场融资便利化。同时防范资金流动风险，维持市场稳定。"引进来"和"走出去"相结合，让资本流出和回流利用在岸和离岸市场提供更高效透明的发展投资环境。保障还包括内部政治的稳定和外部与大国合作，从而让人民币拥有更高的影响力。只有内部政治稳定后，国家才能合理颁布经济金融方面的发展战略。与其他较为发达的国家合作也是不可或缺的，这样才能增加彼此利益。积极扩展全球伙伴关系，走和平发展的路线，发展领域包括但不限于经济金融、材料能源、研发设计等。也要承担起一个大国的责任，例如共同参与抵抗恐怖组织、新冠疫情后的经济复苏，克服一些隔阂，共同努力发展。将金融纳入外交，也能够树立起大国的形象，中国在国际金融体系的影响力越来越大，将金融纳入外交能够促进人民币国际化，稳定金融的发展。最后，很重要的一点是维护我国周边地区的局势稳定。这样可以创设有利的外部环境，并灵活运用外交政策，有效缓解我国和周边国家的因国土或海域产生的纠纷。同时，维护我国周边地区和贸易金融网络安全，能够更有序地推进人民币国际化。

第四章
绿色金融发展现状及展望

4.1 全球绿色金融发展历程与现状

全球环境污染、气候极端、资源短缺等问题的日益突显，仅仅关注增长的经济发展观念正逐渐被可持续性经济发展观念所取代。可持续发展意味着要尽快实现能源结构优化，提倡节能减排，相关举措都需要大量的资金支持，也就需要金融服务业的支持。目前，很多发达国家意识到，为实现人类经济社会的可持续发展，发展绿色金融刻不容缓。绿色金融是指金融机构将环保和社会资源节能利用视为目标，并在有关政府部门协助下，把对环境的潜在收益、风险和成本作为最关键的影响因素引入投资和日常经营活动中，以带动经济社会资源向环保、促进环境可持续发展的领域聚集的一种创新型的金融服务模式。全球绿色金融的发展历程充满了探索与创新，全球绿色金融市场目前处于飞速发展中。

绿色金融源于人类对可持续发展的需求，而绿色发展始于人类对生态环境保护的重视。全球绿色金融的发展历程可以通过全球绿色金融标志性事件来回溯。

1972 年 6 月 5 日，在瑞典首都斯德哥尔摩举行了第一次国际环保大会——联合国人类环境会议，这是 133 个国家政府共同探讨当代环境问题、探讨保护全球环境战略的第一次国际会议。会议通过了《联合国人类环境会议宣言》，简称《人类环境宣言》，呼吁各国政府和人民为维护和改善人类环境，造福全体人民，造福子孙后代而共同努力。

1980 年 12 月 11 日，美国国会因著名的"爱河事件"出台了最严苛的环保法——《综合环境反应补偿与责任法》，又称《超级基金法案》，触发了环境风险向金融风险的转移。同时美国还建立了超级基金（Superfund），用以管理清洁工作并支付处理污染土地的费用，并把资金用于对某些暂时无法完成追偿的污染土地的清理工作。《超级基金法案》的出台对世界各国通过立法解决环境相关问题有着重要的借鉴意义。

1988 年 5 月，联邦德国在法兰克福成立了全球第一家以环境保护为目的的生态银行（Eco-bank）——艾科银行。为创建该银行，法兰克福市民每人捐赠 100 马克，共集资 770 多万马克，设立了环保基金，作为银行的资本。该银行专门为生态保护和社会、生态业务提供融资项目支持，是国际上较早期的绿色金融探索。

生态银行与其他银行的最大区别在于，生态银行会在金融行为上充分考虑对自然环境的可能作用，会将与自然环境有关的投资成本、利润、风险和收益等融入投资中，以实现政府对生态资金的有效引导，从而推动经济、环境、社会的可持续发展。在这之后，以发达国家为首的各国政府、非营利组织、金融机构等都开始了多方面的尝试与探索，为后续绿色金融的发展积累了一定的实践经验。

1992 年 6 月，联合国环境发展大会在巴西里约热内卢召开，共同研究人类社会经济活动对环境产生的影响。在这次峰会上，联合国环境规划署（UNEP）成立了金融行动机构（UNEP FI），督促金融系统为环境污染、气候治理等可持续发展内容提供支持。在此之前，联合国环境规划署就已发布《银行界关于环境可持续发展的声明》，助力绿色金融发展。

1997年12月，联合国气候变化框架公约（UNFCCC）参加国三次会议在日本京都举办，并制定了《京都议定书》（Kyoto Protocol），全称《联合国气候变化框架公约的京都议定书》。主要任务是使"大气环境中的温室气体浓度保持在一种适宜的浓度，进而避免强烈的气候改变对人体产生危害"。《京都议定书》自2005年2月16日开始施行，这是世界历史上第一次用法律形式约束温室气体的排放量。为了鼓励各国共同努力实现温室气体减排计划，议定书规定应该采取以下四个减排途径：一是在两个国家间，允许开展利用份额交换的排放权交易；二是以净总量核算温室气体排放量；三是允许采取绿色开发激励机制，促进发达国家和发展中国家共同努力减排温室气体；四是允许采取"集团模式"。另外，根据《京都议定书》确立了用于减排的三种灵活有效工作机制——国际排放贸易机构（ET）、联合履行机制（JI）和清洁发展机构（CDM），这些可以使得发达国家借助全球碳交易等经济活动实现减排目标，而发展中国家也能够掌握相应技能与方法。《京都议定书》促进了全球绿色金融的重要组成部分——碳交易市场的形成与发展。

2002年10月，世界银行下属的国际金融公司和荷兰银行等9家银行在伦敦主持召开国际知名商业银行会议，以探讨项目投融资中的环境与社会问题，会后荷兰银行、巴克莱银行、西德意志州立银行和花旗银行在国际金融公司环境和社会政策基础上共同起草了一套针对项目融资中有关环境与社会风险的指南，即一套自愿性的绿色信贷原则——赤道原则（Equator Principles，EPs）。2003 年 6 月，包括 4 家发起银行在内的 10 家大银行宣布接受赤道原则。2006 年 7 月，根据国际金融公司修订的绩效标准对赤道原则进行了修正并重新发布。这个规范规定金融机构在向某个建设项目融资时，要对该建设项目可能对环保和经济社会的影响做出综合评价，同时运用资金杠杆推动该建设项目在环保及经济社会和谐发展方面起到积极效果。赤道原则的主要意义，就是首次将项目投资中模糊的环境与社会目标明确化，为投资银行评价与管控自然环境和社会风险提出了一种可行性指导。

赤道原则现已成为全球项目融资的一项新准则，包括花旗、渣打、汇丰公司等在内的 40 多家主要全球商业银行均已明确采用赤道原则，在投资信贷和项目融资上更加重视公司的环境保护和社会职责。赤道原则还列出了对赤道附近银行（实行赤道原则的金融机构）进行项目投资决定时需要遵循的特殊规定和要求，共计 9 项。赤道原则虽然并不具有法律条文的有效性，但它作为商业银行所必须遵循的业务规范，谁如果忽视了，将会在全球项目融资领域中步履艰难。赤道原则是根据 IFC 绩效准则形成的一种用以控制项目投资的环境保护和社会风险的自愿性金融专业原则。赤道原则特别适合于在世界经济各领域总成本大于 1000 万美元的新企业投资。截至 2018 年底，遍布全球的 37 个国家中的 94 家金融机构采用赤道原则，其总融资额大约为全球投资金额的 85%。

2007 年 7 月，欧洲投资银行（European Investment Bank，EIB）向欧盟的 27 个成员国投资者发行了气候意识债券（Climate Awareness Bond），成为世界首只具有典范作用的绿色债券。气候意识债券的发行推动了绿色债券的国际化发展，并加速其规模扩张。2008 年，世界银行与瑞典北欧斯安银行（SEB）联合发行了首支被命名为"绿色债券"的债券。近年来，由于可持续发展理念深入人心并得益于税收政策，绿色债券在全球债务资本市场中得到广泛认可。

2015 年 12 月 12 日，195 个《联合国气候变化框架公约》缔约方在法国巴黎气候变化大会上达成《巴黎协定》。其长期目标是将全球平均气温较前工业化时期上升幅度控制在 1.5 摄氏度以内，并努力将温度上升幅度限制在 2 摄氏度以内。2016 年 4 月 22 日，《巴黎协定》高级别签署仪式在纽约联合国总部举行，开放签署首日共有 175 个国家签署了这一协定，创下国际协定开放首日签署国家数量最多纪录。2016 年 9 月 3 日，中美领导人在二十国集团（G20）峰会前夜于中国杭州率先宣布批准《巴黎协定》。《巴黎协定》于 2016 年 11 月 4 日正式生效，是继 1992 年《联合国气候变化框架公约》、1997 年《京都议定书》之后，人类历史上应对气候变化的第三个里程碑式的国际法律文本，形成 2020 年后的全球气候治理格局。

2016 年 9 月，中国在 G20 峰会上倡导重点发展绿色金融，为各国发展绿色金融献计献策，由此中国日渐成为国际上绿色金融领域的主要参与者和推动者。各个国家在大力推动绿色金融体系建设的同时，也在积极探索绿色金融科技的应用，用科技手段推动绿色金融的发展。如探索引入数字货币支持清洁能源、促进绿色生产，利用区块链和大数据等降低绿色投资中的风险。

2021 年 4 月 21 日，格拉斯哥净零排放金融服务联盟（GFANZ）建立，这个国际联盟将整合现有与新设立的净零金融服务倡议行动，形成一个全行业的投资论坛。GFANZ 专注于在第 26 次联合国国际气候会议举行前，继续统筹调整世界净零碳排放量发展所需要的万亿美金资本，并努力实现《巴黎协定》所确立的世界环境温控发展目标。目前，GFANZ 一共设有四大创始组织人员的行动计划，它们为净零碳排放量资产管理所有者联盟（Net - Zero Asset Owner Alliance）、净零排放资产管理人倡议（Net - Zero Asset Managers Initiative）、遵守巴黎协定的资金管理工作建议（Paris Aligned Investor Initiative）和净零碳排放量银行业联盟（Net - Zero Banking Alliance）。其中，净零碳排放银行业联盟（NZBA）于 2021 年 4 月 21 日成立，目前共吸引了全球 43 家大型银行机构参与其中。此外，基于该组织国际环境署金融计划（UNEPI）提出的可持续保险原则（PSI），包含 AXA、Allianz、Aviva、Munich Re、SCOR、Swiss Re 和 Zurich 等多家保险公司巨头企业开始协力构建净零碳污染保险公司联盟（NZIA）。NAIZ 计划也将进入 GFANZ 联盟当中。

现阶段，欧美国家的绿色金融体系已比较完善，尤其以欧盟国家为代表的绿色金融发展相对领先。欧美国家的绿色银行在法律制度、市场主体以及环境金融工具等领域都建立了相对健全的制度。在绿色金融的产品框架方面，中国各地方政府和央行正不断加强对绿色金融顶层研究，并出台了相应政策、措施，在绿色债券、绿色信用、绿色保险、绿色基金等方面，已建立相对完善的产品框架。同时，国际金融机构也在发行和实践绿色产品中扮演着重要的角色。

全球绿色金融发展历史最为悠久的组织之一便是欧盟，其拥有着较为完善和成熟的绿色金融政策体系。欧盟是绿色金融发展历程中的主要参与者与先行者，在绿色金融顶层设计方面较为完善和成熟。

欧盟首先将《可持续发展融资行动计划》作为指导性文件，对经济社会活跃的种类、发展投资基金、可持续指数等多方面制定了标准。其次以《欧洲绿色协定》为纲领性文件，明确提出在2050年达到碳中和发展总体目标，并对欧盟国家可持续转型的政策方向给出相应的建议。此外，欧盟的可持续金融发展政策对绿色金融活动分类标准和资料有着更高的需求，如发表《欧盟可持续金融分类方案》《欧盟绿色债券标准》等政策报告，对绿色环境相关领域的发展提供了界定标准和参考范例。同时，欧盟国家政府的政策支持和引导在发展绿色金融时起着至关重要的作用。一些国家通过税收优惠、政府担保等推动绿色环保项目发展；鼓励政策性金融机构、金融基金等带动并吸引社会资本加大对绿色金融的投入。

英国是最早推进低碳发展的国家之一，其金融机构在促进社会绿色发展中发挥着重要力量。2003年，英国政府明确提出促进低碳经济政策，并于2008年、2009年颁布的《气候变化法案》与《抵押贷款担保计划》中继续完善环保金融顶层设计。英国的绿色金融发展很大程度上是由金融市场的主体和参与者驱动，为发展绿色金融产品、风险管理等积攒了丰富的经验。同时，英国政府也在促进包括伦敦证券交易所、英格兰银行等投资机构合作，用融资手段促进绿色环保行业发展，以及吸引社会资本投入新兴科技、新型材料。英国政府在2012年组建世界绿色投资银行，并以市场化手段吸纳社会资金支持，推动大伦敦的绿色经济转型。此外，英国在气候风险管理方面积极探索和创新，推动绿色金融的风险管理。2021年6月30日，英国财政部和英国债务管理办公室（DMO）发布了英国政府绿色融资框架，其中描述了英国政府计划如何通过发行绿色金边债券（Green Gilt）和零售绿色储蓄债券（Retail Green Savings Bonds）来实现贷款。预计这些投资工具的利润将用来处理气候变化等环保问题、支持急需的基建项目和为国家提供更多的环境机会。该框架中规定了如何识别、甄选、验证和报告绿色项目，符合规定的项目可以从这些融资工具的收益中获得融资。

美国非常关注环境污染的治理，注重绿色产业发展和绿色金融产品的创新。美国的绿色金融制度以"超级基金"为出发点，在其中规范了资金来源、资金计划运用的方式、职责界定、偿付、清算和财政紧急反应等，并把所有美国政府环境保护部门、生态损害者、美国公民等列入环境保护范围，进而确定了美国绿色金融制度的基本实施原则，为许多发达国家的土壤污染管理建立了典范。此后，美国联邦政府以及各州政府也纷纷开始建立其绿色金融机构制度系统，并形成了专门的绿色机构——全国性的国际环保金融中心、环保咨询委员会和国际环保金融中心网络，以促进国家绿色金融法规与政策的有效实施，并保障国家绿色金融业的蓬勃发展。国家银行业也重视公司在运营过程中的环境因素，为绿色产业公司给予信贷上的保障。同时，美国政府还强调通过环保产品来发展绿色金融，包括为清洁燃料和高端汽车生产企业进行贷款等。此外，美国政府具有大量的绿色金融创新工具，例如在环保信贷领域，提出帮助节油技术开发的无抵押优惠信贷；在美国纽约、康涅狄格和夏威夷等州设立绿色金融机构，采取新的商业模式吸纳民间资本投资环保领域；在环境保障领域，设立专门的绿色保险，探索强制保险机制、个性化保单设置、政府保障等。

澳大利亚拥有较为完善的绿色金融体系，其通过激励政策支持国家的绿色发展。1998 年，澳大利亚政府向国家林业管理与投资计划（MIS）的投资人提出了个人所得税豁免措施，推动了 MIS 投资金额与人工林面积的迅速增长。2003 年推出的新南威尔士温室气体减排系统（NSW GGAS）使澳大利亚成为率先实施强制性的减排项目的国家之一。澳大利亚的商业银行还提出了许多富有特色的绿色贷款计划，如要求放贷者通过种植树木来吸收私家车辆排放的"Go Green 汽车贷款"，以及专门为绿色住房所有者提供的抵押贷款等。2020 年，澳大利亚可持续金融组织（ASFI）制定并发布了可持续金融发展路线图（Sustainable Finance Roadmap），为金融服务机构提供发展建议、政策、框架等，以帮助其向更具可持续性的方向转型。另外，在环境风险管理方面，澳大利亚审慎监督机构（APRA）构建了审慎财政风险对气候变迁的评价框架，从2021 年开始，对澳大利亚一些大的存款金融机构开展气候变迁的财政风险的各种指标评价，由此创造一个完善且具有一定抗风险能力的绿色金融体系。

日本为绿色金融机构发展提出了诸多政策保障，并灵活引导日本金融机构积极参与绿色金融发展。日本的绿色发展运动始于 20 世纪 70 年代，政府高度重视环境保护立法，并先后制定了大量的环境保护措施，包括 1970 年《废弃物处理法》控制垃圾的污染、1986 年《空气污染控制法》对焚烧生活废弃物的措施做出了具体要求等。此后，日本政府在积极应对气候问题的同时，探索绿色发展对经济的拉动作用。日本主要通过两种方式实现环保产业和金融市场融合，发挥绿色金融的作用。一是进行环保事业的投融资，比如利用行政手段，将能源、环境相关的投资和贷款总量提高。二是将环保观念融入自身发展的企业，开展环保评级融资和社会责任投资项目。日本政府设立环境保护的资金信贷贴息机构、日本政府资金公库的环保与资源政策机构，通过向银行申请低息贷款方式，从经济角度促进环保信贷、引导更多企业参与到绿色金融的发展。另外，日本商业银行充分利用国家银行的环境评估体系，评价和监管客户融资，提升融资质量。通过丰富的探索与实践，日本的绿色金融市场活跃度较高，其绿色债券的发行量为亚洲第二。同时，日本在绿色保险领域也有着突出的表现，尤其是在应对自然灾害、气候变化的风险领域有着成熟的保险制度。此外，为实现 2050 年碳中和的承诺，日本将气候投融资作为其重点发展内容，并在国内和国际层面上制定了清晰的战略规划。

新加坡重视制定绿色金融发展规划，在能力建设、人才培养、绿色金融技术等方面做出努力。在绿色金融发展的初期，新加坡面临多重挑战和困难，而后通过改善顶层设计、引导经济可持续转型和发展绿色金融，取得了显著的发展成果。新加坡政府在《联合国可持续发展目标》（SDG）的基础上，提出了开发清洁能源、控制污染的具体策略，并制定了有效的法律和监督措施。同时，作为绿色生态金融业发展的主要推动者，新加坡金融服务局（MAS）在 2019 年 11 月启动的绿色生态金融服务行动规划（Green Finance Action Plan）中详细说明了新加坡的绿色金融愿景与发展战略，并召集成立了绿色金融行业工作组（GFIT）。此后，工作组发布的《金融机构气候金融相关信息披露指导文件》（FCDD）和帮助银行进行绿色贸易评估的指导框架加速了绿色金融的发展。在政府部门的支持下，新加坡管理学院（SMU）设立了新加坡绿色金融中心（SGFC）以开展环境金融科学研究与培训，并促进环保贷款、绿债等产品以及绿色金融科技平台的快速发展。

中国绿色金融发展情况与机遇 4.2

中国作为一个发展中国家，绿色金融的起步要晚于欧美，但是经过多年来对绿色金融的探索与重视，中国绿色金融的发展目前稳中向好，充满生机。

中国的绿色金融政策，至少可追溯至 2012 年。在 2012 年至 2016 年之间，中国绿色金融的政策目标主要是通过逐步细化与完善有关计划和部署，为中国的绿色金融服务寻求发展路径。2017 年起，中国政府着力于完善发展绿色金融服务的各项重点工作的配套措施。随着我国绿色金融政策措施的深入推行，中国绿色金融业将得到长足发展。不过，目前我国绿色金融的各个细分领域的发展情况各有不同。

中国金融产业的金融机构以银行居多，同时银行的绿色贷款目前是中国绿色金融的成长引擎。2017—2020 年，我国绿色信贷的数量将持续上升。以工行为代表的全国 72 家地方重点银行的合作金融机构，累计绿色信贷余额由 2017 年的 54113 亿元人民币，上升到 2020 年的 90452 亿元人民币，增长超过了 67%，平均增幅在 19% 之间，而 2020 年的累积绿色信贷余额上升超过 24%，绿色贷款总量也实现线性增长。

绿色债券从 2016 年初率先发行以来，其规模逐年增长，至 2020 年发行额达到 5508 亿元人民币，且累计发行额也达到 11589 亿元人民币，数量已超过了绿色信用，已经成为国内绿色融资的第二大重要平台。伴随着国内绿色债券交易市场的日益扩大，国内绿色债券的品种日益多元化，而且发行者所在领域也越来越宽泛。从发债品种看，目前国内的绿色债券包括绿色化的金融债、中小企业债、政府债务融资工具等具体券种。从所在领域看，发行者大多集中于工业、公用事业部门和地方政府部门。从所属地域范围来看，发行者大多处于东部地区，但国内各省市正在持续推出债券。

ESG（环境、社会与治理）投资与绿色基金产品均属于绿色投资范畴，目前正处于积极探索阶段。我国境内的公司在监管部门的引导下，积极思考 ESG 融资，逐步形成相应能力，仅仅一年，国内资管机构的 ESG 投资实践显著增加。另外，绿色基金和 ESG 产品的蓬勃发展也推动行业的绿色转型。然而，对比碳中和的要求以及可持续融资领域的全球最佳经验，我国境内多家融资组织的可持续融资发展还处在早期阶段。从 ESG 产品发行情况来看，目前中国境内 ESG 产品以公募和银行的理财产品业务居多，而私筹及其他产品占比很少，且主要产品集中于环保领域，特别在新能源、光伏主题下的 ESG 产品成长速度很快。我国境内的碳交易市场与 ESG 投资仍处在探索阶段，政府引导文件、监督管理体制、信息发布制度和评估管理等多方面仍在持续加快建立之中。

近年来，中国的绿色保险产品销售不断发展，服务网络也初步形成，在中国绿色金融领域发展过程中发挥日益关键的作用。发展规模方面，中国保险行业协会公布的《保险业聚焦碳达峰碳中和目标助推绿色发展蓝皮书》表明，从 2018 年至 2020 年，中国保险公司已累计为全社会提供了 45.03 万亿人民币保额的绿色保险保障，并承担了 533.77 亿人民币赔付。其中，2020 年绿色保险保额为 18.33 万亿人民币，较 2018 年增长了 6.3 万亿人民币，每年提高 23.43%。在完成碳达峰、碳中和目标的过程中，我国绿色保险制度将大有可为。

碳排放权交易作为绿色金融的增量，碳金融成为绿色金融的关键词。全球碳排放权交易于 2021 年 7 月 16 日正式推出，世界规模最大的碳市场将由此形成。碳交易是中国实现碳达峰、碳中和目标的关键手段，利用市场机制适应气候变化、降低温室气体排放量的重大政府制度创新，将有利于产业企业以低成本达到碳减排要求，也有利于把新科技和资本市场等资源引进低碳产业领域，促进产业企业进行新旧动力转化，倒逼产业企业淘汰落后生产能力、改造提升。而随着我国碳排放权益交易启动，以及我国碳金融市场建设的不断深入，我国碳金融体系的市场主体数量增多，稳定性预期也将提升，交易市场主体的产品类型也更趋多样化。预计八大关键能源产品也将逐渐引入碳领域，给碳金融业务带来巨大的成长机遇。

2021 年 11 月，环保交易所将承接全国自动减排等低碳交易功能。同时，由于 CCER 一级交易市场重启，而相应的碳资产融资品种和服务创新不断发展。在 2021 年 12 月，生态环境部等 9 个部门共同决定开展中国气候投融资试点项目，并组织出台了《气候投融资试点工作方案》，明确了气候项目投融资将是中国绿色金融的重点部分，在碳金融服务领域，将指导试验地方金融机构在依法合规、严格风险控制的条件下，稳妥秩序地开拓发展涉及碳资产质押贷款等领域的碳金融。

我国绿色金融发展到现在，离不开政府、金融机构等各方面的大力支持。未来，中国绿色金融的发展仍然充满着许多机遇，绿色金融能够在中国社会和经济的多方面起到关键性的推动作用，并进一步反哺其自身发展壮大。

绿色金融能够高效构筑国民经济"双循环"发展新格局，推进国民经济高质量增长。一是绿色金融有利于减缓国民经济回落冲击。当前，全球市场经济不确定、不稳定因素增加，国内外经济运行结构性问题突显。绿色金融引领公众、私营部门和非营利性部门的资本流动，推进环保行业形成新的经济增长点，减缓国民经济回落冲击，推进实施"六稳六保"，提升经济与社会发展弹性，带动经济效益回升。二是利用环保金融促进发展动能转换。从工业方面看，利用绿色金融能够积极发挥资金杠杆和资源配置的功能，带动资源替代，有助于中国传统工业绿色转型升级，从而促使国家淘汰重污染的落后能源企业，发展壮大绿色工业产业。同时，通过"补资本短板"，发挥信息资源优势，形成区域规模经济，增加创新动力。三是通过绿色金融服务推进金融供给侧结构性改革，提升企业盈利水平。供给侧结构性改革和绿色金融建设之间具有双向互动关系。金融要素供给侧结构性改革促进了绿色金融加速增长，而绿色金融建设也成了推进供给侧结构性改革的主要力量。从资金监管角度看，投资各类绿色债券、绿色信托等产品有助于有效拓展产业投资来源，为企业生产、经营规模拓展和创新发展提供资本保障，减少中小企业的融资风险和投资成本，减少企业不良资产数量，增加公司利润。四是绿色金融缓控释险。由于生态保护资金在跨时期、跨地域以及国际配置过程中的信息不对称水平超过了一级市场投资价格，存在着较高的信息不确定性，从而使得企业投资风险较高。绿色金融利用现货、期权等方式缓解了生态环境资金需求之间的信息不对称问题，进一步健全了环保信息发布和共享的体系。同时，各类绿色金融衍生品的发展也能够有效对冲投资风险，实现生态环境资金跨期配置能力，有效减少跨期、跨领域对生态环境资源配置的投资损失。

绿色金融还可以推动生态文明建设，促进农村繁荣发展。从外部环境看，随着世界气候变化的严重程度上升，国家经济形势重建，再加上新冠病毒的侵袭，对农业发展带来更多的挑战。而绿色金融则能够显著降低城市温室气体排放量，有效节约能源，保护人类生活环境，从而提高城市空气质量水平和降低环境污染，降低工业医疗垃圾等日常废弃物处理不当而带来的环境退化，提高城市生物多样性，从而缓解人类贫困问题。从国内外环境看，中国一直十分重视生态文明建设。转变过去只关注经济发展而忽略了生态环境资源耗竭问题的传统发展方法，把生态环境资源作为整体经济社会进步的重要范畴。当前，中国农村经济社会发展所受到的自然资源环境约束已经越来越明显。为实现农业经济的可持续发展和现代制造业的蓬勃发展，建立绿色生态、低碳、循环的农村产业系统十分必要。具体来说，其一，建立绿色银行拓宽中国农村银行业的发展通道。农业振兴计划和农村特色产业建设都离不开大量农业资金项目的支撑，但因为长期存在着融资途径窄、规模小的情况，大量农业资金已无法适应农村绿色生产工程建设日益增长的投资需要，急需要大量金融资本进入农村产业。开展农村绿色金融可以扩大农村金融业尤其是绿色企业的资金来源，以解决农村融资能力不足的问题。其二，绿色金融能提高我国农产品的全球竞争力。目前，部分发达国家已经在国际贸易的有关方面建立了绿色非关税壁垒制度，以对抗我国产业链和供应链规模的迅速增长。绿色金融还能够推动中国农产品的"绿色化"，进一步增强中国农产品的全球竞争力，推动我国绿色食品产业链及整个供应链的有效开发，提高中国现代农业的专业分工水平与生产适度效益，从而增加中国农产品经济效益。其三，利用绿色金融强化农业生态环境治理。随着城市生态环境建设的持续深入，"两高一剩"企业向乡村地区迁移，进一步加重了部分乡村区域的环境污染问题。开展绿色金融可以提升对农业生态环境治理设施的投资能力，有效推动农村环境治理、修复与发展，提高农民对农业环境经济活动的投资收益，促进农村环境保护事业的发展。这是实现发展与生态平衡的良药，也能够实现利用生态环境资源振兴农业、合理开发土地与合理使用农业资源的目的。其四，绿色金融促进农业环境的适居化。绿色金融通过支持乡村环境治理和维护、农作物和农业副产品资源开发与利用等绿色工程，打造农村牧区综合体、乡村风景名胜区和度假小镇等，把农村打造成美好的生态宜居精神家园，带动农户发展，增加农民收入，提升农村居民幸福感，并着力促进人民幸福与社会公平，共同减少环保危害，提升农村环境安全。

中国可以积极树立国际绿色金融发展标杆、承担更多国际责任，从而进一步促进中国绿色金融发展、提升国际形象。近年来，我国政府参与世界减排的公益活动，如在二十国集团财长大会和世界央行总裁峰会上，大力推进建立"二十国集团环保金融研究小组"。尤其是，当前处于疫情后世界经济复苏阶段。中国绿色金融体系的建立，有助于中国勇敢担当起培植新的经济增长点和适应全球气候变化的重要责任，维护社会主义负责任国家形象，促进形成将世界资金投入生态文明建设的新机制，进一步提高中国在世界环保体制中的话语权。

4.3 低碳绿色转型是产业升级之路

　　低碳环保发展，是指经济增长逐步脱离了对高耗能、高污染等生态损害因素的依赖性，而转向以经济发展与资源节约、减排与生态改善相互促进的新环保增长模式。绿色转型并非对过去工业化方式的恢复，而是对生活方式的历史性转变。

　　改革开放以来，我国经济迅猛增长，但伴随着资源、能源消耗。至2018年，中国资源消费规模已超过了46.4亿吨标准煤，是1980年的7.7倍。从1990年至2017年，由于制造业的迅速成长，工业废物的排放量也在明显上升。至2017年，工业固体废弃物的产生总量约为33.2亿吨，较1990年增加了5.7倍。这些以各种资源、能耗和环境质量损失为代价的经济增长透支了经济的发展质量与效率，并产生大量的环境压力。在经济社会发展与改革开放的进程中，国家逐步树立起保护、节约土地资源的基本国策，坚定落实可持续发展方略，积极探寻绿色转型道路，促进了经济转型发展。党的十八大以来，国家将社会主义生态文明建设纳入"五位一体"总体布局，进一步确立了绿色的新发展理念，推进了顶层设计与机制系统构建，促进绿色转型发展。

　　调整和优化产业结构，提升全产业链技术水平是绿色转型

的重要途径。据预测，工业结构调整对碳减排的贡献率将在
50%以上。自新时期至今，国家在积极地推动工业发展的时候，
也强力推动结构调整。2012 年，我国服务业比重第一次超过了
第二产业，变成行业中的第一大行业和国民经济增长的最大引
擎。行业结构比从 1978 年的 27.7:47.7:24.6，调整至 2018 年的
7.2:40.7:52.2。同创新初期比较，第二产业比重降低 7 个百分
点，服务业比例增加 27.6 个百分点。例如，在新产业领域，淘
汰煤矿、钢材、水泥、平板玻璃、电解铝等传统产业中落后的
过剩生产能力，进一步推动传统产业的绿色转化提升，更新技
术和设备，减少能源消耗和排放。近年来，随着国家积极推动
智慧制造业的发展，"互联网＋"企业大量涌现。中国制造业互
联网技术已应用于石化、钢材、电器、服饰、机械设备、电力
等产业中，给中国制造业的健康发展带来了巨大动能。

中国的煤炭资源禀赋，决定着中国能源结构调整和现代能
源系统构建在绿色转型中的重要意义。从"十一五"开始，
中国逐步把单位国内生产总值能源消耗列为约束性指标，连续
的 3 个五年规划也将其列入其中，以推动在工业、建筑和交通
等重要领域的节能降耗。中国能源效益明显提升，单位国内生
产总值能源消耗呈现稳定降低态势。2005 年至 2018 年，累计
降低 41.5%，平均降低 4.0%。至 2018 年，全市单位国内生
产总值能源消耗平均降低到 0.52 万吨标准煤/万元。能源结构
调整已取得初步成果。我国在一次能源消费中的份额已由
2012 年的 67.4%减少到了 2018 年的 59.0%。清洁与低碳资源
开发利用的步伐进一步加快，尤其是对煤炭资源洁净与有效开
发利用已迈出实质性的步伐，实现了超低排放煤电改造能力 7

亿多千瓦，提前完成 2020 年任务；全部新建的燃煤发电机组均实现超低排放，所有燃煤发电机组污染物排放控制标准均达到国际领先水平。清洁能源利用率显著提高。水力发电、风能发电和核能发电装机容量均名列全球首位。非化石能源和城市燃气市场份额将分别增长至 14.3% 和 7.8%。我国将成为非化石能源应用的世界领跑者。

能源节省与循环使用是环保发展的主要标志。2002 年，中国推出了首个循环经济学规定，即《中华人民共和国清洁生产促进法》，标志着中国污染管理方式由端到端管理向整体管控的过渡。从那时开始，中国全面推进绿色、循环和低碳经济，为完善对环境约束性标准的控制，国家开展了控制能耗和水污染的生产规模和质量、建设用地的政策行动，并提出了能耗、水资源、土壤、能源和矿产节约政策。强化对关键行业、关键中小企业和关键工程项目的节约减排，促进企业循环制造、行业循环整合和园区循环转化，促进经济由传统的"资金—生产—再利用"线性增长模式，向闭环物流可连续成长方式的过渡。开展零碳排放示范工程，积极有效地限制碳排放量。进一步推进国家资源节约使用行动计划的开展，如对10000 家中小企业开展节能低碳活动、绿色建筑行动，对环保公共机构示范推行循环经济的典型模式等，推动国家资源绿色低碳循环使用，进一步开辟国家绿色经济发展新空间。

科学技术创新也是有效提升国家能源资源效率和集约化以及推动经济绿色转型的重要措施。改革开放以来，随着我国积极推行科教兴国战略，国家对科学技术的投资明显增加。2014年，我国超越日本和欧盟成为全球第二大科研支持经济体。

2018 年，我国科研费用合计近 2 万亿元，占 GDP 的 2.19%，高于欧洲 15 国 2.1% 的平均水平。绿色科技研究投资也大幅度增长。从 1990 年至 2014 年，我国与环境保护有关的发明专利总量增加了 60 倍，但经合组织成员的发明专利总量只增加了 3 倍。在过去十多年里，尤其从 2005 年开始，我国绿色科技专利申请的速度超越了所有科技专利。同时，增加环保科技的使用投入，推动环保科技的示范普及，鼓励节能污染与减排、能源综合利用和新兴科技的利用。绿色技术也日益成为绿色生态发展的重要原动力。我国积极推进绿色科技研究和标准的融合，强化技术研究在政策规范制定中的基础作用，动态升级产业绿色技术标准。目前我国主要火电机组的实际能耗标准已达到世界先进水平，并总结国外成功经验，形成了统一的绿色生产规范、认证制度和标识系统。绿色科技的迅速发展，为我国的绿色转型提供了重要战略支撑。

绿色消费对于推动生产制造流程的绿色化和促进社会环保健康发展有着重要意义。近年来，我国正在大力推广高效照明系统和环保节能产品，引导采用低碳水龙头、节能厕所、节能洗衣机等节能产品，加快可再生能源电动车应用推广，促进电动汽车的补充基础建设。2012 年至 2016 年，我国的节能（节水）类商品政府购买规模已超过了 7460 亿元。而 2012 年至 2015 年，阿里巴巴在零售系统中的绿色用户规模扩大了 14 倍，为全国活跃用户数量的 16%。2017 年，我国热销节电中央空调、冰柜、洗涤机、平面家电和空气能热水器，每年实现节电近 100 亿千瓦/时。各地深入开展绿色家园、绿色校园、绿色社会、绿色商业、绿色餐饮等活动，积极提倡绿色生活，节省水电，适当调高夏季中央空调气温和调低冬季采暖温度，大力发展公交，积极提倡骑车、徒步等健康出游，建设了生活废物的分类体系，引导市民积极参加生活垃圾分类和废品处理。以健康的生活模式带动绿色食品生产与公共服务提供，带动农村生活方式的健康转变。

发展绿色金融和绿色生态金融，是绿色生态转变的必然要求。绿色金融还可以带动社会资本流入节约能源、资金有效使用、改变环境污染、适应气候变化等领域发展，并带动中小企业制造绿色生态商品。2016 年 8 月，中国人民银行等七部委印发《关于构建绿色金融体系的指导意见》。金融业也积极地为绿色节能、清洁能源、环保交通运输、绿色建设等领域提供服务。比如，政府将绿色贷款政策和国家重点节能减排、发展循环经济建设等项目相结合，择优扶持环保发展建设项目。在 2017 年，国务院确定在浙江、江西、广东、贵州、新疆乌鲁木齐等地建立国家环保金融改革创新试验区，以扶持区域内环保发展。与此同时，我国也积极推动能源所有权和碳排放权的交易制度改革。经过前期试验后，逐步形成了国内统一的碳排放交易制度，研究并出台了具体的监督管理规定，逐步形成了碳排放交易市场的监管体制。同时推行排放量许可证制度，逐步扩大排放权的有偿利用范围和有偿交换试点，为排污权交易的进一步发展创造条件。绿色金融的蓬勃发展，以及碳排放权交易和排污权交易的形成，为绿色转型创造了投资途径和市场化工具。

环境污染的防控力度也不断加强，对促进环境绿色发展发挥明显效果。"九五"时期首次编制环境污染质量控制方案后，我国将环境污染质量管控纳入"十一五"规划，成为约束性指标。"十一五"规划明确提出了一个制约性目标,即生化需氧量和二氧化硫两大重点环境污染数量削减百分之十。"十二五"规划将环境污染物排放数量管控范围扩大到生化需氧量、氨氮、二氧化硫、氮氧化物四大重点环境污染,并明确提出了四大主要污染物数量分别削减8%、10%、8%、10%的制约性目标。"十三五"以来,被称为"史上最严"的新环境保护法修订发布施行,并制定了全国大气环境污染防治活动工作计划、水体污染治理活动工作计划、全国土地污染治理活动工作计划。

推动发展的关键,在于改革。党的十八大至今,新机制引进的数量和监管机制实行的规范程度都是史无前例的。《关于加快推进社会主义生态文明建设的意见》和《生态文明体制改革总体方案》先后发布施行,形成并覆盖我国40余项机制改革方案,奠定了中国生态文明体制的"四梁八柱"。各项改革任务总体进展顺利,自然资源资产产权制度改革试验积极推动,国土空间发展与保障体制日益完善,空间规划体制改革试验全面启动,国家资源总量管理与综合保障体系改革不断加强,资源有偿利用与生态补偿机制持续深化,环保机构改革试验有力加强,国家生态文明绩效考核与责任追究机制基本形成。尤其是构建了国家环境监察系统,按照督查、委派、巡查、约谈、专项监察等程序,实施了4批中央环境监察工作,完成了对31个省(区、市)的全面覆盖。对重点区域实施了专项监察,在重要领域和重大行业加强监督执法,履行对环保"党政同责""一职两责",加强问责,严肃查处违规案例,督促处理了一批突出环保问题。推动绿色发展体制改革,为绿色转型创造了更加高效的体制保障。

绿色经济是一个复杂的系统工程和长远目标，包括经济、产业、科学技术、政策机制等领域，需要长时间的艰辛努力。一方面，中国拥有绿色转型的体制优势、后发优势、超大规模优势，以及中国传统产业的发展转化空间较大的特点优势。另一方面，中国面临"挤压"工业化、自然资源禀赋和能源格局及重点污染物排放量进入峰值的影响，可能还会遇到很多困难。但我们有信心有能力系统推进这一绿色发展的战略布局。

第一，我国特色社会主义体制的优越性。绿色转型必须充分发挥社会主义市场机制的功能，而市场经济产生效果的关键前提就是地方政府有效承担了公共责任。社会主义生态文明发展作为"五位一体"总体布局的一部分，确立了绿色转型的新发展理念，积极推进建立资源节约型、环境友好型绿色经济体系建设。另外，由于中国政府科学高效的政策框架和强大的执行力，再加上整个社会对绿色转型的高度认识，在促进中国绿色转型领域有着得天独厚的体制优势。

第二，绿色发展的"后发优势"。由于中国工业化与城镇化的起步较晚，能够通过开发绿色生产力和建设绿色设施，来满足中国新兴的工业生产力和城市基础设施要求，使中国工业化与城镇化之间形成"锁定效应"，并由此产生大量的绿色经济。2021年我国城镇化率达到64.72%，未来还将有数以千万计人口迁移到城镇，不但为经济社会发展创造条件，而且还会取得重要的绿色经济效益，从而减少"锁定效应"。

第三，超大经济体的优势。2021年，我国国内生产总值约合17.7万亿美元，相当于美国的77.1%，居世界第二位。超大规模的经济为环保科技的开发以及建立完善的环保生态圈提供了强大的保障。企业体量较大，能够负担绿色科技发展的前期投入，初创公司能够通过上市实现孵化。另外，我国具有巨大、完善的工业结构，其中有达到世界先进水平的生产和科技，还有处在赶超时期的产品和技术，为建立比较完善的生产线提供了必要条件，也发挥了各个领域的生产和科技资源优势。

第四，中国传统行业正面临着较大的技术改造机遇。我国的工业利用率仍有较大提升空间，比如我国清洁燃料的使用存在很大的发展空间。同时，我国能源技术的研发费用占GDP的比重居全球首位。在提升燃煤发电厂质量等方面成果巨大。

第五，以新能源的发展带动世界。我国具有充足的风电、太阳光、页岩气和沼气资源。从2005年开始，风力涡轮机的容量基本每年增加1倍以上，仍处在迅猛发展阶段。同时我国也是世界最大的太阳能电池板生产商，并具有世界最高的光伏发电装机容量，这将为我国进一步降低对传统化石能源的依赖程度和改善能源结构创造更多空间。

抢抓机遇的同时，也应看到中国绿色转型面临诸多挑战。首先，"挤压"式工业化造成了高污染废气的集中排放。和大部分工业化发达国家一样，我国的工业化进程也存在着明显的"挤压"现象。各种加工产品的生产线在短时间内爆炸性地增加，在很多行业实现了前所未有的制造模式。在成为"世界工厂"的同时，我国还排放着工业生产污水、高温气体废气和垃圾等，这不但给环境带来了很大压力，而且增加了大量的治理成本。近年来，我国正在推进供给侧结构性改革，加快淘汰高耗能、高环境污染的过剩或落后产能。但是，淘汰过剩和落后的产能将会冲击就业，因此需要提高社会保险和失业救助机构的各种费用比例，承担巨大社会补偿和人才配置费用，而金融机构也要承担大量企业坏账和风险处理的费用。

其次，能源产业结构的合理布局和资源效率提升仍存在巨大挑战。由于我国能源资源禀赋的特殊性，导致短期无法改变燃煤的主体能量地位，并且因为能源生产与消费的中心布局错位，中国清洁燃料发展在消费方式和输送途径、国内外市场培养等领域仍存在一定障碍，弃水弃风弃光时有发生。同时，我国能耗效率水平与全球先进水准尚有较大差异。根据经合组织估算，2016 年我国的能耗生产效率水平为美国的 84%，德国的 57%。我国所排出的每吨超临界值二氧化碳可产出约 2150 美元的经济价值，而在经合组织发达国家中已超过了 4240 美元，差不多是我国的 2 倍。近 20 年间，我国绿色经济全要素生产力（也称为环境因素调节后的全要素生产率，即经济中人力资本、生产资本和自然资本投资无法解释的部分）的增加对整个国民经济增长的贡献还不到 30%，但对经合组织成员国的贡献已超过 60%。这就意味着，同经合组织成员国比较，我国的经济社会增长对劳动力、生产投资和自然投入的依赖程度仍然较高。

再次，改变企业格局、提高产品价值链的任务十分艰巨。改革开放 40 年间，我国经济结构出现了巨大转变，服务业比例由 1978 年的 24.6% 提高到 2018 年的 52.2%。而同巴西、巴基斯坦、印度尼西亚和非洲的一些新兴经济体比较，我国服务业的比重仍不算大。国内制造业比例一直保持在 40% 以上。尽管在 2011 年以后制造业的比重下滑，但到 2018 年仍维持在 40.7%，远远超过了其他的新兴国家。在 2010 年，中国超越德国、日本和美国成为世界第一大制造业国。而按照国家统计局

的数据，2017 年，我国将生产近 10.5% 的世界粗钢（8.32 亿
吨）、煤矿（35.2 亿吨）和混凝土（23.4 亿吨），另外还有将近
四分之一的汽车（2902 万辆）。2018 年，我国工业增加值的全
球占比将达到 25%。近年来我国制造业价值链的提升步伐在加
速，正不断由中低端产品出口向中高端产品出口过渡。但是，
与同时期领先的工业化程度较高的国家比较，基础制造业创新
能力仍有很大差距，在核心技术研究、工艺技术革新、数字化
管理水平等方面的创新能力还有所欠缺。行业转型升级任重道远。

最后，当前生态环境管理依然存在着较大压力。尽管近年
来部分污染物排放量已过了峰值，甚至步入了下行通道，但污
染规模依然很高，生态环境管理的压力依然巨大。据统计，我
国新型城镇化建设管理水平平均每提升约一个百分点，将新增
生活污染物 11.5 亿吨、生活垃圾处理量 1200 万吨、城乡综合
建设用地约 1000 平方公里、城市生活用水约 12 亿吨、消耗
8000 万吨的标准煤。虽然总体空气质量水平已步入稳定提升
阶段，但实际情况依然复杂。2013 年至今，中国城市 PM2.5
的平均含量一直呈现稳定降低态势，季节波动仍很大。地表水
环境质量总体改善，重点流域的水体已步入稳定良好阶段，但
河流水体状况依然堪忧，富营养化问题仍然突出，地下水环境
污染状况仍不容乐观。土壤环境的总体情况良好，但部分区域
土壤污染问题、工矿废弃地的生态环境问题也仍然严峻。

未来一段时间，我国仍处于不断推动工业化、城镇化的进
程中。但总体而言，我国仍处在环境库兹涅茨曲线的拐点。污
染物排放量、二氧化碳排放量以及能源资源耗费的拐点都将逐
渐突显，资源环境压力较大。"十四五"时期是中国绿色转型

的关键期。要逐步降低能耗强度和碳排放强度，提升资源利用效率，巩固重点污染废弃排放与经济增长脱钩，推进建立资源节约型、环境友好型的经济结构，走具有中国特色的环保发展路径。

中国能源需求峰值预期将发生于 2030~2040 年，而中国化石能源消耗与碳排放量预期可能于 2030 年前后达到峰值。我国的能源需求峰值预计约为 60 亿~80 亿吨的标准煤，中国平均能源消费峰值水平大约相当于美国人均能源消费峰值水平的 32%~42%，相当于日本平均能源消费峰值水平的 65%~84%。从资源格局角度看，2014 年后中国的煤炭市场已步入了平台期，并在很长一段时间内仍将充分发挥主要能源供应产品的作用。据估计，至 2030 年，煤炭仍将占据我国一次能源消费规模的 50% 以上；石油需求量稳步上升，到 2030 年将达到 7 亿吨；天然气需求量也将迅速增长，占全国一次能源消费的份额将在 2030 年达 15% 左右。在可再生能源方面，包括风能和太阳能等可再生能源的需求将显著增加。估计到 2025 年，非化石燃料的份额将高于天然气。

主要常规污染物排放量已经进入或将持续进入拐点阶段。当前二氧化硫和氮氧化物的排放量已经超过历史峰值并步入下滑通道，挥发性有机物和氨的排放量到达峰值，而主要大气污染物叠加总量的峰值已出现，受农村面源污染影响，主要水体污染物排放量也将在 2020—2025 年到达历史峰值，并随后步入平台期。

生态环境质量何时全面达标，仍具有不确定性。总体而言，大气环境已步入全面提升阶段。预测 2025 年全国空气质量达标城市比率将增加至 50%，全国 338 个地级以上市的平均好天气比率也将提高，城市空气质量中 PM2.5 的年度均值含量也将进一步减少，臭氧则可能形成一个全新的污染。水体环境质量的总体改进，重要流域水系、湖泊、地下水、海洋等区域水体环境质量改良的进展差距较大。与大气环境和水体环境比较，实现土壤环境质量的根本性提高比较困难。

"十四五"期间，要加强绿化改造攻坚力量。进一步加快绿色生态发展，加速建立资源节约型、环境友好型的绿色经济体系，努力建立人与自然和谐发展的新格局。

第一，建立绿色工业经济模式。开展绿色工业改造提升、绿色发展与新形态建设、绿色技术与绿色发展的马克思主义理论教育，开展节能环保、清洁制造、洁净资源利用的绿色工业和生态循环发展的绿色农业，开展资源承包经营、节水承包经营、环保技术咨询服务的绿色服务业，进一步推动绿色制造和节约减排能量技术创新。符合上述基本要求的重大产品将实施全产业链系统升级，进一步强化有关主体之间在科技合作、产品应用衔接、服务保障等方面的配合，形成绿色产品发展系统，并建立绿色低碳的生产供给系统。健全生产管理体系，不断加强产品环保设计，打造环保产品设计示范企业。扩大光伏、风能涡轮机、节能电源等装备供给，开展智能光伏领域企业建设专项活动，健全风电装备生产线。制定建立车辆燃料消耗与新能源车辆双重信用管理体系。加大清洁燃料汽车的应用，积极发展绿色智能船舶，加强绿色建筑生产应用，深入开展绿色建材下乡活动。通过强化绿色低碳的产业供给，可以帮助能源、交通运输、城乡建设等领域实现低碳排放。

第二，建立企业绿色技术创新体系。通过强化基础研究，深入开展环境污染机制与影响的研究，为优化企业生态环境治理技术路径提供理论依据。增加对环保科技研究投资，尤其是对绿色工艺与技术装置的研究，以提高国家为企业绿色技术创新提供装备的能力。加强产、学、研、用密切融合，做好技术创新链条中各环节的有效衔接，积极引导国内外大公司和科研院所形成创新性联合，推进环保技术产业化。进一步完善对环保技术的知识产权保障，增强我国从事环保技术和商业模式等技术项目的投资积极性。发挥市场经济在绿色科技创新、发展路线确定和科学技术资源中的重要地位，逐步形成以市场经济需求为导向的绿色科技创新体制。

第三，健全能源节约与循环使用制度。实现工业循环使用，推动整个生命周期控制的实现。推行减量化、再使用、循环利用的"3R"方式，建立关键领域循环型的评价制度。实施园区环保转型，推进生产环节循环使用、能源安全使用和环境污染集中整治，形成循环发展生态圈，提升生产关联度和资源循环使用效率。健全能源回收使用体系，严格执行企业责任负责延伸机制，建立可再生制品和再生资源利用促进体系，健全一次性消费品使用质量控制体系。推进循环经济评价制度改革，完善企业循环经营规范与责任认定制度，推动企业环境诚信体系建立。

第四，完善国土与空间开发利用的机制。深入落实重点功能区规划，构建和推进国家全域一体化的国土空间规划制度，构建和健全空间结构管理框架，推动蓝图落地。实施国土环境综合整治行动，深入推动城镇化地区、农村地区、重点生态功能区、矿产资源集中区、海岸带"四区一带"和海岛地区等全面整治，逐步形成以国家公园为主导的全国自然保护区系统，建设国土生态安全屏障。

第五，积极探索建设健康经济增长的服务体系。继续完善绿色金融，积极地探讨开展绿色贷款、绿色债券、绿色保险、绿色融资、环保认证贸易等各类环保工具。健全碳排放交易，进一步增强对碳排放额度划分的透明度，进一步健全碳交易信息公开机制。进行交易工具和方式市场化改革试验，探讨建立更具体的环境监督管理机制。研究设立与碳投资和碳贸易有关的会计准则。进一步完善企业对国外碳贸易的控制。积极推行国际排污权贸易机制，扩大排污权有效利用的贸易试点范围，将更多条件较成熟的区域作为试点，进一步健全企业利用排污权贸易获得减少环境污染和减排收益的激励机制。针对重要流域和关键大气环境污染区域，积极推动跨行政区域的排污权贸易。

第六，推动健康消费模式的建立。提倡简单、合理、健康、低碳的生活模式，引导人们采用节能减排的绿色方式，以提高绿色生活方式的消费积极性。推进建设绿色商品专业流通渠道，引导建设绿色食品批发市场、绿色食品卖场、节水超市等绿色食品物流实体，促进商场、门店、大型超市等物流发展，并在旅游产品的明显部位建设绿色商品专区。鼓励企业运用"互联网＋"技术推动绿色消费，鼓励利用电商公司直接售卖或与实体公司合资经营的商品和服务，引导企业运用网络公司售卖商品，进一步提升二手商品的网上交易，以适应不同消费者个性化的绿色生活需要。

第七，完善绿色发展监管体系。实施2030年碳达峰计划，积极开展产业区域碳峰值行动，重点行业区域和关键产业推出碳达峰计划。以钢材、建筑、石化化工、有色金属加工等领域为重点，政府根据产业优势和行业实际，分门别类、分行业落实优惠政策，并出台了一系列专门优惠政策，以推动行业领域的碳达峰安全、环保、有序发展。进行改革评估，以推进有关制度的实施。加强环保监理体制改革，进一步健全环保监理规章制度，优化监管队伍架构，提升专业化的技术水平和监理能力，进一步增强环保监管实效性。改革和健全资源与环保生态管理体系，促进建立以政府政策为导向、企业为主体、社会机构和公民群众积极参与的资源生态化环境治理体制。

第八，有序推动产业内部结构深度调整。以先建后拆为工作重点，推动重点产业供应侧结构性改革，着力推进形成有利于低碳节约减排的良好产业架构。认真执行钢材、混凝土、平板玻璃、电解铝等重点业务资源替代政策措施，切实控制高能源、高污染物、低技术水平项目的盲目快速发展，尤其是要严控钢材等重要产业的能源消费规模。开展工业领域绿色低碳转型行动。出台绿色低碳提升转型引导目录，指导重点产业绿色低碳转型提升行动，促进重要产业和领域的低碳流程创新和数字化转变。认真执行工业资源的整合使用方案，认真做好专项监测和节能检测服务。加快培育国家绿色大数据中心，充分发挥示范引领功能，建设全国重点行业低碳达峰服务平台。

下一阶段将成为我国实现绿色发展的关键时期。唯有推进绿色转型，逐步完成对自然环境的基本改变，才能为中国在2035年前初步完成社会主义现代化建设创造条件。我国绿色转型的实践，还会给发达国家和广大发展中国家带来绿色经济发展模式的全新机会，为构建人类生态环境可持续发展，贡献中国思想和中国方案。

如何构建完整的绿色金融生态 4.4

绿色金融生态的构建需要从多方面入手，首要便是建立健全并着重提升绿色金融生态中的各个基础要素，包括相关产品、专业人才、技术设施、政策体系等方面，使得绿色金融生态更加完整、更加健康。

推进对绿色金融的探索，拓展投资渠道，形成对发展绿色金融的长远需求。一方面，积极发展绿色信贷业务，着力开发与节能减排的相关金融服务工具。支持开展绿色债券、碳基金、碳配额托管等投资服务，总结欧美等成熟经济体的环保商业银行成功经验，积极帮助大型商业银行进行绿色金融机构的经营，并积极创造多样化的环保金融服务工具和衍生品，积极探索掉期和对冲等多样化的风险管理工具，并针对用户需求适时推进技术革新与迭代，进一步丰富环保银行的产品服务。另一方面，鼓励社会资本和银行参与绿色金融市场。建立绿色科技成果流转和知识产权金融服务平台，拓展环保创新投资途径，积极探索大气、水体、土壤污染定价制度和创新投资制度，继续开发绿色金融实验区，促进"一带一路"沿线国家和地区与中国碳领域的交流。

做好对绿色金融的宣传推广，并加强对绿色金融专业人才的培养，提高国际市场上发展绿色金融的力量。一方面，做好绿色金融知识的传播，以增强广大公民参加绿色金融的意识。充分发挥网络信息技术所产生的信息传递优势，利用微信公众号等网络传播工具，以更大众化的方法向客户宣传绿色金融产品，增加信息传播的广度与深度，多渠道、全方位地宣传绿色理念，提高沟通效率。另外，依靠绿色金融服务领域的各类社团和机构，通过定期举办全国绿色金融服务从业人员培训班，进一步强化与高等院校和科研院所间的协作，积极建设国家绿色金融服务创新发展综合实验区，积极构建国家绿色财务培训制度，为发展绿色金融服务事业提供智力保障。

进一步完善绿色金融及相关基础设施建设，进一步发展绿色金融技术，增强绿色金融实施能力。进一步支持绿色信息技术的开发与普及，进一步加强绿色金融与互联网科技金融服务之间的联系，推进互联网金融科学技术在绿色金融中的有效运用。改进网络金融服务系统和网络平台的防火墙系统工程设计，提高生物识别技术手段，完善绿色金融的在线服务体系，提高客户辨识能力和市场信息渗透的准确性。同时运用大数据分析、新型人工智能和云计算，完成对绿色金融服务企业数据报送信息管理工作、大数据分析、绩效评价和风险监测的智能化，并修补其中的信息技术漏洞，保障应用信息的安全性，有效减少金融服务系统和网络平台的信用风险。

应从考核评价、政策激励、资源共享、政策管理、行政监督、促进社会融资、国际交易合作等角度，制定绿色金融服务的政策框架，以完善绿色金融风险治理，并优化机构管理与合作。

首先，尽快健全绿色金融各项目、企业和产品的考核与激励机制，建立数据基础，做到各方资源共享。设立专门的环保证券评估公司，对包括环境、资源等领域的公司或项目进行评估，建立一套系统明确的环境投资准则。加快调整现行的工业优惠政策，不断引进"绿色生态"基本要素，以产品开发、公司绿色转化、实施绿色工程为基本，重视绿色金融优惠政策与产业改造提升优惠政策的对接，实现对"两高一剩"行业的制约，推进行业向绿色低碳发展。发挥优惠政策在中国绿色金融与投资行业转型提升中的重要带动效应，对那些未来发展前景广阔、投资收益时间较长的绿色环保投资项目加大优惠政策补助、减免税、专项奖励等。在信息方面，应该建立一个跨部门共享、交流评级与激励等绿色信息平台，以防止因政策和制度不完善而导致的"洗绿"现象。有关单位也要加强与银行监管和商业银行的沟通，形成合理的数据共享体系。

其次，建立健全包含绿色行业开发与监督管理的规范性、法治化措施框架，明确措施与规范。推进国家绿色金融发展平台建设，进一步明晰绿色金融机构和相关市场主体的权利义务关系，将绿色信贷引入国家宏观审慎评估制度。进一步完善环境金融风险管理制度，进一步加大环境保护和能源主管部门的执法力度，进一步强化相关单位的执法能力，依法有效地把环境污染和能源消耗中的生态问题责任落实到每个责任方。

此外，组建国家"绿色发展基金"专门机构，负责推动环保金融资金投入，完善政府部门分工协作制度。同时，进一步发挥我国政策性商业银行的引导作用与职能，建立跨部门的全国绿色金融服务领导小组，统筹协调，形成以人民银行和地方金融监管部门为首的多部门联合协作体系，进一步强化行业间分工协作配合。

最后，减少绿色资金在跨国流通领域的交易成本和监管障碍。积极同世界银行、保尔森基金会、国际金融公司和世界气候债券倡议委员会等国际机构和组织定期开展合作交往，为减少绿色资金在跨国流通中的交易成本，制定各项政策，积极吸纳境外金融机构资金投入我国的绿色金融服务项目，进一步增强我国绿色金融服务产业在全球金融市场上的影响力和竞争力。

构建完整的绿色金融生态体系，不仅可以从绿色金融行业的基础要素方面进行建设与提升，还能够从众多其他的相关层面进行完善，如绿色消费、环保产业、ESG 体系等。

绿色消费是驱使社会发展的巨大推动力，以居民消费撬动社会发展，促进规约产品模式乃至产品系统的绿色转变。为此需要在两个层面强化消费者主体的高质量发展，一是不断完善消费主体内部联动优质发展制度，深挖绿色消费的重要领域，建立"政府—中小企业—消费者"的良性发展互动网络。通过建立健全绿色消费法规管理体系、健全绿色消费标识与生产管理体系，以有效推动社会绿色消费蓬勃发展。二是加强绿色消费的宣传工作，增强环保消费意识，调节居民消费结构性问题，加强对中小企业绿色食品开发力度以及绿色文明建设的政策指导。发展绿色消费就是通过包含政府在内的多种主体的互联互动，在对绿色消费立法保护的基础上，利用国家绿色生态政策对消费者进行引导，并在绿色消费供给与需求两层面发展绿色消费，以推动经济的高质量发展。

鉴于绿色金融对绿色产业支持的功能机制会因行业发展阶段的差异而不同，所以，这就需要多种主体、多个渠道和各类资金的相互协调，既必须按照行业发展阶段的差异而大力协调发展绿色金融市场，也必须通过综合手段灵活处理公共性绿色金融、混合型绿色金融和市场类绿色生态金融，扶持各个发展时期的绿色产业迅速发展壮大。必须建立全国统一的绿色金融市场平台，不断创新与发展绿色金融市场工具，进一步提高绿色金融的服务层次，以推动金融资本与产业资本之间的良性互动以达到行业合作共赢目标。同时，应强化对能源、生态环境、农产品品牌竞争力等绿色生态领域和行业的金融支持力度，并逐步确定绿色生态金融服务重点扶持的领域和方向。

企业与银行充分公开环境数据成为金融体系吸引投资环境领域的关键。目前，我国并没有在社会和环保等相关方面建立系统的数据公开制度，也不能对企业公开 ESG 的数据。

发达国家在信息公开方面已有相对完善的机制与规定。以欧盟为例，欧盟已在 2019 年 11 月出台了所有机构和产品都应当公开可持续发展有关信息的新规定，并于 2021 年 3 月实施。2020 年 7 月，俄罗斯互联网金融市场监管部门希望金融机构投资者提供环保、社区和治理（ESG）的有关信息。虽然我国有关政府部门和金融机构已经对 ESG 信息公开制度作了相应的指引，但是，目前我国 ESG 信息公开制度仍以企业自愿公开为主，对组织基金的投资行为和价值标准依然缺乏严格的监管与考核。另外，我国也有不少金融信息披露制度。以环保证券为例，在中国人民银行、上交所和深交所以及中国银行以外的交易商会均有对环保证券信息披露的规定，但存在分歧，其中，对金融债券信息披露的规定都是比较具体的，而对其他类证券信息披露的规定则缺乏具体的规定。由于没有具体的指引文件，可能造成客户不能获知绿色融资的统一要求。

未来，在碳达峰、碳中和目标下，进一步加强公司和机构与气候有关的财务信息披露，将呈越来越严格的态势。我国迫切需要制定与国际成熟度相适应、符合中国特点的信息发布规范。

5

第五章

日益重要的ESG
投资理念

5.1 海外 ESG 投资重要地位愈发突出

在过去的几年中，全球投资者越来越多地参与到 ESG 投资的概念中来，尤其是受到气候变化、生物多样性和塑料使用对环境影响等问题意识的日益推动。ESG 理念从以前"避免公司负外部性行为"到目前"影响投资决策和行为"，在海外的热度逐年上升。与 ESG 和可持续发展目标主题相关的谷歌数据显示，近年来 ESG 搜索率大幅上升，自 2014 年以来，仅在欧洲就成立了 1800 多个 ESG 基金。从历史上看，投资者希望采取责任约束，主要侧重于将某些类型的公司（如军火或烟草公司）排除在投资之外。海外投资者开始将 ESG 因素融入更广泛的投资过程中，以便更好地理解其所持资产的风险概况，并更积极地成为其所持资产的参与者，以期在某些 ESG 指标得分较低的情况下带来积极的变化。ESG 的最新发展与投资倾向有关。这里的重点不只是特定企业的环境、社会或治理方面，而是这些方面是否对联合国可持续发展目标做出了明确贡献。联合国通过了 169 项可持续发展目标，认为到 2030 年，政府和企业需要共同实现这些目标，目前投资者和更广泛的公众对这些目标的日益关注已经开始产生真正的影响。例如，标准普尔 500 指数（S&P500）中披露相关 ESG 信息的公司比例从 2013 年的 20% 上升到 2020 年的 85% 以上。

目前，全球有超过 30 万亿美元的投资由机构投资者管理，这些机构投资者明确定义了可持续战略。全球可持续投资联盟的数据显示，这一数字较 2016 年增长了 34%。欧洲、加拿大、澳大利亚和新西兰关注 ESG 的机构投资者占这些地区管理的所有资产的 50% 以上。在美国为 25%，虽然绝对比例较低但增长的趋势已经非常明显，早在 2014 年这一比例仅为 18%。随着越来越多的投资者将 ESG 纳入他们的投资策略，那些经营过程中对 ESG 目标没有积极贡献的公司将面临更大的压力。这可能导致更多投资者寻求减持这些公司的股份。同样那些确实提高 ESG 目标的公司，可能会发现自己拥有更多的投资者受众，这反过来可能会提供相对的股价支持，使得公司表现更好。由于 ESG 理念的深入，海外相关行业机构活跃度显著提升，ESG 投资规模持续扩大。根据联合国负责任投资原则（UNPRI）①组织数据统计显示，2006 年以来年度新增签署机构数量持续增长，2021 年年度新增机构达 730 家，累计签署机构总数已超过 4400 家，涉及资产规模已超过 120 万亿美元。全球可持续金融联盟（以下简称 GSIA）②年报显示，2016 年以来海外可持续投资规模不断扩大，在主要国家地区的资产管理规模中占比已达三分之一以上，其中海外可持续资产中超过 85% 来自欧美，美国 2020 年 ESG 资产占据全部资产超 50%，

①　联合国"负责任投资原则（UNPRI）"2006 年在纽交所发布，致力于发展更可持续的全球金融体系，协议签署方承诺在做出投资决策时遵循 ESG 议题的相关标准，并鼓励所投资的公司遵守和践行 ESG 的要求。

②　全球可持续投资联盟（GSIA）是一个通过一系列区域分支机构促进可持续投资的组织。

ESG 投资重要地位愈发突出。

未来，ESG 的重要性可能会继续上升。一是监管迫使 ESG 进入投资者决策过程。作为 ESG 角度投资份额背后的驱动因素，监管预计将变得越来越重要。各国政府都制定了一系列与 ESG 领域相关的目标，但这些目标不一定与机构投资者直接相关。监管现在越来越多地直接针对机构股东，目的是更有力地推动 ESG 因素嵌入投资决策，这反过来应该有助于带来企业非财务表现的优化。二是在过去的几年里，一些国际主要投资机构已经建立了 ESG 目标，试图将它们与企业的目标捆绑在一起，从而带来非财务绩效的改变。三是新一代消费者的观念变化也可能推动企业变革。监管和投资者压力可能会给企业带来更直接的压力，要求它们提高 ESG 资质，除此以外与 ESG 相关的另一个可能推动企业行为的因素与改变消费者认知和行为有关，消费者认知的改变将直接影响消费行为从而对企业绩效产生影响，如今环保和人性化已经根植于年轻一代头脑之中，未来这或将是 ESG 理念的另一个主要驱动因素。

2014 年根据欧盟所发布的《非财务报告指令》（NFRD），强制要求年度平均雇员超 500 人的大型公共利益企业公布非财务报告，需要包括环境、社会和员工事务、贿赂事务等有关的报告，奉行"不遵守就解释"原则。报告的国际标准，目前参考各国家框架、联合国报告全球协议（UN Global Compact）、国际标准化组织 ISO26000、国际报告与倡议 GRI 标准等。2018 年，欧盟出台了《可持续发展融资行动计划》，详细阐述欧盟对于可持续金融发展的具体目标、行动计划及预期时间。2019 年 6 月，欧盟委员会国民经济技术专家小组公布了《可持续金融分类方案》，从七大类国民经济领域中确定了 67 项帮助气候变化缓解，以及 9 项帮助气候变化适应的资金经营活动，并制定了相关技术筛选准则。该方案具体规定可持续的定义，赋予可持续活动拥有的具体标准和衡量方式。2020 年 3 月，欧盟委员会发布了《全球环境气候法》草稿，将通过立法权的方式确定欧盟国家在 2050 年完成碳中和。

2021 年 3 月，《可持续金融披露条例》（SFDR）在欧盟区域内正式生效，要求欧盟境内的银行、保险公司、投资公司和资产管理公司等金融机构以及其他金融市场参与者和财务顾问强制披露业务产品的 ESG 属性，并给出基于 GSIA 的 ESG 投资策略类型，2022 年后资产管理公司的报告需要披露碳足迹以及对活跃化石燃料行业公司的投资，这将对欧洲地区的 ESG 投资产生深远影响。根据 ESG 标准金融机构需要将其产品分为三类：主流产品、促进环境社会特征的产品、具有可持续投资目标产品，并进行"实体层级""产品层级"的信息披露。可见，欧盟委员会正在致力于以 TCFD 框架为基准，推动金融行业的可持续发展报告标准统一。可以看出，欧洲的强制披露是希望通过投资端介入，进而增加上市公司自愿披露 ESG 投资的动力。2021 年 4 月，欧洲理事会颁布了《企业可持续发展报告指令》（CSRD），该指令强制规定欧洲任何大型的公司应当根据欧洲企业可持续发展的需要而做出非财务报表，并加强其数字可读性。此外欧洲金融服务部门下的协会 FinDatEx 制定欧洲 ESG 披露模板（EET），旨在制定方便数据披露的标准。

投资战略方面，根据 SRI 数据显示欧洲地区策略由高至低排序是 ESG 整合、正面筛选、小股东投资、企业/社会投资、可持续发展投资、负面筛选、标准化筛选。不同的 ESG 投资策略在欧洲呈现出不同形态。ESG 整合策略旨在将企业的 ESG 信息综合看待为因子，再据此拟定投资决策，对 ESG 信息的考察更为灵活，因此已成为目前增长最为迅速、最具潜力的策略。可持续发展主题投资方面，欧洲涉及新能源、可持续交通、土地农林使用、水治理及其他与环境相关的主题，其中水治理约占 17%，为单项占比最高的主题。负面筛选的投资策略规模可观，反映出欧洲投资者更倾向于将低水平企业责任视作一种风险指标，主要涉及的企业风险经营活动包括转基因工程、酒精、博彩、军火等。正面筛选策略总体规模不大，但复合年增长率达 20%，虽然增长较高但大多数投资者并不倾向于直接投资 ESG 评级高的公司，而仅仅希望将其当作考察公司非财务绩效的一个辅助指标。标准化筛选策略主张在投资过程中根据国际标准，逐条比对投资标的是否符合标准，略显死板，因此策略应用占比近两年大幅下降。投资者方面，2017 年欧洲散户投资者规模迅速扩大，占比超过 30.77%。资产类别方面，在欧洲 ESG 投资结构中，权益类产品占比最高，其次是债券类与股权类产品。在 UNPRI 席位数量方面，签署机构中 2020 年欧洲地区共有 1338 席，截至 2021 年 10 月欧洲共新增 324 席，增长率 24.2%，其中英国及爱尔兰共新增 168 席，达到 1662 席。管理规模方面，据 GSIA 的报告，ESG 投资于欧盟国家的固定资产管理规模约为 12 万亿欧元（约 13.9 万亿美元），覆盖欧洲 18 个国家。

2019 年 5 月，美国可持续发展会计准则委员会（SASB）

与气候披露标准委员会（CDSB）针对 TCFD 的建议报告，合作发表了《TCFD 实施指引》，随后《ESG 报告指南 2.0》由纳斯达克交易所发布，旨在引导上市公司 ESG 的披露规范。纳斯达克交易所推荐采用 UNGC 和 GRI 标准披露自身 ESG 信息，并向全球推荐披露 ESG 信息的五个标准：UNGC 标准、GRI 标准、IIRC 标准、SASB 标准和 CDP 标准。2021 年 3 月，美国劳工局（DOL）发布了一份非强制性声明，加强退休养老金在 ESG 投资的偏重，并且完成国会立法。2021 年 4 月，美国宣布到 2035 年将逐步向能源转变实行无碳开发，到 2050 年完成碳中和，这一目标无疑将促进美国 ESG 投资的发展，同时，《ESG 信息披露简化法案》在美国联邦众议院的金融服务会议上正式通过，该法律要求上市公司在年度报告中披露有关环境、社会和治理的相关事项，标志着美国 ESG 信息的强制化披露正式启程。2021 年 5 月，美国白宫公布"环境相关金融风险行政命令"，该命令旨在推进 ESG 信息披露，并且加速 ESG 准则在美国 ERISA 政府养老金计划中的应用。美国对于养老基金、资产管理等金融机构的 ESG 相关信息披露规定趋严。

在管理规模方面，USSIF 统计下的美国责任投资资产规模已达到 17.1 万亿美元，与 GSIR 2020 年统计结果一致，占美国专业金融机构资产管理规模三分之一。该报告 1995 年第一次公布时统计的美国责任投资规模仅仅 0.64 万亿美元，到 2020 年增长超过 2600%。在投资主题方面，在美国，根据 US-SIF 调查，16.6 万亿美元是由 530 位机构投资者和 1204 家社会投资机构持有，从事 ESG 相关投资。有关环境、社会、治理的三个议题，投资占比较均衡，其中社会占 33.56%、治理占 33.23%，环境占 33.21%。覆盖的话题主要有气候变化、碳排放、董事会、可持续新能源和高管薪酬等。美国逐渐开始关注种族公平投资与性别角度投资，旨在帮助存在性别不平等、女性歧视等问题的社区。在投资者方面，机构投资资金中，公募投资比例约为 54%，保险资金占比约为 36%。其中，机构资金关注的 ESG 话题从高到低排名为：社会（41.3%）、环境（31.0%）、治理（27.7%）。相比之下，美国机构投资者更加关心战争风险、气候变化及碳排放等问题。在 UNPRI 席位数量方面，2020 年，美国共有 UNPRI 签署席位 690 席。截至 2021 年 10 月 22 日，美国共新增 195 席，增长率 28.3%，目前共 885 席。

2021 年日本正式宣布将在 2050 年实现碳中和，随之而来的是在监管层面各部门出台各项文件推动可持续投资的发展。在信息披露方面，日本目前最主流的 ESG 信息披露标准是 PRI 标准，其为每一个签署单位设计专属年度报告模板。UNPRI（联合国负责任投资原则）还为股东、投资者、服务商设计了三套不同的报告标准，要求签署单位根据要求按时提交报告给 PRI 组织，并在该组织官网上公布签署单位的 ESG 信息披露报告。此外，TCFD 披露标准也在日本迅速发展，PFA 21 是在日本环境部门支持下成立的 21 世纪金融行动原则，类似于 UN-PRI 的 6 项原则，签署人需要遵守其原则并定期提交信息披露报告。目前日本并未对 ESG 投资进行强制约束。根据 GSIR 2020 报告，日本金融服务管理局（FSA）、日本经济产业省（METI）与日本环境保护省联合发布了《气候转型融资基本准则》，促进日本 ESG 投资的发展。与此同时，东京证券交易所在《企业治理条例》《股东公司对话引导》文件中，新增了与气候变化、人权、社会公平等相关的可持续发展议题。

在管理规模方面，根据 2021 年 PRI 报告，2020 年日本共有 UNPRI 签署席位 88 席，覆盖的日本可持续投资的资产规模约为 2.87 万亿美元，根据日本 JSIF 2020 报告显示，在组织统计覆盖的 47 家机构中，2020 年日本的可持续投资总额约为 310 万亿日元（2.73 万亿美元），占总资产规模约 51.6%，2014 至 2020 年复合年增长率高达 168%。根据 GSIR 2020 报告统计，日本可持续投资规模约 2.87 万亿美元。在 UNPRI 席位数量方面，2021 年，日本共有 99 家单位签署 UNPRI 原则，同比增长 11 位，增长率为 12.5%。

在资产类别方面，根据 2020 年 JSIF 报告，与欧美不同的是，日本可持续投资中，债券占比 50.3%，排名第一。股票型资产（包括海外）约为 147.9 万亿日元（1.3 万亿美元），占总规模的 47.7%。2020 年，日本发布历史上首发规模第二大的基金产品，名为"全球 ESG 高质量增长股权基金"，规模约 3800 亿日元（约 33 亿美元）。在投资策略层面，可持续投资占比最大的投资策略为 ESG 整合，占 32.8%，同比增长 15.4%，表明 ESG 整合策略的高灵活性也受到日本投资者的青睐。其次是股东参与（Engagement and Shareholder Proposal）、行使投票权（Exercising Voting Rights）这两种策略，这表明日本投资者善于行使自身股东权益，从公司运营角度建议、维权。占比最小的投资策略是可持续主题投资及影响力投资。在投资主题方面，从环境、社会、治理关注的话题层面，日本往往关注气候改变、温室气体排放、海洋塑料污染、工作劳动环境、员工培养、董事会效率、股权设计、股权激励等。

2020年世界经济论坛（WEF）已经在发布的全球风险报告中将气候问题界定为最具威胁的长期风险。此前，全球范围内众多国家于2015年加入《巴黎协定》，旨在于21世纪后半叶实现碳中和目标。在参与国中，英国、德国等国家已正式立法，而中国、美国、日本等国亦表明政策宣示，将绿色发展加入国家发展规划。在这一背景下，ESG投资将气候相关指标纳入评价体系，可以起到帮助提升气候风险认知，推动企业向绿色方向转型等作用。作为帮助缓解气候问题压力、推动企业绿色生产的重要金融工具，ESG投资的发展重要性不言而喻，其所呈现的对于环境方面表现优良的企业的倾向顺应了世界各国对于绿色发展的诉求。UNPRI自2018年起在报告框架中引入了一组基于气候变化相关财务信息披露的开放式和封闭式指标，这组指标2020年由自愿报告披露改为强制性报告（仍为自愿披露）。在签署者中，2020年进行披露的投资机构数量为2097家，是2019年数量的3.5倍，而其中有410位投资者选择了披露指标中的部分或全部，投资者对环境问题愈发重视。

ESG投资理念符合社会公众期望。ESG理念中的关于利益相关者利益最大化的宗旨强调创造社会价值和全人类福祉，全球越来越多的投资者支持这种有益于人类社会长期发展的理念。与传统投资理念将财务数据置于首位，单纯追求投资收益率不同，ESG将投资标的企业所能创造的社会价值嵌入投资收益之中，追求长期可持续发展。这种理念可以过滤掉仅在短期获利而无法真正推动社会进步的投资标的。随着社会公众对于人类共同进步、共同发展的意识觉醒，ESG 投资也愈发受到欢迎。

投资策略被广泛接受的一大关键就是收益性和稳定性，这也是投资者最为关注的问题。ESG 投资策略收益率表现随着近年来环保重要性的提升而稳步增加，其中不少典型指数表现优异，吸引了大量投资者的关注和加入。MSCI 发布的几支区域性全球市场领先指数收益率皆高于母指数，ESG 领先指数在新兴市场中的表现尤其出色。

2020 年以来，新冠疫情在全球范围内造成大规模经济停摆，对各行业均产生深度冲击。但其间，一些有担当的企业积极承担社会责任、合理分配现有资源、规范治理以抗击特殊风险的优良行为起到了领导作用，在强调社会互助、资源存续的疫情背景下，提升了社会对 ESG 主题的关注度。根据 MSCI《2021 全球机构投资者调查》，78% 的机构投资者因疫情扩大了 ESG 投资。虽然疫情对 ESG 投资的助推尚未明显地反映在现在的 ESG 资产规模中，但因疫情而体现出的 ESG 投资机遇和效果无疑在未来将得到进一步的体现。

目前，主要的国际 ESG 评级组织包括两大类别：营利组织（如企业）以及非营利机构（如环保团体）。联合国环境署已选择了欧美市场中 13 家具有代表性的可持续发展环境评估机构，作为 ESG 环境评估机构的主要参照名单，这些环境评估机构主要通过富时指数或 MSCI 全球指数形成企业环境评估系统中的产业类别，并针对不同产业的不同特征分别获取环境评价信息，从而开展环境调研与评价。针对高风险领域则要求采用更加严谨的评估手段，并给出不同的行业权重。在信息收集层面，不同评估公司的关注点也不同。在环境方面，一些评估公司采用政府环境部门的数据；一些评估公司却不采用这类数据，而是使用趋势分析法来研究一个公司长远的业绩情况，甚至采用财务的分摊法来测算资源的利用和垃圾分类的总量以判断环境。许多评级组织收集信息的资源多样化，其中包含调查、政府财务报表和社会责任审计报告等公众消息，如媒体报道、互联网查询，政府数据库、学术期刊、行业刊物、地方行政机关出版物、利益相关者研究和私人研究报告等。其中，公司财务报表和社会责任审计报告为主要的信息来源。在情报获取的基础上，评估公司的分析师通过相应指标，判断量化指标与定性指标的具体结果。对于评分方式，大部分评估人员认为评分方式是企业秘密，只披露很少资料，使用的评分方式也多种多样。

各评估部门的评估流程中，普遍重视下列要素：一个独特的标准以及评估指南（为分析评级标准，包括研究思路、目标范围、整套评分系统简介、实时更新）；内部质量保证（内审和质检，分析师或小组交叉检查）；外部认证（外部审计等）；使用外部顾问小组/独立顾问委员会等。英国富时国际有限公司在综合了各种符合国际规范的指标之后，形成了名为敞口的 ESG 评估框架，并参照工业发展和地理现状指标评估各种公司分类的适用性。该模式根据环境、社会和治理三个支柱设置了 14 个重要主题，并建立了 ESG 综合评估方法。道琼斯公司可持续发展评估体系报告发布于 1999 年，重点从宏观经济、社会发展和环保等三方面，从投资视角评估公司可持续发展的潜力，为资产管理人员的可持续性投资组合提供客观可信的理论基础，报告每月公布一次。道琼斯工业可持续发展指标把所有公司细分成了 19 个大行业和 57 个细分行业，并设计了行业中独特的可持续性评价准则。意大利 ECPI 的 ESG 指数统计的资料大部分来源于公开资料，并且研发了独立的统计引擎，根据结果给出股票和证券等相关的指标。

国外 ESG 理念和评估系统主要有三大类：一是各国际机构和交易所，颁布关于企业 ESG 信息的发布和报告的准则和指南；二是由国外主要资本组织颁布的企业 ESG 投资指南；三是评估性国际组织对企业 ESG 投资的评估。ESG 理念和评估系统的内涵，涉及企业在经营业务中所必需考量的多层次多维度的影响因素，其评估的基础就是企业 ESG 信息的发布，而 ESG 评估标准或评估系统是具体的评估与比较影响的措施，企业 ESG 投资就是在此基础上的实践目的。综合分析 3 个全球性组织机构（SASB、ISO2600 社会实践、GRI 可继续发展报告）的指导、5 家国外 ESG 分级企业（MSCI、汤森路透、道琼斯、英国富时、晨星）有关 ESG 分级的公开信息，外加上由 12 家国外交易所公布的 ESG 投资指南，其所涉及的关键性评价因素主要包括以下内容。

环保措施（E）：碳及温室气体排放量、环境保护措施、物质环境污染及治理措施、资源利用/消费、资源（尤其是饮用水）的利用和监管措施、生命复杂性、合规性。

社会政策（S）：性别及性别平衡政策、人权政策及违反情况、社团（或社区）、卫生政策、教育及培训、劳工标准、劳动责任、合规性。

治理（G）：企业管理、贪污受贿政策、反不公平竞争、企业风险管理、税收透明、公正的劳动过程、职业道德行为准则、企业合规性。

从 ESG 评级的公开资料来看，对这些公司所评价的指数分别划入了 E、S、G 三种领域，均涵盖了相关行业。汤森路透的 ESG 分级共涵盖 10 个行业 178 个指数；伦敦富时指数涵盖了 12 个行业的 300 个指数；MSCI 指数涵盖了 10 个主题的 37 个重大风险问题；美国道琼斯指数涵盖了环境与社会方面的 6 个问题。计算方法基本采用加权平衡方式，由评级企业给出相应的指数权重，并根据行业状况对权重做出适当调节。其中，晨星公司和汤森路透还在投资计算中设定了相应比例减分项。具体来看，公司环保政策重点关心企业在生产过程中如何确定对环境所能够产生的危害，从而担当环保的主体责任，并由此出台了公司层面的具体的环境保护政策措施。

目前多个国际机构已根据上述 ESG 理念的有关内涵推出了架构和指导，如国际社会规范机构的《ISO26000 社会指南》、世界报告倡议机构（GRI）的《可继续发展报告指南》、联合国"负责任投资原则"（UNPRI）、经济合作与发展组织（OECD）的《公司治理指引》以及可持续发展准则委员会（SASB）的会计准则等。其中，国际可持续发展企业会计准则理事会（SASB）已经在 10 多个行业的 80 余个领域建立了国际企业会计准则；国际报告与倡议组织（GRI）在制定可持续性发展的评价指数和相关内容后，还继续对指南定期评审，供组织有效编写可持续性发展报告。另外，联合国贸发会议（UN–CTAD）、环境规划署金融行动（UNEP–FI）、负责资金管理倡导小组（UNPRI）和国际协议（UNGC）等，在 2009

年联合提出了可持续证券交易所发展倡导（SSE），期望在全世界主要交易出台的 ESG 发展政策和指导标准下，进一步提高 ESG 的信息公开水平，对互联网投资市场可持续性发展带来更有利的帮助。

符合国际上进行 ESG 信息发布条件的国家和地方政府的证券交易机构，多以鼓励信息发布为主，但部分交易限制中小企业公布 ESG 信息内容。2015 年 12 月，中国香港证券交易所推出《环保、社会及管治报告指引》修订版，提出中国企业要公布 ESG 信息内容，依据"不遵守就解释"原则确定了必须公布的重要绩效指标（KPI），这个架构和准则为中国企业在 ESG 发展领域提出了具体的指示，作为中国民营企业构建 ESG 管理体系的主要参照。澳大利亚证券市场交易对中小企业的企业治理原则和提议还充分考虑了可持续性因素，采用"不遵守就解释"的规则。印度股票交易所和孟买股票交易所对前一百家市值最高的上市信息发布机构在其社会责任审计报告中有强制性地公布 ESG 信息的条款，其余则自动公布。而其中的证券期货交易所和马来西亚股票交易所也请求不公布可持续性财务报告的上市企业说明原因。

制定具体的 ESG 披露规范，可以增强数据的可靠性。目前已有多家国际组织提出了 ESG 报告框架，而且可行性也各有不同。其中，由世界回报倡议机构（GRI）提出的《可持续发展报告指南》是世界范围内最大的回报指南，已经经过多次修改。另外，部分发达国家和地方的监管和交易所还针对各自情形，提供了专业的信息指南，对推进我国 ESG 理念体系建设发挥了作用。如在中国股票交易所的《企业可持续发展研究报告》、英国的多伦多股票交易所的《环保和社区公司披露入门》，乃至德意志证券交易所的《ESG 实务准则》等，都对本国公司的 ESG 披露工作给予很大的支持与引导。

更多的发达国家和地方政府正在加快接受 ESG 理念，从目前国外主要交易所已经规定上市公司必须公开 ESG 的一般情形出发，正在逐步由自愿公开向强制性或者限制公开转变，同时引入了更多的定量指标，内容也走向多样化、全面化。目前，在国际上 ESG 的公开主要坚持以下四项原则。一是影响范围明显性原则，任何对国家利益关联方经济和社会公众利益产生重要影响的事项或者消息都必须公开，不限制财务影响范围。二是定量原则，所有重要指标均可计算，并附有解释，以及测算说明原因、目的与影响范围。三是信息平衡性原则，全面公开有关环境、经济社会和公司管理等方面的可加或减的重要消息，防止因漏报或者缺报而造成读者进行决定或评估上的误差。四是公司一致性准则，分为纵贯一致性（每个公司应连续采用一种财务数据统计及公布方式，使报表历史可比）和横向一致性（报表的财务数据跨产业可比）。

与银行不同，投资银行积极响应 ESG 制度的主要目的之一，就是把企业 ESG 视为一种投资原则，甚至一项投资建议，对其投资过程进行更为全面的判断。而企业 ESG 表现优秀与否，不但体现企业践行社会责任的程度，还将对银行的投资进行有效指引。各大国际组织制定或引入 ESG 披露指引和各交易所的积极参与逐渐构建了企业 ESG 评价框架。另外，企业评价指标表现的优劣也将在较大程度上反映指标的积极效果，从而改变企业投资人的判断。一般而言，从公司对 ESG 的揭示开始，继而有评估部门的参与、资本部门的指引，整个流程彼此连贯，显示出公司在 ESG 的表现，以便能够在投资市场中做出反应。

从投资方面来看，全球的金融机构开始对 ESG 基本结构与理论有更清晰的了解，开始运用 ESG 评估方法进行融资。基于 ESG 的主要投资策略有黑名单制度、白名单制度、基准筛选、综合 ESG 要素、可持续性问题项目、企业/社会资本、执行管理人的责任等。而在具体技术方面，ESG 的投资策略主要分为监测投资组合的总体 ESG 风险，例如，测量投资组合的碳足迹；促进制定与投资者有关的公共政策；促进责任投资在投资行业内得到更广泛的接受和使用；将 ESG 信息纳入定量和定性分析（如股权投资中公司价值的基本面分析或固定收益投资中的信贷价值），对可能对标的选择、权重或资产配置进行调整；鼓励被投资公司披露影响或可能影响它们的 ESG 因素信息等。

有研究资料表明，针对 ESG 业绩的上市股票公司进行长期投资，相应投资收益表现优异，说明了基于 ESG 投资模式下的股票组合既具有非财务效应，也具有理财效应。而基于摩根士丹利对公司 ESG 指标的分析，MSCI 亚洲公司 ESG 指标表现明显高于同期的 MSCI 新兴市场指标，其较好收益主要源于 ESG 因素。部分资料还表明，在 ESG 三个因素中，首先管理因素的明确度非常高，然后是环境因素，再然后是社会影响。总而言之，由于 ESG 观念在企业投资实务中可以发挥很强的指导作用，所以坚持 ESG 观念的人经营企业时，不但能够获得良好的社会效益，而且还能够获得不俗的社会经济效益。

全球主要金融机构的评分结果各不相同，同一个企业或在同一地区的不同企业的评分结果也可能有着较大的不同。一方面，金融机构所采用的不同评分方式可能产生不同的结论；另一方面，由于 ESG 理念并不仅仅局限于内部财务，同时也更强调外部因素，其外部性与传统评价准则较难一致。此外，数据大多来自被评估企业所提供的客观数据，并辅以问卷调查等其他真实可靠的客观数据。在数据收集方面，目标企业的公开情况至关重要，态度敷衍无疑将削弱评估数据的准确性，并将导致企业发布的数据及公众提供的数据无法准确地反映公司的状况，最终都将降低评估结论的准确性。

评估机构在对所获取公司信息做出评估的同时，还可以在评估和评级以外为企业进行咨询，比如财务分析、风险评价等，其中的利益冲突直接影响着评估机构的独立性。ESG 评估也可能因为使用对象要求的差异而在评估过程中各有侧重点，例如分别着重于对环境、社会、企业经营过程中的某一影响，而没有对公司整体 ESG 状况加以客观评价。而上述问题也最终造成了评估结论可能有失偏颇，严重影响了公司 ESG 评估的权威性与公信力。

中国绿色金融 ESG 投资体系发展 5.2

ESG 投资理念在中国起步相对较晚，从市场的整体情况来看，国内的 ESG 投资还处于初级阶段。中国 A 股市场首支 ESG 指数[1]发布于 2005 年，2008 年中国发行了第一支真正意义上的社会责任型公募基金——兴全社会责任基金，之后的 10 年中国 ESG 投资产品数量稳步增加[2]。2020 年 ESG 指数和产品迎来了发展提速，但与海外市场相比，目前中国市场还处在起步阶段，存在业绩优势不够明显、产品主题泛化、指数跟踪规模小、回报不稳定等问题。无论是信息披露制度、评价体系建设，ESG 投资策略，还是投资者认知培育，ESG 投资在中国还有很大发展空间。

最近 3 年内 ESG 基金规模成长迅速，至 2019 年我国 A 股偏股型 ESG 的公开募集品种已达 104 只，至 2022 年 3 月，产品种类已增加近一倍，至 208 只，规模增幅已超过 100%，投资者关注度也迅速增加。而按照基金标的和投资方向的不同，

---

[1] 国证治理指数。

[2] 建信上证社会责任 ETF（2010）、汇添富社会责任（2011）、建信社会责任（2012）、财通可持续发展主题（2013）、万家社会责任定开 A（2019）、华宝 MSCI 中国 A 股国际通 ESG（2019）、易方达 ESG 责任投资（2019）。

偏股型 ESG 的募集品种主要分成 ESG 全主题主动型、泛主题主动型、全主题被动型、泛主题被动型四种。其中，以新能源及环境主题投资为首的 ESG 泛主题主动型基金占比最高，已达到 183 只，规模达 2248 亿元，占比约 90%；ESG 虽然在中国市场主动型基金占比一直偏低，但近些年成长迅速，已形成了 ESG 在公募业务的巨大增长。

2006 年 9 月，《上市公司社会责任指引》在深交所发布，建立企业社会责任报告（Corporate Social Responsibility, CSR），引导上市公司按照有关规定构建公司责任体系，该报告是中国早期实践可持续投资信息披露工作的重要标志。2012 年 2 月，中国银保监会颁布了《绿色信贷指引》，对银行业机构有效实施绿色贷款，并对大力推动节能减排与环保教育作出了明确要求。

2016 年，中国人民银行率先发布《有关建立环保金融系统的指引若干意见》，明确规定对重点排污单位强制发布，并同时建立了上市公司和发债公司的强制性环保信息发布机制，此举也标志着我国的环保金融信息发布制度步入了 0.5 强制性时期。同年的 G20 峰会期间，根据中国银行的建议把绿色银行概念写入公报，并由中国银行和英格兰银行共同作为 G20 绿色银行的工作组联合主席。

2017 年 3 月，我国证券投资基金业协会为积极推动公募基金践行社会责任投资，与 UNPRI 共同举行负责任的投资原则国际高峰论坛。6 月全球上市公司协会、亚洲企业管理协会等共同发起中国社会责任投资论坛。与此同时，国务院常务会议确定将在浙江、江西、广东、贵州、新疆五省（区）选择部分地方建立绿色金融改革发展创新试验区，随后中国人民银行等七部委共同颁布五省（区）建设总体方案。商道融绿《中国责任投资十年报告》显示，截至 2017 年 8 月，中国市场共有社会责任资本基金及其绿色产业方面的责任投资基金 62 只，基金资产净值合计规模约为 500.2 亿元。随着沪深港通的陆续推出、MSCI 等全球指标逐步融入中国 A 股，外企资金在 A 股市场的比例逐渐增加、政治话语权逐步提高，中国对 ESG 资金认可度也明显增加。

2020 年中国绿色金融和 ESG 投资迎来发展高峰。9 月深交所修订的《上市公司信息披露工作考核办法》中，积极鼓励上市公司发布 CSR、ESG 报告及披露符合国家重大战略方针的信息。上交所也试点在科创板对 ESG 信息披露，强制要求科创板股票上市前需披露 ESG 相关信息，鼓励科创板已上市的企业自愿披露 ESG 信息。10 月，生态环境部、国家发改委、中国人民银行、银保监会、证监会等五部委联合印发《关于促进应对气候变化投融资的指导意见》，引导和撬动更多社会资本关注气候变化。越来越多上市公司开始披露 ESG 信息，披露广度和深度不断增加，反映出企业对于传统责任投资的理念已开始从早期的 CSR 企业社会责任逐渐转移至内涵更丰富的 ESG 投资。

2021 年 5 月，生态环境部颁布《环境信息依法披露制度改革方案》提出，至 2025 年，我国环保信息内容强制性发布管理体系将基本建立，信息内容强制性发布的主体为重污染单位、实施强制性清洁生产审查制度的企业、因生态环境问题受到重大处罚的上市公司和发债企业、根据法律法规规定内容强制性发布的重点企事业单位。6月，中国证监会出台《公开发行证券的公司信息披露内容与格式标准》，其中"环境和社会责任"规定了强制披露的企业应当提供的信息内容，包括污染信息内容、治理环境污染设施状况、重大环境项目行政许可情形、重大突发性环境事故应急预案、重大环保问题的查处情形以及其他企业应当提供的环境信息等具体内容。

2022年6月，由国家市场监督管理总局产品质量控制所、国家产品质量万里行推进会、国家标准研究所等机构联合发布的T/CAQP026—2022《企业ESG披露通则》和T/CAQP027—2022《企业ESG评估通则》开始执行。7月，ESG中国发展论坛2022夏季峰会在北京举行，国务院国资委、中国社科院、央企企业集团、上市控股有限公司、行业协会、权威新闻媒体等机构的代表嘉宾参加讨论，表明我国ESG正在迅速发展，ESG的投资规模大增、管理规范措施频出、研究工作顺利深入、国际互动合作不断加强，企业ESG意识不断增强，ESG信息披露率不断上升。国有企业特别是中央企业上市公司作为企业业务经营的重要主体，"走出去"的主力军、先锋队，在资本市场具有广泛影响力，是中国ESG领域的中坚力量，要成为ESG治理的先行者，积极担当ESG价值的创造者，争当ESG生态的建设者。

"十四五"期间，生态文明的建设任务尤为突出。绿色金融、可持续投资的发展成为实现中国提出"3060"双碳目标的必由之路。随着国际上ESG发展的持续升温，近年来中国ESG理念也逐步建立并发展起来。从监管原则出发，香港联交所在2012年公布《环境、社会及管治报告指引》，并计划在

2015 年底前将每个管理层的一般信息透露职责从建议透露提升至"不遵守就解释"。除了在中国香港联合交易所公布的《环境、社会及管治报告指引》之外，中国国内至此还没有真正颁布有关 ESG 报告发表的具体规定，不过有关的规定已经包含在环保社会责任报告中或 E、S、G 的单项披露规则中。2018 年，中国证券投资基金业协会颁布《绿色投资指引（试行）》，这是我国业内制定的第一个完整体系的绿色基金管理自律规范。本指引还要求，基金管理人需在每年 3 月底前，将上一年度自评估报告连同《基金管理人绿色投资自评表》以纸质方式报送给资金业联合会。《基金管理人绿色投资自评表》共设置了 5 个主要考核目标，包括绿色投资模式与系统构建能力、绿色投资基金管理系统运行状况等，共 18 项评价内容。

在资产类别方面，与海外主流产品不同，中国 ESG 投资品种主要来自信贷业务，而债券业务，尤其是股权类投资的占比相比于成熟资本市场低，表明中国 ESG 投资的空间还非常广阔。在基金主题方面，大致覆盖节能环保行业、ESG 优选、公司治理优选、绿色低碳优选等，由此可见中国 ESG 投资的发展规模仍处于起步加速阶段。在投资主题层面，中国责任投资论坛（China SIF）将中国 ESG 指数的基金或指数分为两大类，包括优选性类和主题性类。优选性类包括 ESG 优选、公司治理优选、绿色低碳优选，主题性类包括节能环保行业、扶贫发展主题、蓝色经济主题。《中国责任投资年度报告 2020》问卷调查显示，有 89% 个人投资者不了解责任投资，其中 42% 未听说过绿色投资、责任投资、ESG 等概念。其中，最为关键的问题是财务欺诈、生产质量、工业安全性事件、污染、高管腐败贿赂等。在机构投资人中，只有13%不知道ESG项目，71%对ESG项目存在兴趣，但仍保持观望，有16%则表示关心并进行投资尝试。

在机构规模方面，据《中国责任投资年度报告2020》表示，国内ESG指数规模达到51只，泛ESG公开募集基金规模达到127只，管理规模达到1200多亿元人民币。就信贷、基金、债券而言，总和规模约为13.6万亿元人民币。中国绿色信托余额已达到11.55万亿元人民币、泛ESG公募证券基金数量1209.72亿元人民币，环保债务达1.16万亿元人民币，社会债务规模达到7827.76亿元人民币。2020年，我国参与UNPRI的国际组织有78个，规模与其他发达国家相比（美国474家，英国378家，日本75家）还是偏小。

上市公司环境数据公开是建立ESG评估制度的关键措施。2016年8月31日，由中国人民银行牵头，七部委一起颁布《关于构建绿色金融体系的指导意见》，将重点推进建立涵盖投资、证券交易、担保、碳金融等方面的绿色金融体系，中国将变成世界上第一个建立系统化的金融战略架构的发展中国家。2017年7月，中国人民银行牵头制定《贯彻〈关于构建绿色金融体系的指导〉的分配实施方案》，明确我国要分步建设向强制性上市公司发布有关环境信息的工作机制。实施方案共分三步走：第一步是在2017年年底修改上市公司的定期报告内容与格式规范，并要求进行自愿发布；第二步为2018年3月以前强制性要求对重大污染单位公开环保信息，未公开的须进行说明；第三步为在2020年12月之前，强制性要求对全部上市公司开展环保信息公开。根据三步走计划，我国将在2020 年底启动国家企业环保信息强制性公开系统，届时所有的企业将被强制性公开环保信息。根据相关条例的要求，如果企业、控股股东、实际控制人，以及其他公司高管等不依法履行信息公开服务的，将可能承受民事、甚至刑事责任。

与此同时，2017 年 12 月，根据中国证监会公开发布的《公众发售股票的企业信息系统发布具体内容与格式标准》第2 号，对重点污染单位与上市公司的相关信息发布具体内容进行明确规定：属于国家环境保护部门公告的重点污染单位以外的企业或者其控股公司，必须依照法律、法规和有关部门规章制度，公布重点污染信息、治理环境污染基础设施的建立与运营状况、重点项目环境影响评估结果及其他重要环境事件行政许可状况、重大突发性环境事故的应急预案、环境自动监控预案、其他需要公布的重大环境消息等重点环境消息，重点污染单位以外的企业也可根据上述规定公布其重点环保信息，如不能公布的，还必须说明原因。

2018 年 9 月，中国证监会制定的《上市公司治理准则》中特别添加了有关环境和社会责任方面的信息，公司可以根据法律法规以及政府相关机构的有关规定，公开环保数据及其落实扶贫环境和社会责任的相关信息。该准则进一步凸显了我国公司在投资环境、企业社会责任领域的引领功能，进一步奠定了我国 ESG 价值的核心架构。同年 11 月，我国基金业管理委员会公开发表了《中国上市公司 ESG 评价体系研究报告》和《绿色投资指引（试行）》，提供了评价我国公司 ESG 业绩的重要指标，并致力于建立价值导向的又一个行业标准，将继续助推我国 ESG 价值在国内市场的迅速成长。

除了监管部门，证券交易公司在环保信息公开中也充分发挥着作用。2018 年，上海证券交易所发出《关于加强上市公司社会责任承担工作暨印发〈上海证券交易所上市公司环境信息披露指引〉的通知》；2020 年，深交所陆续印发《深圳证券交易所公司规范运作准则（2020 年修订)》《深圳证券交易所公司业务办理指南第 2 号——定期报告公布相关事宜》。在相关规定中要求，上市公司应采取定期通报、临时通知的方式对关注的环境污染问题的发生情况、对公司业绩的影响、环境的危害程度、企业将采用的整改措施等加以公布。此外，上市公司在对生态环境、可持续经营和环境保护等方面实施的具体措施也将定期公布。

除此之外，具有里程碑作用的措施还包括深交所率先制定并颁布《深圳证券交易所上市公司信息披露工作考核办法》，首提企业 ESG 主动公开，并对企业履行社会职责的信息公开水平实施了评估。与此同时，依据中国证监会公布的《首发业务若干问题解答》（2020 修订），确定了发行商应当依法在招股说明书中完整揭示有关募投项目开发运行所涉废水、环境成本、环境保护政策、环境污染处罚措施等重大环境内容。违反上述要求的，将被确认为虚假描述，并承担相关法律责任。

相比于中国境内 A 股上市公司的 ESG 披露发展较为缓慢，中国香港交易已经着手进行对环保信息强制性披露的不断完善。在 2019 年 5 月，中国香港联交所公布了关于检讨《环境、社会及管治报告指引》及有关上市规则条文的咨询服务文本。咨询服务文本对《环境、社会及管治报告指引》给出了五大方面的修改意见。当中，比较主要的修改意见包括提高强制性披露条件；将所有社区关键绩效指数从自愿披露提升至"不遵守则解释"；规定 ESG 信息发布日期需要与一般企业财报发布日期相同；还增加了与气候变化有关的披露。同年 12 月，中国香港交易发布了全新刊的《环保、社会及管治报告指引》《主板上市规则》和《GEM 发行规范》。中国香港交易文书中表明，新版标准将自 2020 年 7 月 1 日及以后开展的新财务年份开始时正式生效，所有上市公司都必须根据新版的标准撰写 ESG 财务报告。中国香港联合交易所的一些政策表明了其在 ESG 信息发布管理和政策法规制定、实施过程中都在逐步地向全球市场靠拢，对国内外 A 股 ESG 有关政策法规的制定也具有重要参考价值。

2018 年 6 月开始，中国 A 股市场开始逐步引入 MSCI 亚洲股市指数与 MSCI 全球指数，此举无疑促进了国内外各大金融机构和上市公司积极开展 ESG 的研究探索，有关规定和管理文件也相继出台。MSCI 已经对所有进入的中国国内挂牌股份公司展开 ESG 研究与评估，不符合标准的股票都会被删除。各大金融机构、专业公司、第三方评估公司等也纷纷根据各自的专业领域对 ESG 展开研究，并推出了一系列 ESG 的工具。目前国内外的 ESG 评价中心已产生较为完善的评级产品，部分评级公司已经在其基础上实现企业化运营，投资人能够较为方便直接地获得并应用不同金融机构的 ESG 评级信息，这种评估结果能够有助于投资人确定并判断国内上市股份公司可能存在的 ESG 风险和机会。

2019 年，根据中国基金业协会在 ESG 的专题研究报告显示，中国境内超过 12% 的公募机构已经形成了自己的 ESG 研究框架。2018 年 12 月，中证价格指数公司开始推出国内第一支 ESG 指数——中证 180ESG 指数，在所有沪市企业中，选择了在 E、S、G 领域有较好表现的企业为唯一样本，以体现该类企业的总体业绩。2019 年，博时基金和中国投盟共同推出的国内首家可持续成长价值 ETF 产品——博时中证可持续发展 100ETF，也填补了中国境内证券市场在与可持续成长估值相关的被动融资品种领域的空白。同年，易方达基金发行了中国首个 ESG 基金易方达 ESG 投资股票；2019 年底，由嘉实基金定制，中证指数公司编制的中证嘉实沪深 300ESG 领先指数发布，并发布了嘉实绿色低碳基金、绿色资产证券化等，还与中证指数公司合作发布了中国第一个以环境专利技术为样本股投资选择重要指标的指数——中证环境技术 50 指数。ESG 基金市场的发展以市场资本的视角，倒逼上市公司在其 ESG 领域中的投资表现，在市场上以市场情况为蓝本逐步检验了各大分析机构的 ESG 模型，进一步推动了 ESG 评级、指数公司、ESG 基金投资的规范化。

从环保与公众治理的视角出发，近年 ESG 概念的引入以及相关数据工具的使用的确提升了生产型公司尤其是上市公司对自身或相关公司的环保行为与社会责任。数据显示，2020 年及 2021 年上市公司的年度报告、可持续成长公告、ESG 公告、CSR 公告等对环保数据披露的全面性、准确度比往年有所增加。2020 年是我国上市股份类公司环保数据发布三年三步走的收官之年，根据蔚蓝地图等大数据系统所收集的权威公司环保信息，以及 IPE 和绿色江南通过对沪深上市公司的年度报表、公司社会责任报告、可持续发展报告的比较研究结果显示，在钢铁、环保、化工行业等上市公司信息披露中存在环保违法情况及在线浓度超标的公司中，未能在定期报表中对环境违法情况如实披露，因此 IPE 和绿色江南致信监管机构和上市公司之后，受到了多家上市公司的正面反馈并发出了补充通知，对环保违法情况作出了解释。

在环保信息强制公开体系内，挂牌公司环境合规情况会受到来自证券监督部门和生态环境方面的双重司法监督。挂牌公司的环保信息一旦不正确，或因未依法公开有关环保资料，出现信息公开不正确现象等，也将背负民事或刑事法律责任，其对公司 ESG 评价的负面影响也是不言而喻的。在 ESG 高速成长的条件下，公司还应逐步按照环境相关的法律标准来调整公司战略。而相比于原来的 CSR 审计报告，上市公司信息披露的 ESG 审计报告所反映的环境信息也将更加真实、客观和可验证。

中国 ESG 发展也存在一些问题。首先，国内市场监督管理机关并未出台系统、详尽、可借鉴的企业信息披露规范，各种模糊的判断标准导致公司的信息标准不齐，类型繁多，且 ESG 相关数据的完整可靠性也较差，甚至缺乏定量数据；其次，由于大部分信息主体都只包括了上市企业和公司本身，没有包括控股子公司及其关键供应链公司，因此上述企业信息对上市母公司的冲击作用有限，上市公司信息披露机构在定期报表以及其他公开渠道提供的市场环境信息也十分有限，与财务报告的公开要求相对，其完整性、准确性、及时性等都差距甚远；再次，由于上市公司所发布的数据并没有可靠性，数据堆叠且以公开数据为主，发布标准与方法仍然停留在与 SCR 报告标准相似的层面上，与具体的 ESG 数据履行标准存在差异；最后，在 ESG 数据发布与级别评估的全部过程中，并没有通过类似于与会计师事务所相似的专业第三方信息核查组织的渠道。

ESG 资料资源的发布过程中消息不正确的现象重点是评估要求和真实评估频次不匹配的现象。由于 ESG 原始数据的非结构性和低频等特点，导致了评价有效性低下、准确性不高等现象，从而使得真实 ESG 评估结果和具体证券业务的信息需求频次差距尚远。ESG 统计情报资源主要为公司年报、半年报或可持续发展报告、ESG 审计报告等定期资料的发布，在这些情形下，ESG 资料资源的频次也相应较少，且频次相应较大的环境数据资源（实时分析、监管记录等）也往往不能获得足够的使用。而且，由于当前的 ESG 信息发布，大多还是以定性描述为主，辅以定量数据的呈现，所以获取的 ESG 资料还具有非结构性的特点，即使部分研究组织已经在 ESG 评估中逐渐引进了 AI 技术，但总的来说，仍然面临着定量指标缺失、动态数据不够丰富以及科研方法论缺乏等问题。

我国 ESG 评价机制的方法论有着很大不同，国内金融机构的 ESG 评价的基础信息大多依赖于公司自身发布的财务报表、社会责任财务报表、ESG 报表等，而 MSCI、晨星等国外金融机构在基础信息选取方面主要借鉴了第三方金融机构公布的信息，并且借鉴另类信息；国外 ESG 评估机制相对较重视气候变迁和碳排放有关的指数，加上这些指数的权重偏高，使得涉及能源尤其是传统能源行业的上市公司信息披露在环境方面的评估中受到一定限制。此外国内部分上市公司能源的信息披露完善度尚不乐观，使得在国外评估框架中整体评价存在误差。

ESG 的投资理念，直接关系 ESG 信息的传播效率与评估标准。ESG 投资模式的不足，使得公司信息发布的完整性与真实性都存在着一定差异，同时，各分析部门为了证明数据以及信息产品价值的合理性，在评估指标的选择上是否有太多依据、参照财务指标等都值得认真思考。市场还没有形成广泛、深刻的 ESG 选择习惯，因此 ESG 的市场导向暂时薄弱。从数据上来看我国的 ESG 资本市场，仍有很大成长与改善的空间。

目前，国内外专业机构针对上市公司 ESG 情况开展综合评估的学术研究还相对较少，受限于学术资源，部分单位的研究者也可以针对上市公司的社会职责状况和社会责任的信息发布状况进行综合评估与分析。

目前，研究机构对 ESG 社会认可度和市场认可度的提高比较有限，究其原因，一是由于研究成果比较分散，除研究机构之外，基金企业等金融公司虽然也开展过相应研究工作，但成果均各成一派，且缺少具有绝对可靠性的指标和基本评估办法；二是多数研究成果均仅公开评估结论，不披露评估指标体系架构和基本评估办法；三是没有经过长时间的跟踪调研，不具有持续性；四是完全照搬外国指数，也没有经过依据中国国情的自主评估；五是评估方式主要是指数赋权法，权重设计主观性较强，且各个评估机构对同一指数的赋权方法差异很大。

目前分析的重要信息资源还有企业财报、社区责任报表等公众信息，新闻媒体、第三方机构等提交的信息，以及内部研究者通过实地调查得到的数据资料等。但相比于指标体系设计，ESG 有关指标的重要信息资源仍然是一个难点。一方面，由于当前我国还没有法律针对 ESG 有关信息公开作出明确的法律要求，所以大部分企业都没有开展对 ESG 有关信息的开放；另一方面，企业已发布的社会责任报告等信息通报也多以描述性公开方式，偏向于宣传企业各自的业务发展和环境、社区职责成绩，对于一些负面指标则鲜少提及，且由于各个企业的发布总量差别很大，不具备一致性。此外，还出现了部分传统评估机构依靠经验和内部数据倒推评估体系结果的现状，缺乏科学性和可操作性。

从研究现状来看，大多数研究还停留在理论探讨层面，指标设计和评价结果的实践意义不强。部分定义为指数的研究并不是投资资产组合意义上的指数，只是评价某一指标的发展状况；部分指数产品也仅停留在发布阶段，尚未真正起到引领 ESG 投资的作用。

ESG 评价方法的应用价值在于，一方面，对监管部门制定有关法律法规进行了探索；另一方面，帮助投资人判断上市公司的可持续成长潜力，并在此基础上，促使上市公司信息披露合理提供 ESG 数据，更好地承担公司责任。

未来中国 ESG 的研究要解决的当务之急，一是界定符合中国国情的 ESG 概念。要在科学探讨的基础上，根据全球趋势，定性描述 ESG 的含义；要根据中国国情，充分考虑科学性以及现阶段结果的可得性，重新设计评价指标体系。二是注意分类综合和再分类评估。从监管部门的观点来看，虽然综合评价指数更具普遍意义，但对于一个公司来说，分领域的信息评估框架对于指导经营更有意义。要及时发布有关 ESG 信息评价的一些导向意见和措施，以引导公司尤其是上市公司进一步加强信息评价和实施质量控制。也可以考虑实施一定范围的强制评价，通过建立更加有针对性、更加细致的规范和要求，实施综合影响评价，并强化考核措施。基金公司和资本管理机构应当在此基础上继续开展风险评估，增加 ESG 在其公司风险管理中的权重，监督上市公司做好报告发布。三是，做好争议标准的运用。一些属于在法律层面上履行义务的指标是否包括在内，比如纳税、不损害环境等承担了法律义务的指标等。一些兼具 E、S、G 等两个意义或三个释义的指标归属问题，避免重复。但对于投资机构而言，投资 ESG 企业防控经营的风险远比赚取利润更为重要，所以要处理好正向指标与负向指标之间的关系。

未来科研中需要注意的关键包括：一是，注意科研结果的政策引导，并尽力解决市场研究的困难问题。目前不少成果来源于政府部门调研或公立院校，虽然本项目针对的评估对象为公司与企业，但仍以政府研究为基础，所以，未来成果应强调全域性、战略地位、超前性与长远性，对监管与产业自律提出要求的同时，兼顾给市场指明选择方向，指导上市公司、市场决策，使得评价体系与宏观经济发展目标相符合。与此同时，尽可能解决现有国际市场研究的问题，以提高客观性、独立性和透明度。二是，注重将国外经验与国内特点相结合。一方面，ESG 标准已经是一个全球潮流，对国外经验也必须有参考。另外，评估体系要反映我国特色。中国是发展中国家，有特定的历史发展阶段和国情，所以不要单纯照搬或者模仿国外经验。因此，E、S、G 在我国与西方国家之间有着不同的内涵和侧重点。以环保为例，我国与西方国家对于环保项目与绿色产业的划分标准也有一定差异。西方国家对化石燃料完全排斥。但近年来欧美又出现了一场对化石燃料的撤资运动，即股东通过减持或配售手中所拥有的原油、燃气和电力等化石能源产品的股份，对股东施压，促使化石能源公司逐步向低碳能源企业转变。我国对化石燃料也没有一味歧视，煤、原油的节能高效利用都属绿色项目。

ESG 投资的核心要点与企业规划 5.3

ESG 投资环境是企业应对环保和气候挑战、维护国际投资市场安全的重要抓手。由于 ESG 模式在顶层设计中需要进一步完善，国内商业银行必须积极响应"一行两会"制定的各类 ESG 有关措施，使 ESG 融入其风险管理和决策的全过程。对内，商业银行必须提高 ESG 治理水平，建立完善环保和社会风险管理制度，以处理环境污染和气候变化有关危机，提高商业银行的社会价值。

对外，银行将通过主动贯彻 ESG 的宗旨，充分发挥对投资客户的尽责管理和导向功能。采取积极负面筛选的投资方法，商业银行应当通过积极甄别和管理投资 ESG 的风险，以及时优化融资战略，引导金融市场资源向碳中和、环保低碳等方面倾斜，以推动融资行业的健康高效、可持续发展。另外，商业银行还应当积极引入 ESG 的投入方式，以通过 ESG 投入辅助公司内部实质性 ESG 标准的确定与形成，以带动更多上市公司不断改善 ESG 水平，以便更有效地充分发挥融资市场服务于实体经济和支撑企业发展的作用。

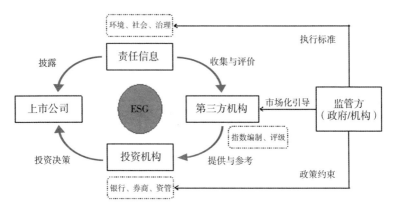

图 5 - 1　中国 ESG 投资关键流程

资料来源：麦肯锡

　　2008 年，上海证券交易所发布了《关于加强上市公司社会责任承担工作的通知》，规定所辖业务的社会责任审计报表中应当披露促进社区可持续开发、可持续建设或者环境及生态可持续发展相关方面的管理工作。同年出台的《关于做好上市公司 2008 年年度报告工作的通知》，规定上证企业管理模块样本中小企业、已发售境外上市外资股的中小企业和金融类中小企业都应当披露负有重大经济社会职责的报道，对其他中小企业则以鼓励为主。此后至今，中国的 A 股上市企业所披露经济社会责任报告量一直保持着增长态势。截至 2019 年，上市公司共发布的责任报告总量约 910 篇，但发布比例仅约 25%。在交易层面，上交所上市公司责任报告的发布总量和公布比例均超过了深圳证券交易所。在公司性质上，国有企业发布责任报告的比例远高于普通民企。在领域方面，责任公告发布比例最大的领域是房地产业，对钢铁、采掘、有色金属加工

和环保重点关注领域的比例最小，责任发布比例最低的领域则
是电子、通信、计算机等高科技产业和车辆、机械、设备等工
业。在披露准则上，据金蜜蜂《中国企业社会责任报告研究
（2017）》显示，在 1433 家提供负责报告数据的数据公司中，
21.21% 采用的是全球报告倡议机构（GRI）准则；《中国企业
社会责任报告编制指南》（CASS - CSR3.0）作为业内规范被
参考，最多标准占比超过 20.31%，紧随其后的是上交所和深
交所的指引，占比分别超过 18.91% 和 13.82%。与外国以资
本需求驱动、国际机构合作为主的发布准则有所不同，中国的
负责报道准则以政府机构和监管为主体，自上而下地推进了负
责报道的发布。中国当前还未针对 ESG 信息公开制定专门的
规章制度，目前的信息公开规定和指导一般是反映在政府社会
责任报告上，一般可以分成两种：政府和监管部门指引、交易
所指引，具体的政府信息公开指引由社科院和国标委等单位
出台。

在政策与管理合作的内容方面，2007 年 4 月，《环境信息
公开办法（试行）》由原国家环保总局颁布，引导中小企业自
觉地发布有关的环保信息。2008 年继续印发《关于加强上市
公司环境保护监督管理工作的指导意见》，形成与环境管理局
和证监会环境监管机构的相互配合和信息公开披露制度，以促
进公司尤其是重污染行业的上市公司信息披露，有关环保信息
真实、准确、全面、及时地披露。2010 年 9 月，环境保护部
发布《上市企业环境信息披露指南（征求意见稿）》，对企业
发布全年环保报表或者临时性环保报告信息发布的时限与适用
范围进行了规范。证券市场监督管理方面，早在 2002 年证券

监管会就颁布《上市公司治理准则》明确规定了挂牌企业环境治理信息系统的公开范畴。而 2017 年，中国证券监督管理委员会又公布了第 17、18 号通知，提倡企业在根据业务特点的基础上，主动公开积极承担社会责任的工作状况，重点排放单位的企业或其重要子公司也必须按照法律法规和相关部门规章的条例，公开主要环保信息内容。2018 年中国证监会在《上市公司治理准则》原有内容基础上新增了利益相关者、环保与社会章节，规范了企业必须按照法律规定和相关政府部门需要提供环保信息内容（E）、落实帮扶等责任（S）及其企业管理相关（G）。

在交易指导层面，2006 年，深圳股票交易所发布了《上市公司社会责任指引》，指导规定了五大层面内容，包括所有者和债务人利益保证、员工利益保证、供货商、用户和顾客利益保证、生存环境保护与可持续发展及公众和社区公益性工作。披露层面，引导企业构建社区责任制，包括：（1）有关员工保证、社区生活环境、商品、社区服务等领域的社区责任机制的构建与落实情况；（2）社区责任履行情况如何与本指导存在差距及原因说明；（3）进一步完善举措和具体时限安排。2008 年，上海证券交易所发布了《企业信息发布准则》，允许上市企业按照自身要求，在企业年度的经济社会责任审计报告中公开或独立发布有关环保信息，明确了与环保利益有关的重大事件的公开程度。同时，上海证券交易所也发出了《关于加强上市公司社会责任承担工作的通知》，将企业在推进经济社会可持续发展、环保及生态建设可持续发展、经济可持续发展领域相关方面的管理工作列为必须项，激励企业发布每股社会贡献值，试图对企业履行经济社会可持续发展职责的能力加以衡量。2015 年 6 月，国家市场监管总局与国标委共同颁布了企业社会责任的新国标。系列规范中包含了《社会责任指南》《社会责任报告编写指南》和《社会责任绩效分类指引》，为我国在责任方面首个全国层面的规范性文本。《社会责任指南》主要按照 ISO26000 的基本理念对责任的内涵与实施方式进行指导，但同时也针对我国的经济社会状况做调适；《社会责任报告编写指南》是为组织机构编制社会责任报告提出指导；《社会责任绩效分类指引》为组织机构进行具体绩效评价工作提出了规范性的指导标准，也为组织机构进一步深入研究符合企业要求的社会责任业绩指标体系奠定了基础。《社会责任报告编写指南》所要求的社会责任报告涵盖了 7 个核心议题和 31 个重要议题。7 个核心议题都和 ISO26000 的议题思想一致，它们包括社会治理、权利、劳动实践、环境保护、公平运营实施、地方政府问题、社会融入和政策。在 ISO26000 的 36 个议题中，国家标准还删除了在权利主体下的尽职调查、人权危机情境、防止利益串通、解决不满和歧视的弱势群体、平等运营实施主体和负责任的政治参与这 6 个议题。

目前在 A 股市场上，所使用的 ESG 评级系统以商道融绿、中国价值投资联盟、润灵环球等第三方评级机构体系为主。以商道融绿 ESG 评价系统为例，商道融绿全球负责资本论坛（China SIF）的主办金融机构，也是境内首个联合国负责融资基本原则（UNPRI）的签约金融机构。

作为业内首屈一指的绿色融资与责任融资专家咨询公司，

着力于为用户提供责任融资与 ESG 评级与信用咨询、绿色债券评级认证、绿色融资咨询与研究等专项咨询服务。融绿 ESG 评价过程包括四大环节：数据采集、数据评价、评价结论以及报告提供。

（1）数据采集，数据来源主要包括企业财务报表、政府申报、政府部门数据以及新闻媒体。

（2）数据评价，融绿 ESG 评价数据分成三类：一类指标分为 E、S、G 三个方面，二类指标细分为 13 个方面，三类数据进一步细分为 127 个数据项。融绿 ESG 评价指标的最大优势就是注重对负面事件的评估。在所有一级指数下的二级指数中，均涵盖了负面事件二级指数。3 个负面事件指标共同建立了融绿 ESG 的负面信息监控系统，以便于投资人采用负面剔除的选股策略。

（3）评价结论，融绿 ESG 评价体系包括从 A＋至 D 共 10 个级别。针对各个企业 ESG 的实质性指标进行加权统计，并最后得出各个上市公司的 ESG 总体评分。

（4）报告提供，评级报告中会展示公司 ESG 的评级结果和负面信息报告。

目前，商道融绿的 ESG 评级范围涵盖了沪深 300 和中证 500 共 800 支标的。从分布与数量角度来看，B－的评价（即公司 ESG 综合水平一般，过去 3 年发生过一个危害中等或个别较重大的负面事故）中得分公司占有很大比重，但目前还没有发现得到 A 及以上评价的公司，同时也还未有得到 C－及以下评价的公司。从 2015 年以来的 ESG 评价状况分析，评级分布总体呈现逐渐提升的现象。从产业的视角分析来看，得到 B + 或以上高评价的企业大多分布于金融、运输、医疗、公用事业等行业，而对环保问题重点关注的资源采掘、钢铁、石油化工等产业的高评价企业占比则不高。比较被评估企业的估值中位数时，A - 标准评级的企业估值最高，但是 ESG 评级标准不能和估值成正比，出现得到 B - 标准的企业估值超过了得到 B 评级企业的估值，C 评级的估值超过了 C + 评级的企业估值的现象。ESG 评分的估值溢价没有得到明显的反应，可能的因素之一是评分最低的企业因为绩效相对不良而使得估值偏高。相较于 MSCI，商道融绿并没办法比较细化地区上市公司间的 ESG 差异，主要是因为 MSCI 的评价一般是左偏分布，而商道融绿则比较趋近于正态分布，因此评价也比较集中。

目前，A 股市场上的 ESG 指标，主要可分为两种，一是由指标企业委派第三方检测公司对企业开展的 ESG 评估，再按照评价结果制定指标，例如中证财通的可持续发展 100ESG 指标；二是由第三方金融机构，利用自身的 ESG 评级数据自行推出指标。

2018 年 11 月，中国证券投资基金业协会公布《绿色投资指引（试行）》征求意见稿，定义了绿色投资管理的内容，确定了绿色投资管理的主要目标、原则和方法，意在指导参与绿色投资管理实践活动的资金管理人、基金市场商品以市场性、规范性、专业性方法运营，培育持续价值投资方向、建立绿色投资管理准则，指出绿色投资管理应遵循如下本质目标：（1）将基金市场资产优先投入环保业绩良好的企业及行业，包括有利于提升他人企业能效比或减少他人企业污染物排放量的企业及行业；（2）有效合理限制将基金市场固定资产投入高排放量、高污染、高能耗型的企业和行业；（3）监督有关企业和行业适用更高标准的污染排放标准和环保信息发布规范。投资管理人在制定环境领域的基金或基金投资策略所涉及的项目时，应当坚持下列基本原则：（1）资金优先投向与环境保护、节水、清洁能源和环保领域有关的企业和项目，在环境保护和节水指标等方面均优于国际行业标准的企业和项目，在减少工业企业综合能耗、承担政府环保职责等方面有重要贡献的企业和项目，以及经国家有关机构认定的重要环保项目为标的。（2）主动使用已公开的行业绿色标准筛选投资标的，如中国证券投资基金业协会《上市公司环境责任指标》、中国证监会《关于支持绿色债券发展的指导意见》及沪深交易所关于开展绿色公司债券试点的相关要求、中国金融学会绿色金融专业委员会《绿色债券支持项目目录》、国家发展和改革委员会《绿色债券发行指引》、国际《绿色债券原则（GBP）》和《气候债券标准（CBI）》等。

在 ESG 理念加速推行的当下，许多公司已经开始 ESG 信息披露、ESG 治理架构搭建等工作，为 ESG 发展奠定了良好基础。但就其本质而言，ESG 是关于公司非财务风险的把控，各项实践终究会向风险管理靠拢。因而，了解并探索对 ESG 风险因素的识别、评估、应对等管理方法，对于公司和工作人员来讲至关重要。

ESG 风险是宏观、多方面甚至互相关联的，可能从多个方面影响业务，因而更加难以预测和评估，往往需要在更长的时间框架内得以体现，尤其对于环境和社会相关因素，风险程度可能超出公司的控制，有效应对则需多方协调努力。同时，传统风险评估通常以历史数据和过往表现为基础，但衡量 ESG 风险所需的既往信息大多难以获取。这些特征使得 ESG 风险难以确定，以至于系统化的风险管理流程设计成为难点，但企业的 ESG 风险的全面管理势在必行。从公司稳健运营的角度来说，潜在严重损害公司无形价值、声誉或经营能力的风险，以及被利益相关方和公众讨论所放大的公司现有做法造成的声誉风险已成为高发问题，这是传统核心业务及产品的固有风险以外的影响。在资本市场上，ESG 投资虽曾限于非主流产品，如今却已影响到公募基金、私募股权基金等一众主流机构投资者，全球和中国规模最大、影响力最广的投资机构纷纷建立负责任投资体系，将 ESG 因素纳入投资流程。监管机构的关注更是大力推动了 ESG 理念的落实，在沪、深、港三大交易所也在快速完善 ESG 监管政策体系。仅至 2018 年，全球就有 63 个国家设定了 1000 余项 ESG 信息披露要求，其中 80% 为强制性规范。

为应对日益趋严的监管要求，同时切实完善公司自身的 ESG 表现，应以稳健的 ESG 顶层设计引领公司发展，将 ESG 风险纳入治理结构、系统和流程，这对于应对公司的风险管理相关挑战至关重要。香港联合交易所将 ESG 治理机制与合规文化作为监管重点之一，充分体现了 ESG 风险管理的核心地位。但完善的 ESG 治理建设远超常规实践，有着更加丰富的行动选项，具体而言，公司可以从以下五个层面加强建设。

第一，明确 ESG 风险管理的权责。目前，许多公司将

ESG 管理交由企业社会责任或可持续发展部门处理，而尚未连接到企业风险管理体系中。事实上，公司对这些风险的应对思路应该与管理其他业务风险的责任相一致。即使有 ESG 问题专职部门负责，也需将 ESG 因素融入企业风险管理结构和流程中，这对支持公司提升 ESG 绩效至关重要。在这一过程中，公司应对风险识别应尽必尽。

第二，加强董事会层面的 ESG 监管。这和香港联合交易所的 ESG 管理标准相符合，同时也可以进一步了解，包括大股东如何认识到可能阻碍企业策略与目标达成的 ESG 问题、了解 ESG 风险因素中的关键因素、董事会是否定期收到关于 ESG 风险报告等。

第三，将 ESG 意识融入组织文化。它反映管理者和员工的行为，包括对问题的认识、行为的认识，体现团队的责任、目标和核心价值观。随着团队的发展和目标的达成，这种因素可以不断带来洞察力、动机并指明前进方向。把 ESG 因素植入目标、愿景和核心价值观之中，可以培育符合 ESG 意识的行为和决定能力。

第四，明确管理层面的 ESG 事宜。管理者需要接受过 ESG 方面的培训，明确界定并实施对企业风险管理流程的监督、风险和可持续性是否具有操作和战略集成流程、就利益相关方的利益在企业保持长期发展的至关重要性方面达成一致等问题。

第五，公司也需通过协作与整合，增强对新兴、非传统风险的适应力及韧性。一些大型公司已经意识到保护声誉和降低风险需要更加协调和综合的应对措施，逐渐将风险和合规部门与管理 ESG 问题的部门相整合，并在必要情况下借助外部专业知识。

如果公司能够对以上五大方面进行深入分析，那么就能够借由 ESG 治理这一顶层设计为稳健发展和应对竞争抢夺先机，也可以为 ESG 风险管理的全面开展打下坚实基础。

企业唯有认清所在环境的全局才能正确识别可能的 ESG 风险。理解企业的价值创造过程与经营模式，对包含了 ESG 风险内容的公司风险管理至关重要。在辨识、评价与管控 ESG 风险内容时，企业应该全面认识市场内部结构环境对战略、目标与业绩的影响，这是精准洞察 ESG 风险的必要前提。过去的企业价值主要以有形资产的财务和经营情况反映，而目前这一现象已经出现颠覆性的变化。从 1978 年到 2015 年，无形资产在标准普尔 500 指数的总资产中，所占比率已由 17% 提高至 84%，价值的概念也扩大至各利益相关方的共同价值——这正与 ESG 理念相互印证。此外，宏观分析、SWOT 分析、影响和依赖关系映射、ESG 实质性评估、利息相关方参与等常用的风险管理手段，同样可被用于对 ESG 风险的识别分析。值得注意的是，风险管理并非追求对风险的完全规避。董事会和管理层在考虑战略和业务环境时，往往会判断在追求价值的过程中可以被接受的风险类型和数量，并以此为基础为公司设定风险偏好和容忍度。例如，处于成熟期的公司往往倾向于普遍规避风险、在特定战略领域容忍更多风险，而有着积极增长战略的公司可能乐于在更多方面接受更多风险。公司在对 ESG 风险进行识别和评估分析时，应注意与自身风险偏好和容忍度保持一致，同时考虑已设定的战略和业务计划。ESG 风险并非单独、孤立存在，只有借助战略性的全局眼光，将 ESG 置于整体发展的宏图中，公司才能真正看清前方的风险与机遇。

系统性识别、评估并应对 ESG 风险。明晰环境情况后公司应着手开展 ESG 风险的识别、评估和应对工作。在识别环节最有效的常用工具就是风险清单。包括对每种风险的影响、应对措施和对风险的描述。许多公司把控管理传统风险时就已经设立了风险清单，当 ESG 风险符合公司的常规风险标准时，就可以将其包含在清单中进行管理和监控。在评估环节，公司可以通过考虑风险的影响和作用，明确重要性和优先级，进而借助专家投入、情境分析等资源和工具开展分析和选择。在应对环节需要再次注意，ESG 风险管理不可能完全消除 ESG 风险因素，而是追求采用多层次的策略，在平衡成本收益的原则上，将其控制在预设的风险偏好和容忍度范围内。当风险处于偏好范围内且恶化可能性较小时，可以选择接受风险；对于零容忍的 ESG 风险，则应进行停止相关业务等避免和消除处理手段；对于可以释放价值的风险，公司应当努力将其转化为机遇；当风险严重高于偏好时，公司通常制定行动计划、减缓其严重程度，将剩余风险降至容忍度以内。此外，气候问题等 ESG 风险可能过于复杂，公司无法独自应对，那么也可以与行业、供应商、客户等利益相关方共同合作，实现风险分担的目的。

ESG 风险也需动态管理。企业风险管理并非一蹴而就的工作，它需要工作人员密切关注、动态监管，对单项风险与整体流程进行不断审查和修订。对于 ESG 风险，公司应定期评估重大变化；当内外部环境发生改变时，管理层需视情况审查并修订风险管理流程。新兴技术、组织变革、风险偏好、同行比较、历史问题等都可以成为重新审视 ESG 风险管理效率的机会。例如，ESG 数字化平台能够帮助公司改善 ESG 信息的处理方式，优化工作流程；此前未能有效识别和管理的 ESG 风险可以作为经验教训，帮助公司就 ESG 要素有效地融入风险管理框架进行复盘演练。

ESG 风险管理应主动释放增量价值。发布报告是中国公司当前最为普遍采用的实践方式，用于 ESG 风险管理所涉及的各项行动。但是，信息沟通和披露的范围远不止于发布报告。针对内外部利益相关方的不同信息需求，相关工作人员有更丰富、更完善的沟通方式可以选择。这些方式可以与公司现有沟通渠道互补，形成立体化沟通网络，帮助公司树立责任形象、传递 ESG 工作成效，形成 ESG 风向管理的增量价值。2021 年中国 48% 的上市公司发布了独立的 ESG 或企业社会责任报告，这个比例在中央企业控股上市公司中更是高达 67%。总体而言，ESG 监管压力持续增强、风险愈加凸显，公司的 ESG 风险管理正在从可选项逐步升级为必选项，管理层也需认识到，这是一项需要专业投入、资源支持、长期推进的工作。公司应当尽早加以关注，积极探索 ESG 风险整合流程，构建适用于自身的 ESG 风险管理蓝图，为长期发展和价值创造织就牢固可靠的"安全网"。

ESG 评价系统，是连接公司 ESG 信息与客户投资决策的重要桥梁。公司与投资人是市场的两种主要角色，而对 ESG 的关注将更进一步提升公司内部对 ESG 的关注，并引导在行业内部尚未完全介入或是未知将如何介入 ESG 的公司，走向创新发展赛道。基于对 ESG 的积极评价已形成巨大的非市场动力，并不断促进公司自身开展绿色转型后的高效成长，构建合理的 ESG 评价制度可以实现小股东享用上市公司的良好发展成果，以及推动上市公司深刻发展的正面效果。目前建立 ESG 评价标准体系和开展 ESG 评价工作是中国资本公司正在进行的 ESG 实践的重要环节，但我国的 ESG 评价常存在着不一致问题，其主要反映在如下三个方面。

一是评估指标体系不一致。目前评估机构大都使用了 ESG 框架的前三大指标，但是实际中所使用的指标不完全一致。以富时罗素为例，在 E、S、G 之下共有 14 个评价及 300 多个独立指数，而商道融绿系列的子指标则不足富时罗素的三分之一。因此就算使用了同样的环境二级指数，亦会出现评价方法上的不同。例如润灵环球 ESG 评级的环境指标就明确包括生物多样性保护的项目，而商道融绿更多关注负面事件的议题。

二是实践内容与方法不一致。各个金融机构的评分方法是由各个金融机构自定，评分标准有相应的侧重点。而 MSCI 只针对已加入 MSCI 指数的公司，并采用公开数据抓取技术，对自定义的 ESG 指数进行评分；道琼斯针对美国上市公司中价值排名前 25% 的公司发放问卷调查，并整合其信息测度等数据；而 CDP 项目将完全依靠问卷信息，着重研究气候、自然资源以及森林领域的公司行为。

三是统计评估结论出现矛盾。各个评估机构经不同的评估体系和统计指标体系整合后，提供给投资人的可能是对同一个企业截然不同的评估结论。按照 Wind 统计，贵州茅台在 2020 年的 ESG 统计中，在商道金融绿的评分体系中为 C＋，而在华证指数却为 AA 级别。这种交叉冲突的评估结果，使得 ESG 统计没有横向的可比性和权威性，也使得 ESG 评估统计的时效性大打折扣。

随着公司在 ESG 投资市场中流砥柱效应的日益突出，ESG 评价系统将围绕主题，切实助力公司绩效改善，以彰显公司在新时期服务经济、提供社会价值服务的能力，在投资市场中有效甄别价值投资的公司。而根据这一要求，改进方向主要与下列三个方向相关。一是根据公司双碳发展目标，ESG 评价系统在环保角度下应彰显实质性碳中和的意义。在"3060"宏观背景下，公司应将真实性的碳减排核心使命放在第一位，强化节约、减碳、降耗等实体减碳举措及其效果。ESG 评价公司要意识到环境因素（E）中重减排的实质性碳中和，才是适合公司碳中和策略的价值核心。二是根据公司的商业发展向善远景，ESG 评价系统在社会层面（S）应反映对利他类公司社会责任的努力。公司在关注财务效益的同时也要重视非财务绩效，在创造商业效益的同时致力于解决社会问题，重视除公司外其他利益关联市场主体的社会职责诉求。ESG 从评级系统的整个社会角度融合了这个忽略利益，而强调社区共益共生的利他价值理念，并赋予真正提升社会整体利益与质量的公司应有的社会评价，调动企业经营向善的意愿。三是 ESG 的评价系统在商业治理维度（G）下应体现可持续商业管理的功能。在可持续经营管理模式下，不论是通过将利益相关群体列入公司董事会范围，通过设置可持续发展运营官协调经营绩效与社会绩效，又或者增加对可持续商品使用披露程度，以达到公司整体经营绩效与合法性的均衡，将可持续商业理念纳入企业管理体系已逐步转变为公司的内生要求。由此可见，合理的 ESG 评价系统的治理层次理应符合公司可持续发展目标的建设要求，将可持续商业管理水平视为企业内部价值评估的关键基础。

除上市企业以外，金融投资机构作为市场主要投资主体，在 ESG 投资体系中也扮演着重要角色。中国金融机构面临的市场竞争空前加剧，业务发展正处于从"重量"到"重质"的演变阶段，在 ESG 投资的新赛道中，提升 ESG 投研能力有助于金融机构获得长期竞争优势，其主要涉及数据收集与分析、投资方法论选择、赋能投资团队以及积极参与被投企业 ESG 建设这四个方面。

在数据收集与分析方面，金融机构可采用三种方式获取数据，包括向第三方数据提供商购买数据、通过外部合作自建公司内部的 ESG 数据分析库，或者收购第三方数据提供商。此外，还可以借助人工智能引入新的数据，特别是使用自然语言处理（NLP）来访问跨多种语言和格式的非结构化数据集，以实现更高效全面的 ESG 信息收集与分析。通过报告和输出功能可以让资产管理机构向投资者展示它们如何衡量 ESG 绩效，并利用这些知识推动投资决策，创造透明度，进而深化与客户的关系。

在投资方法论方面，金融机构应顺应投资方法论未来的发展潮流，逐步向 ESG 整合和目的性影响进行转变。中国市场当前多采用 ESG 整合作为核心的投资方法论，未来参照国际市场的发展共识，金融机构在投资决策过程中将整合多种 ESG 投资方法论，并积极参与和影响旗下各资产类别的 ESG 投资决策，以向投资者阐明 ESG 投资已经根植于投资理念的核心。成熟投资者根据资产类别采取系统性方法，例如将负面筛选用于所有主动型和被动型资产，将影响力投资应用于除大宗商品和货币市场之外的主动型资产等；同时根据不同的资产类别对 ESG 7 种投资策略的适用性进行分级，通过基于资产类别的方法论细分以构建成熟多元的 ESG 投资体系。

在赋能投资团队方面，金融机构需要能有效利用 ESG 数据的专业人才。考虑到当前市场上既懂投资又懂 ESG 的人才非常稀缺，因而重视培训现有投资经理和分析师的 ESG 能力更容易获得成功。例如，普及 ESG 的内涵认知、将 ESG 与现有投资决策融合的方法论，以及如何使用 ESG 实现价值创造等。随着金融机构整体 ESG 能力的提升，应适时成立专职的 ESG 团队，通过专业团队不断进行知识和工具的更新与迭代，用以支持团队实现更智能有效的 ESG 投资。此外，专职团队还应具备报告评估能力，用以评估被投公司 ESG 的正面和负面影响，以适应整合和目的性投资时代的需求。需要注意的是，不论是现有投资团队的培训抑或专职 ESG 团队的设立和发展，都需要在组织架构和考核机制上予以支持。

在积极参与投资标的企业 ESG 建设方面，首先，金融机构需要同投资标的企业明确对于 ESG 的定义、期望达到的目标，并敦促企业提高信息披露的透明度，以便金融机构参与 ESG 建设的启动、执行、管理、监控和评估。其次，金融机构需要在与投资标的企业沟通中加强 ESG 信息的相互反馈，不断获取行业专业的 ESG 知识以进一步优化投资决策，同时为企业引入行业的最佳实践经验，最终推进被投企业整体 ESG 水平的提升。此外，金融机构应特别注意不同行业对于 ESG 的关注指标存在鲜明的行业专业特色，因而需要根据不同行业建立相关的 ESG 研究能力，才能实现 ESG 的整合，为投资带来超额回报。

产业如何做好 ESG 投资规划提升 5.4

　　产业行为对国家经济活动影响显著，产业实践 ESG 理念需要国家层面给予引导和支撑，在这方面欧美等发达国家有较为领先的实践经验。如在引导企业社会责任实践的政府机构设置上，欧洲特设欧洲社会责任中心（ECSR）向各个产业明确可持续发展三重底线设置（Triple Bottom Line），致力于提高参与者对环境和经济发展的理解和认知。具体措施上：一是结合联合国可持续发展议题设定重点议题管理部门，以提供专业化的指导和建议；二是搭建机构平台，提供前沿的专业学习、行业实践交流和讨论机会；三是定期发布政策，依托市场主体社会责任执行情况总结文件，及时梳理和调整企业社会责任引导和实践路径的可能。在 ESG 标准构建方面，国际上包括联合国、世界银行、赤道原则协会、全球报告倡议组织等多方权威国际组织及机构，都出台了各自针对可持续发展及 ESG 相关标准与操作指南，为各国企业展开国际范围内的项目合作提供了环境与社会管理的相关参考。在市场实践方面，有明晟、富时罗素等评级机构依据国际标准细化 ESG 相关指标和创新企业评级方法。我国部分央企国企已被纳入明晟、富时罗素 ESG 评估，在可充分借鉴国际 ESG 指标和评级经验的同时，未来也可更多从国际和本土化视角做企业社会责任实践分析和推动指标构建。

ESG 是关注环境、社会、治理绩效而非传统财务绩效的投资理念和评价标准。国内 ESG 投资仍处于发展初期，各行业和企业开展 ESG 投资建设存在特征差异，也面临不同问题，主要体现在信息披露和重点因素应对两个方面。一方面，行业和企业信息披露程度有待提升，且不同行业表现的披露水平差异显著。据 Wind 显示，自 2009—2019 年的十年间，全行业社会责任报告的披露数量从不足 400 家突破至 1000 家，虽然绝对数量保持稳步提升，但全行业披露率仅提升约 5%，为 25.7%，低于国际水平。从行业分布看，银行业披露率 100% 位居全行业首位；煤炭、公共事业（含电力行业）的披露率分别为 56%、41%，位于中上水平；计算机、通信和汽车行业披露率为 20% 左右，处于末端水平区间。信息披露是行业嵌入 ESG 体系的基础，未来各行业应重点规划 ESG 披露制度的构建。另一方面，不同行业受到 E、S、G 三类因素的影响程度有所差异，应根据行业特征制定具体的 ESG 投资建设规划。如银行、互联网等行业面临的 E 类风险理论上要小于煤炭、电力行业，而综合服务、食品医疗等行业在 S 类因素的评价中特性更为显著，因此在未来构建产业 ESG 投资体系中应围绕产业主营特征规划制定有针对性的 E、S、G 完善和提升措施。

国务院国资委成立社会责任局，提出要突出抓好中央企业碳达峰、碳中和有关工作，"一企一策"有力有序推进双碳工作，指导推动企业积极践行 ESG 理念，主动适应、引领国际规则标准制定，更好推动可持续发展。央企所属行业多为关系到国民经济命脉的重点行业，如能源、交通、建筑等，这些行业自身的重要性决定了其与环境、社会和普通民众的天然联系。在新经济时代，ESG 是可有效平衡经济、环境和社会高质量发展需求的评估工具，在国际社会已呈现主流化发展趋势。在中国高质量发展和双碳目标达成的要求下，社会责任局的成立不仅是为定向发挥监管效能，向市场传递未来企业重点工作推进方向，而且是在强控行业碳排放要求下，逐步细化减排降碳主体执行情况追踪，以"一企一策"为主旨有力推进双碳目标的实现。具体而言，未来以央企为龙头的国民重要产业应聚焦做好如下几个方面：

一是监管层亟须引导可持续发展理念的普及，让央企充分理解社会责任的践行与经济发展的紧密关联，强化企业风险研究和转型意识，从外部引导转向内生发展动力。

二是发挥市场功能，重点推进 ESG 标准、评定框架与流程、方法学研究、数据联通、第三方验证等配套建设，解除央企国企在推进社会责任实践过程中的难以落地执行的问题。

三是规范标准体系，制定企业 ESG 治理结构基本组成、执行情况、数据采集基准和披露要求，在一定程度上实现横纵可比的同时，建立常态化、清单式的监督检查机制。

四是进一步强调央企国企在社会责任承担和支持国家经济发展战略的重要角色，以责任担当和市场风向标的功能性定位向行业、市场参与者和国际社会传递中国积极布局高质量可持续发展的蓝图。

五是可建立企业社会责任信息共享、学习和宣传平台，以政策更新、交流和学习提升企业落地到点、执行到位。

目前为了推动可持续、高质量发展，持续深化国内市场的 ESG 理念，央企应在以下三个方面重点发力。一是应对企业现有 ESG 指标体系进行定期更新。目前许多央企已经形成自身 ESG 绩效指标，作为履行社会责任和 ESG 实践的表率，央企应该保持其绩效指标的准确性、及时性和适用性，根据证监会政策要求、交易平台最新规则、国内外 ESG 评价指标等动态更新既有 ESG 绩效指标，以身作则，根据所属行业特色和自身发展实际情况因地制宜调整指标，积极推动形成具有中国特色的本土化 ESG 指标体系。二是应进一步提升 ESG 信息披露及数据管理能力。虽然目前发布社会责任报告的央企数量不断增加，但独立发布 ESG 报告的央企数量仍相对较少，企业 ESG 报告发布率还有提升空间。目前中国尚未制定统一的 ESG 信息披露框架，央企作为行业领导者，应积极开展年度 ESG 相关工作的总结与报告披露工作，带头进行框架制定的有益探索，在提高 ESG 信息透明度的同时，也应该形成企业常态化 ESG 数据管理机制，以不断提升其信息披露水平和 ESG 数据治理能力。三是将 ESG 理念持续落实到下属的众多分公司及子公司。虽然目前大部分央企已在顶层设计层面形成自身社会责任体系并积极践行 ESG 理念，但其下属企业可能涉及众多领域，存在分布广、数量多的特色，在可持续发展理念的落实以及 ESG 治理水平上存在差异。因此，如何将 ESG 理念自上而下彻底贯穿央企整体治理体系，仍是需要重点关注的方面。

以中国电力行业为例，五大电力集团①主营业务中煤电板块仍然举足轻重。中国碳排量居世界首位，很大程度上由燃煤电厂的碳排放造成，燃煤发电已成为中国二氧化碳排放的主要来源，2018 年已达全球能源相关二氧化碳排放量的 30%②。电力行业（特别是煤电）构建 ESG 体系有助于增加其对环境和社会因素的考量，可以促进行业企业减排降碳，对中国实现双碳目标至关重要。具体实施上，一方面，电力行业上市公司应加大社会责任报告披露力度。虽然目前电力行业独立披露社会责任报告的企业数量占比不低，披露率也位居全行业中上游，但仍有较大的上行空间。在披露难度上，电力行业由于煤电技术特性长期涉及环境保护等问题，在以往年报等定期报告中大多已有相关成熟信息积累，例如煤电机组推行低排放改造，相关污染物排放的信息和数据在企业层面已基本掌握，可进一步嵌入社会责任报告进行披露。此外，应以金融行业特别是银行业为标准，从认知层面出发积极提高披露意愿，从而增加全行业社会责任信息披露的广度和深度。同时，正是由于电力行业在环境和社会评价层面的天然劣势，ESG 投资中 E、S 因素的评价也成为电力行业企业经营能力、资金实力的侧面体现，是否积极披露社会责任信息也是电力企业自身实力的一种反映。

对于 E、S 因素的完善与构建，不仅要增加自身信息披露的意愿，更应从业务基本面出发切实提升产业的环境和社会贡

---

① 华能集团、国电投集团、大唐集团、国能集团和华电集团（排名不分先后）。

② 国际能源署（IEA）。

献，为此电力行业应继续秉持可再生清洁能源转型的理念。目前，中国五大电力集团是全球最大的可再生清洁能源的投资者①，在2018—2020年启动可再生能源项目数量超过众多欧洲主要国家，特别是风电场和太阳能电站，能源效率方面斥巨资升级现有煤电设施，采用全球效率最高的超临界（以下简称USC）技术取代效率较低的传统煤电技术。2010—2020年的十年间，五大电力集团关闭的低效燃煤电厂数量超过整个欧盟煤电关闭总量。在提质增效、淘汰落后产能的推动下，中国电力行业的煤炭消费率比2005年下降了17%。以华能集团和大唐集团为例，华能集团自2018年以来一直在快速进军可再生能源领域，到2020年该公司计划向可再生能源投资455亿元，涉及40个综合性项目，2021年后华能集团计划继续对可再生能源领域进行投资，并预计到2025年，可再生能源产能将每年增加4%，总产能增加达到30%。虽然大唐集团最先进的USC燃煤电厂效率已达世界较高水平，但大唐集团始终坚持创新，雷山电厂2019年开始商业运营，采用USC技术1000MW双燃煤机组，是中国第一个采用1500T螺旋卸煤机和双再热锅炉的机组。该装置每千瓦时发电只耗用266克煤，发电效率达48%，超越USC的45%均值。与其他高效的USC机组相比，雷山1号机组每年可节省约74800吨煤炭，减少206000吨的二氧化碳排放，同时该项目为此前关停的小型落后煤电厂员工创造了大量就业岗位，实现了经济效益和社会效益的双丰收。未来中国电力行业应继续开拓具有环境和社会效

① 《HSBC – China coal – fired IPPs & ESG》。

益的能源项目，从业务基本面提升 E、S 因素的评价标准，为行业 ESG 体系构建奠定坚实基础。

在改善行业环境和提升社会贡献的同时，还应重视 ESG 投资的市场特征。基于目前 ESG 金融产品的表现，有研究发现 ESG 的因素对企业并不完全具有超额收益[1]。E、S、G 三个独立因素收益中仅 G 因素表现出超额收益，G 因素的表现可以用盈利能力等因素来解释：更好的公司治理体系有助于提高公司的盈利能力和风险管控能力、合理运用薪酬激励或股权激励，可以缓解代理人矛盾，提高公司业绩等。但 G 因素也并非在全球市场均有超额收益，在欧洲、加拿大、澳大利亚表现为正，而在美国、日本表现为负。由此可见，电力行业在积极增加 E、S 因素的表现的同时，应特别重视 G 因素影响。虽然在电力行业 G 因素相比于 E、S 因素的风险和发生概率都较低，但基于研究发现，对业绩、股价影响程度而言，E、S 因素未有明显影响或影响时间较短，而 G 因素影响更为深远，一旦评价出现波动，其恢复时间更长、结果更难预测，因此应重点避免受到 G 因素影响。随着 A 股逐渐被纳入 MSCI、富时罗素等国际指数，电力企业应主动推进 ESG 体系建设，包括建设"绿色电厂"和"智能煤矿"，建立 ESG 相关信息详尽、稳定的披露机制，以促进提升 ESG 评级表现，抓住市场配置机遇，为企业行稳致远，最终实现中国双碳目标做贡献。

五大发电集团的主力上市公司先后发布"社会责任报告"或"环境、社会及管治报告"，包括华能国际（SH600011）、

---

[1] Breedt, A., Ciliberti, s., Gualdi, S., &Seager, P. (2019). IsESGanEquity-FactororJustanInvestmentGuide?. TheJournalofinvesting, 28（2）,32－42.

华电国际（SH600027）、大唐发电（SH601991）、国电电力（SH600795）和国投电力（SH600886）。上述五家企业都有连续10年乃至10年以上的ESG报告信披历史。随着ESG理念在国内逐渐深入人心，企业ESG报告发布数量持续增长。从编制依据来看，五大发电企业均参考了国际使用较广的全球报告倡议组织（GRI）《可持续发展报告标准》，同时根据上市交易所的不同规定而有所差异。1家企业参考了伦敦证券交易所的《LSEG Guide to ESG Reporting 2020》，3家企业参考了香港联合交易所的《环境、社会及管治报告指引》，还有4家企业参考了上交所关于"社会责任"的编制指引。报告编制依据的差异在报告命名上也有所体现。国投电力和国电电力的报告名称是《社会责任报告》，华能国际的报告名称为《环境、社会及管治报告》，华电国际、大唐发电则将上述两种均包含在报告名称中。整体来看，五大发电企业披露的内容框架十分相似，但内容的篇幅不同，主要涵盖安全生产、生态环境、人才团队、公司治理等方面。华电国际、大唐发电和国电电力的报告都在60~70页之间；国投电力略多，报告有87页；华能国际的报告页数最多，达106页。而篇幅越长的报告，在叙述同一议题时的细节和逻辑越丰富。此外，根据GRI标准，公司需要收集、识别利益相关方关注的议题，开展重要性分析和排序，确定公司在环境、社会及管治方面的重要议题。2021年报告中，华能国际、华电国际、大唐发电、国投电力既披露了利益相关方沟通，也呈现了实质性议题分析结果，国电电力则只披露了与利益相关方的沟通情况。值得一提的是，4家发电企业对不同ESG议题重要性的判断并不相同。

华电国际分别从环境、社会和经济三个层面对议题进行评估排序，最终在环境层面判定 5 项重要性议题，包括生态保护、能源使用及管理、清洁能源发展、温室气体排放与管理、排放物管理；在社会层面判定 4 项重要性议题，包括职业健康与安全、保障服务质量、员工权益、员工发展与培训；在经济层面判定 3 项重要性议题，包括发展策略、企业业绩、合规管理。华能国际将所有议题放在一张矩阵图中，其中重要性排在前列的 10 项议题分别为控制排放物、守法合规、保护生态、反贪污、能源使用、清洁可持续能源、安全生产与职业健康、水资源管理、供电稳定及断电紧急处理、员工权益保障。在国投电力的重要议题矩阵中，排在前列的分别为安全生产、守法合规、应对气候变化、安全管理、深化改革、技术创新。大唐发电没有呈现议题的重要性矩阵，直接列出了实质性议题，包括党的建设、科技创新、碳管理、保障股东权益、响应国家政策等。大唐发电 2021 年二氧化碳排放同比下降 13.85%。五大发电企业的 ESG 信披差异还体现在量化指标信息的披露上。

以长江电力 ESG 管理体系构建为基础，分析中国电力企业实践 ESG 理念的探索。中国长江电力股份有限公司（以下简称长江电力）是经国务院批准，由中国长江三峡集团有限公司作为主发起人设立的股份有限公司。公司创立于 2002 年 9 月，主要从事水力发电、配售电以及海外电站运营、管理、咨询，智慧综合能源及投融资业务。2003 年 11 月在上交所 IPO 挂牌上市，在全球多个国家开展相关业务，初步形成以重庆、湖北为核心，遍及全国 10 多个省市的配售电业务战略布局，打造了三峡水利、秘鲁路德斯公司等国内外配售电业务上市公司平台。公司总装机容量 4559.5 万千瓦，是中国最大的电力上市公司和全球最大的水电上市公司，其中国内水电总装机占全国总量的 12.32%。长江电力在实践中将 ESG 管理理念融入企业战略和运营管理体系中，识别出影响重大的 25 项关键议题，从对自身和对利益相关方两个方面出发，积极将社会责任、环境保护和公司治理有机统一起来，不断提升公司治理和流域清洁水能综合利用水平，打造 ESG 管理体系，重点包括以下四点：一是强化 ESG 治理。从董事会层面重视公司 ESG 建设，明确管理权责，将 ESG 管理与信息披露纳入董事会监督审核范围；二是了解 ESG 管理与信息披露最新趋势，挖掘 ESG 管理机制并开展与国际先进能源企业对标研究；三是建立 ESG 管理体系，明确公司 ESG 管理的范畴，深化 ESG 管理具体工作；四是加强对 ESG 相关舆情信息的监测，完善舆情管理机制，及时做好回应与处理。

一方面，夯实 ESG 管理基础。综合考量 MSCI、富时罗素、标普、道琼斯评级体系，强化 ESG 研究和管理，初步建立与公司地位相匹配的可持续发展形象，为公司成为全球最大电力上市公司和世界水电行业引领者提供有力支撑。长江电力以"枢纽运行、卓越运营、互利合作、清洁发展、回馈社会、乐业进取"六大主题为主线，在系统披露公司 ESG 信息的基础上，进一步提升公司国际化管理水平，提升公司市值。

另一方面，推进 ESG 管理实践。长江电力围绕投资回报、碳排放、社区关系、公司治理和行业标杆等方面聚焦 ESG 标准的制定，系统呈现在创造经济、社会和环境综合价值、满足各类利益相关方期望等方面的举措和成效。首先，碳排放指标是重点。发电企业碳排放指标需要进行量化，这是各个利益相关方关注的重点，也是 ESG 评价的最重要因素。同时，公司通过系统分析识别碳排放来源，有针对性地采取碳排放管理策略，不断提高水电站绿色运营管理水平。其次，社区关系是要点。水利电力企业涉及供应链长、涉及方多、影响面广。长江电力长期致力于建立良好社区关系，在定点扶贫区域开展精准扶贫工作。2020 年，公司共实施精准扶贫项目 48 项，投入资金 2.13 亿元。再次，投资回报是亮点。作为公共事业领域的典型代表，电力行业往往利润增长率一般，要突出对股东和市场的贡献，必须做好现金分红等投资回报安排。长江电力在 A 股市场中率先做出未来 10 年高比例现金分红的承诺，在公司章程明确对 2021 年至 2025 年每年度的利润分配按不低于当年实现净利润的 70% 进行现金分红，在中国 A 股市场属首例，多次被评为"最佳股东回报上市公司""最具投资价值上市公司"。公司的股息率常年位居国内电力行业前三、MSCI 公用事业第一。最后，公司治理是关键。长江电力着力深化企业改革，不断优化治理结构，逐步建立以股东大会、董事会、监事会和经营层"三会一层"为核心的法人治理结构，实现了规范化、科学化、高效化的治理。

长江电力建立全方位、多平台的透明沟通渠道，使利益相关方通过各类平台，便捷地获取公司 ESG 信息。自 2008 年发布首份独立的企业社会责任报告以来，已连续 12 年发布中英文版企业社会责任报告，全面、系统地披露公司 ESG 管理与实践的理念、方式和成效。此外，官方网站设有"社会责任"专栏，并不断完善多媒体信息披露平台，及时对利益相关方关注的重点话题进行梳理和回应，加强信息沟通的有效性、便捷性和针对性。

按照上交所 ESG 信息披露指引公布信息，并对标富士罗素、MSCI 等评价指标和行业优秀实践，在公司治理、生物多样性、碳排放和人力资本开发等内容上，有针对性地加强风险识别、管理策略及 ESG 绩效的披露，更好地满足投资者对公司 ESG 管理与实践信息的关注和需求。依据 MSCI 的 ESG 评级方法和核心议题，强化长江电力 ESG 信息披露，有针对性地增加相关管理制度、实践案例、工作绩效的披露，提升信息披露的实质性，形成对 ESG 信息的有效回应，以促进长江电力 ESG 评级表现提升。

长江电力基于 MSCI 的 ESG 评级报告，系统梳理自身 ESG 管理与信息披露实际水平，形成《长江电力 ESG 管理提升计划》，持续提升 ESG 管理水平。在 ESG 管理和实践方面持续完善，以提升 ESG 管理和实践能力。此外，报告英文版参考借鉴国际先进电力企业可持续发展报告编制经验，以 ESG 议题为披露维度，直观回应 ESG 指标披露要求，从指标管理策略、指标管理绩效等维度使 ESG 信息披露更加有效，更加匹配国外读者、企业社会责任（CSR）专业读者的阅读习惯。

6

第六章

数字化、绿色化的中国资本市场

6.1 金融服务实体经济的新使命

金融为实体经济服务，符合社会主义市场经济发展和人民群众的需求。现在我国已经步入全民消费时期，金融取代冲突作为国与国间利益争夺的新阵地，金融服务已经成为一个大国重要的核心竞争力，掌握了金融的发展也就掌握了新时代发展的主战场和主动权，金融的核心位置也将是世界的核心位置。

2017 年第五届国家金融服务发展大会明确提出"金融是国家重要的核心竞争力"这一观点，意味着金融服务在国家实力形成与国家功能的提升上体现出重大意义，有着重要的发展价值与战略意义。要真正地把中国金融服务打造成我国重要的核心竞争力，就一定要在机制建设、能力建设、组织建设等层面锻造自己的竞争优势。同时要求中国金融服务领域的大企业励精图治、精益求精，以卓越的专家素质、完善的体制环境和广阔的国际眼光，把中国金融服务产业变成我国重要的核心竞争力。

金融服务，是指市场主体通过金融工具使资本由资金盈余方流入匮乏方的经营行为，是对货币资金相互融通的统称，是指与货币流通和银行信用有关的各种行为。主要包括：纸币的发售、投放、交易和回笼；各项储蓄的接收和支取；各种信贷的发出和接收；银行会计、出纳、转账、清算、担保、融资、保险、出租、兑换、贷款、质押、股票交易，以及其他的交易与非贸易活动的清算、黄金白银交易、出口、输入等。

金融活，经济活；金融稳，经济稳。经济兴，金融兴；经济强，金融强。经济是肌体，金融是血脉，两者共生共荣。此深入阐释了经济社会和金融服务之间的辩证联系。促进金融业发展，就需要牢固抓住其和国民经济发展相伴共荣的关系，顺应技术创新这一国民经济发展主要动力引擎的需要，既注重对重大前沿技术创新项目的资金支撑，也注重对中小企业技术创新项目的资金支撑，推动企业提升科学技术转化率；顺应提升企业全要素生产力的需求，充分发挥好企业政策与市场的功能，带动社会资本向优秀科技与创新型企业的聚集；顺应中国经济与社会可持续发展的需求，政府继续发展绿色金融，积极促进环保信贷、绿色债券、绿色保险、绿色指数等相关产品创新，支持和促进生态文明建设。

金融和企业联系密切，相辅相成。金融市场是指货币流通与信贷活动及其有关的生产经营活动，是商品生产与货币关系演变的必然过程，金融改革是社会主义市场经济的必然成果，金融机构可以推动整个经济社会的蓬勃发展，从最初的金融活动起步，以纸币作为交流媒介，到垄断资本主义发展阶段的金融资本和金融寡头化，再到目前全球金融的蓬勃发展，金融机构每一个成长阶段都对整个经济社会发展起了重要带动或推动的作用。

强化党对金融业管理工作的主导。党的领导是中国特色社会主义制度最根本的特点，是中国社会主义体制的最大政治优势。强化党中央对经济金融工作的全面领导，既是中国金融发展的特色，也是中国金融发展的优势。中国经济正从高速增长时期转入高质量发展时期，正处于改革增长模式、调整发展方式、转变发展动能的攻坚阶段。唯有坚持党的领导，才能保证中国金融的建设永远保持正确前进方向；才能提高全局观念、系统意识、前瞻能力，有效减少可能出现的风险，有效预防财务风险，以金融资产的有效配置促进国民经济高质量发展。

走我国特色金融发展之路。中国金融业在不断发展的过程中，逐步形成了具有鲜明特色的金融机构体系、金融市场体系、金融监管架构、金融风险防范机制、金融改革与开放格局等。发展金融业需要学习借鉴国外先进经验，但不能照抄照搬他国道路和发展模式。必须立足国情，从中国实践入手，正确掌握中国金融业的发展特征与基本规律，走好中国特色金融业的发展之路。

明确抓好地方金融工作的重要原则。在 2017 年 7 月举行的地方金融工作大会上明确了抓好金融工作必须掌握的四项重要原则。一是回到本源，服从并服务于社会主义经济建设；二是规范发展，进一步完善市场经济、企业、金融组织产品治理体系；三是加强监督，进一步增强企业防范化解市场经济的风险意识；四是市场主导，充分发挥市场在金融组织资产配置上的决定性功能。这既是对我国金融发展经验教训的系统总结，也是对未来我国金融发展的具体要求，具有重要指导意义。

揭示金融基本运行逻辑。紧紧围绕支持发展中国实体经济社会、防止风险、推动金融服务革新发展三大任务，不断创新和完善金融政策，进一步完善现代金融服务创新体制，进一步健全国际金融市场体系，推动搭建现代金融监管框架，积极推动全面转换金融机构治理模式，进一步完善金融市场法制，维护我国市场经济安全。这揭示了金融基本运行逻辑。这三项功能紧密结合、相互促进，成为一种不可分割的有机系统。支持中国实体经济发展是我们的责任与使命，更是防范化解风险的基本手段；防范金融风险既是充分发挥金融服务对实体经济功能的重要基础，更是进一步推进金融改革的一项重大工作；加快金融改革、深化金融市场开放，创新和完善金融市场政策，完善政府监管，促进金融市场资产优化配置，才能有效防止系统性的风险，从而推动金融服务更好地服务于实体经济。

金融机构的重要作用是资本的融通，并进行了时间、数量和风险上的转移。金融市场可能是人类发展史上伟大的发明之一，它将促使劳动再分配、规模经济发展变为可能，大大推动了市场经济发展的步伐。诺贝尔经济学奖得主希克斯在其作品《经济史理论》中有一条重要的论述：工业革命需要等待资金革命。在首次工业革命爆发前后数十年，蒸汽机技术才开始发展，要把蒸汽机产品应用于铁路、海运和纺织等领域，就需要巨大的资金。所以，如果没有一个合理的金融机构筹集足够的资本，工业革命也就不可能进行。

过去几十年里，我国金融部门主要研究的两个课题就是发展与改革。从几乎白手起家，到构建起一个规模巨大的金融机构，从商业到资本，目前我国大大小小的上市企业达 4000 余家，我国银行业资产总规模排在全球的首位。

金融机构在越来越多的市场化运行，从资本结构到商品价格，对金融市场的影响显得越来越大。从结果来看，在中国改革开放开始的十几年，金融机构很好地支撑了经济社会发展，这也就充分体现了金融机构的社会价值。但是在最近十多年中，金融机构支撑国民经济发展的能力在日益削弱，而金融风险却在日益增加。这为金融机构发展和变革提供了新的挑战，必须着力建设现代金融体系。

各级政府一直以来高度重视银行业管理工作，尤其重视银行业对社会主义市场经济的重要引领作用。改革开放的伟大经验表明，随着我国市场经济持续健康发展，工业化、城镇化、市场性、国际性进程加速，我国金融市场对经济社会健康发展的重大影响将日益突显。

党的十八大至今，我国银行业发展实现了新的巨大突破，我国金融事业保持了高速发展，金融服务产品越来越多样化，服务普遍性明显增强，商业银行改造顺利实施，地方金融机构体系完善，人民币国际化与银行业的双向开放合作取得了新进展，政府监管体系得到进一步完善，防范重大风险基础的能力提高，有效促进了供给侧结构性改革的进一步发展和社会主义现代化经济体系的全面建设。金融服务体系是经济发展不可或缺的基本体系，金融服务是保障我国经济发展的关键。一方面，通过银行和市场，微观经济主体与我国宏观调控密切地联系在一起，企业生产、家庭消费、政府部门干预等均需要通过金融体系为其进行资本融通、信息传输、风险分散等业务，所以市场经济的发展离不开宏观调控职能；另一方面，发展成果的积累也离不开经济运行平安稳定，基于不发生系统性风险的基本原则，关乎我国经济可持续发展的大局。

资金活，经济活；资金稳，经济稳。在经济全球化日益推进的今天，金融领域已经变成国际市场竞争的重点区域。美国学者亨廷顿曾在《文明的冲突与世界秩序的重构》一书中，列出了西方掌控全球的十四条政策要领，其中第一、二、五条依次为掌握和操控着国际金融体系、掌控着一切的硬通货和主宰着国际资本交易市场，也从某个侧面表明了金融市场在国际竞争中的独特作用，这也关乎人民币资本的可自由兑换、汇率市场化、人民币国际化和开放步伐，乃至全球经济管理新局面的形成。

我国的金融服务具有较强的竞争力，金融服务安全性是我国信息安全的关键，金融服务管理制度是我国改革开放不可或缺的基本管理制度。党的十八大至今，中国金融业建设取得了巨大进展，中国金融服务改革与开放不断深化，金融服务产品不断丰富，金融服务普惠性明显增强，金融监管制度得以进一步完善与提高，但中国金融业的增长方式、管理观念、创新能力、服务质量等仍不能满足中国经济社会高质量发展的需求。必须把握完善金融服务、预防金融风险的重大关键，完善金融服务结构和银行体系、服务体系、产业体系，以促进中国金融业的高质量发展；切实把保障金融稳定当作治国理政的一项大事，筑牢金融服务保险，牢牢守住不爆发系统性金融风险的底线。

创新、协调、绿色、开放、共享的新发展理念，既是中国经济社会发展的新航标，也是金融业发展的方向。其中的绿色理念，被绿色金融这一新的独立概念完美诠释。2016 年发布的《关于构建绿色金融体系的指导意见》将绿色生态金融定义为支持环境明显改善、适应气候和自然资源节省有效使用的经济，即对节能环保、洁净电力、绿化基建等应用领域的建设项目投融资、项目建设经营、管理等进行的金融业，这一文件也成了绿色金融发展新纪元的标志。

目前，虽然国际上对绿色金融概念的认知存在差异，但核心都是强调金融在改善环境、实现可持续发展中的作用。绿色金融主要包含两个方面，有着"服务"和"引导"绿色经济的双重作用。一方面是"服务"，绿色金融以实体经济低碳转型为核心，突出实体经济的主体地位，利用金融机构提供的相关服务和产品，满足实体经济的融资需求，从而推动实体经济朝低碳转型方向发展。另一方面的"引导"作用是对于金融行业本身，金融机构自身的绿色和低碳化起到的引导作用，引导资金流向促进环保和生态环境领域；引导企业注重绿色环保、提升绿色意识等。全球气候变化、环境污染、资源紧缺等问题日益凸显，仅以经济增长为目标而忽略环境压力的发展方式将难以持续，不利于可持续发展。

新冠疫情后，各国纷纷重新审视过去的发展方式并重新评估可持续发展的意义，对环境、社会、治理（E、S、G）的关注进一步加强。我国"十四五"规划中也有2030年实现碳达峰和2060年实现碳中和的愿景。目前针对实现碳达峰和碳中和的资金需求已经有不少测算，规模级别都是百万亿人民币。面对如此巨大的资金需求，财政资金只能覆盖很小一部分，绝大部分需要通过金融体系利用市场资本加以弥补。近年来，我国的绿色金融在政策支持和行业自主创新下取得蓬勃发展，吸引资本进入绿色产业，促进绿色经济发展，成为国际环保行业的一大亮点。

目前，主流的绿色生态金融服务产品包含绿色信贷、绿色债券、绿色保险、碳融资商品、绿色基金、绿色信托、绿色生态证券等金融工具。下文具体介绍绿色信贷、绿色债券、绿色保险和 ESG 投资。

绿色信贷是环保银行的支持性产业，又被叫作可持续投资或环保贷款，是在商业银行的信贷流程中，以满足环境监测要求、环境污染整治目标以及自然资源环境保护为信用贷款的主要审核标准。绿色信贷对于实现绿色经济发展具有重要意义：一方面，绿色信贷在绿色金融建设中有着推动银行和企业健康发展的重要功能，进而促进绿色经济发展；另一方面，商业银行也成了绿色信贷的主要投入主体，可通过发展绿色信贷，达到社会与经济效益双赢的目的。目前国际上最具代表性、应用较为广泛的绿色信贷产品和项目的重要标准是赤道原则（EPS）。另外，在国际上还建立了绿色信贷原则（GLP）和发展相关信贷原理（STPS）等。在近年来的经济发展中，我国绿色贷款数量呈现逐渐增加的趋势。截至 2020 年末，我国绿色贷款总量接近 12 万亿，而且，绿色贷款在我国金融系统整体信贷中的占比也保持着增长。截至 2021 年第一季度末，全国绿色信贷的投资占比已达到 7.2%。目前绿色信贷大部分投在环保交通运输和能源行业，近几年交通运输和能源行业的绿色信贷占比有所减少，其他产业的绿色信贷占比却持续增长，表明我国绿色信贷分布已经越来越多样化，种类逐年增多。

绿色债券一般是指可以通过募集资本，用来为新建或已有合格绿色项目进行部分或全额融资和再融资的各种类债务工具。由于绿色债券可以作为已被贴标的债券，并且其中很大比例都已通过了第三方评审确认，从而极大地提高了投资者对确定绿色产品项目的准确度和可信度。绿色债券在一定程度上克服了目前绿色产品项目普遍存在的投资回报较差、资本使用期限较长、市场化程度较低等问题，从而大大降低了绿色项目投资难度，为我国经济社会的绿色转型发展带来了巨大的资金保障，有效助力"双碳"目标的实现。截至2021年2月底，符合中国境内绿色认证国际标准的绿色债券发行规模已累计超过1.2万亿人民币，规模排名世界第二，在绿色债券的资金投向方面，清洁交通运输、洁净电力、低碳建筑等领域是热点领域，占比超过一半。2019年募集资金投向中，清洁交通占比达到26%，清洁能源占比为27%。

绿色保险可提高企业和社会的风险管理能力。在经济与社会的绿色转型进程中，绿色保险公司将有助于公司意识到防范低碳经济转型风险和气候风险的重要性，从而提升公司风险管理能力，并助力于公司减少风险。同时，绿色保险还可以通过保费调节机制激励参保企业绿色转型，促进企业及相关行业积极采取行动，推动经济社会平稳绿色转型，从而促进绿色经济发展和碳中和、碳达峰目标的达成。中国绿色保险通过法规制度的建立以及长期的实践经验，取得了迅速的成长与提高。中国保险行业协会资料表明，随着绿色保险保额和给付补偿金融持续增长，绿色保险的风险保护作用也不断增强。

发展ESG主题基金也成了资本机构实现ESG理念的主要方法之一。ESG投资者们实际是在引导公司尽量将自己商务活动中对环保、社会效益所产生的外在性对内化，并引导公司重新划分公司和市场之间的界限，在新的公司界限内寻求收益最大化，从而增强企业的社会责任感和环境意识，降低企业的碳排放，以达到促进绿色经济发展的目的。

随着中国金融供给侧改革的持续推进，中国金融服务体系已经恢复了基本功能，即金融服务体系应该以支撑实体经济发展为主。中国高水平对外开放也离不开金融服务的推动作用，而金融服务又具有自身的优越性，可以有效调整社会资源结构并有效调节社会资源分配，给经济社会发展带来巨大动能。国务院办公厅出台的《关于加快建立健全绿色低碳循环发展经济体系的指导意见》中提出，建立健全绿色低碳循环发展经济体系，促进经济社会发展向全方位绿色生态建设转变，是解决我国资源环境生态问题的基础之策。由此可见，发挥绿色金融在支撑绿色低碳循环发展经济体系中的重要作用，是十分必要而紧迫的。

环保对可持续发展是至关重要的，我们不但要努力实现经济社会高质量发展，更要确保健康可持续发展。在"十四五"时期，打通绿色金融与国内循环同步发展通道。未来中国有望形成与环保金融可持续发展有机结合的全新发展模式。以"3060"双碳发展目标为引领，我国所有机构领域的低碳发展将成为未来经济社会发展的主要方向，我国力争2030年实现碳达峰，并在此之后的30年内实现碳中和。但从长远考虑，这将是一项复杂而具有巨大挑战的过程。绿色金融是促进这一目标达成的主要基础，我们作为绿色金融体系中不可或缺的一环，必须主动投身到国家的绿色发展当中。

大力发展绿色金融可以有效控制因环境气候风险所造成的金融投资风险，从而促进和维护自然与生态环境，所以，中国绿色金融的全面发展与深入开发将是全球社会的焦点，同时也是中国为实施"3060"双碳目标需要建立与完善的新型金融机构。

当前，我国正处在中华民族伟大复兴的关键时期，在这一重要的社会历史节点，金融应该承担什么样的角色？诺贝尔经济学奖得主罗伯特·希勒的作品《金融与好的社会》或许有助于解答这种难题：只要我们愿意真正重视金融机构、善用金融机构，金融机构就会变成实现人类完美社会这一最终目标的发动机。我们所肩负的使命，就是控制成本、实现需求的匹配以达到他人与社会的完美。由此更好地服务产业发展，造福社会是金融必须承担的使命。

金融业是中国实体经济的重要支撑，为实体经济提供服务是金融业的天职和基本目标，也是防范金融风险的基本措施。

商业银行和市场活动参与者利用调动存款、配置资源、督促专职管理人员、转移经营风险，以及推动产品、业务和合同交易等技术手段，可以有效减少信息成本和交易成本，从而推动资本积累和创新，促进经济成长。不过市场活动参与者又可能是过度投机和虚伪繁荣的温床，通过对金融商品的重复交易，市场活动参与者可以自转、空转，从而引导实体经济的脱实向虚，而后者反过来也会进一步加剧金融业的自我循环，进而积聚经营风险。2008年的全球经济危机，就给人们上了有关现代金融业最生动、最深刻的一课。自20世纪70年代初起，以美国政府为首的发达国家已经产生了典型的金融化特点，资本积累的逻辑日益深入整个经济社会运行的所有细节，并明显影响了公司、居民等微观经济主体以及政府部门的活动，从而导致企业利润越来越多地经由资金渠道形成，而不是产品的制造和交易，最后导致资本积累困难，从而导致了金融危机。

资本主义的金融化以及日益激化的社会问题表明，需要重新检视企业与银行的相互关系和运行机制，在实体经济与虚拟经济间进行良性交流。与此同时，当前经济社会发展迈入新常态，企业增长放缓冲击增大，工业转型升级要求紧迫，也必须健全市场、商业银行与金融结构，推动投资便利化、减少企业经营成本、提升资源配置效益。

为中国实体经济提供公共服务是金融业的天职，是预防风险的基本措施。搞好金融工作，就应当顺应金融业发展规律，要把促进实体经济社会发展当作出发点和落脚点，全方位提高服务效率和品质，把更多金融机构资源投入到关键领域和脆弱环节，更多地适应和满足实体经济的多元化资金需要，推进金融业和经济社会、金融业和地产业、金融机构内部结构的良性循环。

近年来，我国通过进一步完善国家金融服务的宏观调控系统，不断创新和完善了宏观调控方法，在宏观经济杠杆总体平稳的前提下，既有力地支撑了实体经济发展，也更有效地维护了国民经济运行保持在合理区间。这十年，央行实施以我为主的稳健货币政策。中国综合研判复杂多变的国内外经济形势，发挥好货币政策总量调节和结构调节的双重功能，前瞻性地加强跨周期的调节，有效应对新冠疫情等内外部的冲击。在这个过程当中，有力地促进稳增长、稳物价、稳就业和国际收支平衡。中国的新发展理念引导着金融支撑下实体经济的高质量发展。2020年一季度末，全国普惠小微信贷余额已突破20万亿元，服务小微企业的个体工商户已突破5000万家。人民币已经加入国际货币基金组织特别提款权并跻身第三大篮子币种，权重从 10.92% 提升至 12.28%。

我国不断强化数字经济时代的金融基础设施建设，现代化金融服务体系迈上新台阶。我国的高技术制造业中长期贷款余额较十年前增加了近 7 倍。通过超前布局、统筹谋划，稳步推动数字人民币研发和试点，全面升级人民币跨境支付系统，构建覆盖全社会的征信体系，建立完善全球最大的金融信用信息基础数据库。

改革开放以来，我国银行领域获得根本性进步，银行业服务质量、能力和营商条件明显提高，金融机构建设获得了突出进步，为我国企业成长、经济社会发展奠定了坚实基础。但目前，国内外环境正在发生巨大而复杂的变革。所以，必须加强金融服务水平双向对外开放，增强金融行业国际化水平，增强参与国际金融事务意识，加强对金融市场的进一步理解，立足我国实际，走具有中国特色的金融服务发展之路，是我国金融行业未来的发展方向。

金融可以对产业绿色转型发挥积极作用。一方面，通过金融工具和金融政策，可以更有效地将资源配置到绿色产业，支持应对气候变化；另一方面，设计得当的金融产品有助于管理与气候相关的金融风险，可以更好地助力绿色产业健康发展。

为了降低碳排放，绿色金融将围绕清洁能源、基础建设的提升、节能环保、清洁制造、生态环境修复、绿色科技等环保绿色领域，推动各个行业的发展。根据我国产业结构偏重、资源结构偏煤的现实情况，银行将在贯彻有保留压、分级监督管理原则上，继续加强对海洋生物药品、材料、绿色运输等战略性新兴产业金融服务力度，严控"两高一剩"及环保敏感业务融资授信额度，吸引各种资源投入发电、钢材等传统高碳工业领域的节能减排、减碳转型等项目，进而推动产业结构优化转型。加强对风能、光伏发电、生物质能等洁净燃料金融扶持，保障煤炭洁净有效开发转化使用，促进我国形成清洁低碳、安全有效燃料系统发展。支持发展有机肥料、环保农机、生态林和农业农村减排的固碳工程，推动农村建筑结构和用能低碳改造，促进市县和乡镇的低碳建设。尽快建立高效保障绿色技术创新的金融系统，大力支持节能环保、清洁制造等重要领域的科技攻关项目和重大科技成果转化运用，加强对二氧化碳有效捕集、有机转换等零碳负碳科技金融扶持，主动为大容量储能技术研究推广提供金融保障，积极推动绿色低碳科学技术进步和广泛应用。

随着双碳目标的稳步推进，在绿色低碳经济的推动下，绿色金融正逐渐成为推动绿色低碳发展、实现碳中和目标的重要保障。在中国金融服务行业占据重要位置的银行业，也正在加强对环保低碳领域的金融服务支持。绿色金融已成为政府保障自然与生态、优化产业布局、培育新经济增长点的关键支点，很多金融机构都制定了发展绿色金融的政策措施，通过不断完善绿色信贷政策规定，进一步强化政府环境服务与社会风险的管理，进一步发展、完善政府绿色信贷品种与业务，进一步强化政府对节能环保、洁净资源、生态、环保服务等领域中小企业的贷款扶持力度，大力推动发展绿色金融，积极推动国民经济各个领域向绿色低碳可持续发展的转型升级，用有效资金手段保护绿水青山。

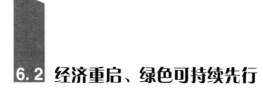

断鳌立极

6.2 经济重启、绿色可持续先行

人类的发展离不开生产活动，步入工业化以后，人类活动是导致全球温室气体排放量逐年增多的主要推手（约占95%），一系列极端天气和生态环境的恶化频频发生，成为人类实现可持续发展道路上的重大阻碍，严重危害地球上生命体的生存和发展。由于环境因素带来的危机，尤其是许多发达国家的金融机构未能明确认知并合理处理这些自然危机，导致整体经济遭受冲击。环境气候问题在一定程度上影响了中国经济平稳循环发展，对中国双循环经济模式下的可持续、高效发展产生了一定的消极影响。由此看来，世界各大金融机构应该高度重视环境气候问题及由此产生的金融风险，而在国际化格局下的绿色金融机构则更应该注意预防和化解环境气候风险。

尽管环境气候风险在一定程度上使绿色金融市场产生波动，但绿色金融可以有效预防和化解环境气候风险。其主要原因：一是绿色金融有效提高了国内外高污染产业转化提升的速度和效率。二是绿色金融有效避免了中国境内金融投资支持的海外清洁能源行业，有效保障和促进了国内外的清洁能源生产和相关技术发展。三是绿色金融市场健全完善了中国企业、政府部门和金融机构三者间的合作关系，让企业可以高效地处理环境污染，政府部门可以合理出台相关政策并规定排污额度，而金融机构则可以依据政府部门和企业所给出的政策和信息，有效提出科学合理的投融资方案。利用绿色金融，能够有效推动三方的相互协作、紧密联系，使中国经济社会一步步地走上绿色健康的可持续发展道路。

2020年突发的新冠肺炎疫情对全世界范围内的生产活动产生重创。如今，各国正在启动经济救援和恢复措施，以缓解新冠疫情的影响。未来全球温室气体排放，取决于经济复苏措施的绿色低碳程度，目前很难对其进行全面评估。在此趋势下，预计未来几年内，若经济恢复政策没有重点考虑环境的影响，全球温室气体浓度以及排放增幅仍可能不断攀升，使得极端天气等情况更加严峻，对可持续发展造成威胁。由此可见，绿色发展是实现可持续发展的必然选择，否则人类会难以承受像极端气候等环境大规模破坏造成的恶果。因此，只有各国在保证减碳措施的有效持续进行的同时复苏经济，才能保证在一个较长时间内经济和市场的发展可以延续下去。

由于地球人口众多、资源匮乏、经济和科学技术发展不平衡，唯有控制人口增长、节约资源、保护环境，才能达到可持续发展与经济的良性循环，使各领域的发展可以保持良好效果。只有从强调眼前利润、部分利润的发展，向强调长期效果、整体利益的发展，由物质资本促进型的发展，向非物质资本或经济技术条件促进型的发展，才有助于推动中国经济发展模式从粗放式向集约型的转变，使经济增长同人口、资源、环境相互平衡，从而促进国民经济长期、平稳、健康发展，改善人民群众的生活水平和素质。通过推行环保低碳经济策略，可以促进生态效益、经济性与社会效益的融合。

发展绿色生态经济将是我国农业的必然选项。大力推动绿色文明创建工作，是构建政治文明、法治健全、社会公正的社会主义新农村的重要选择。绿色发展为我们提供了科学合理的价值取向：提供了敬畏自然、寻求世界和平的理念；营造人类健康家园的文明理念；全面、和谐、可持续的发展理念；摒弃高耗能、重污染、低效益的传统方法，继续走科技水平高、效益好、资源消耗少、环境污染小、人才优势得以有效发挥的新型农业产业化路线。

可喜的是，近年来全社会坚持环保的意识和自觉性明显提升，生态环境明显改善，我国在生态环境方面的国际话语权也明显提升。全国森林资源的总规模达7000万公顷，成为全球"增绿"最多的国家；建成了全球规模最大的碳排放权交易市场，风电、光伏发电设备制造形成了全球最完整的产业链。绿色低碳发展已经成为引领新时代中国企业实现高质量、可持续发展的驱动力。

以社会企业为中介，公司的绿色金融参与度将直接关系公司的利润，所以绿色金融就是金融部门把环境治理和保护自然要素引入社会投融资项目中，其主要功能就是促进社会金融资产进行绿色分配，从而推动社会金融资产更多地进入绿色工程中的过程领域。显然，绿色金融将会直接影响公司的投资环境，倒逼公司履行环保责任、积极参与绿色金融，进而减少投资约束。绿色金融的本质是为了实现在生态、资源、环保和经济社会发展之间的共同可持续发展，本身就带有一定公益性特征。绿色金融服务的发展也和企业环保问题密切相关，履行环保责任是企业积极参与绿色金融服务活动的必然需要，而企业对绿色金融服务参与度可体现企业履行环保负责的程度。环保责任是中小企业现代社会责任的主要内涵，在社会各界对环境问题越来越关注的大背景下，环保责任在中小企业现代社会责任中的地位也越来越重要。中小企业主动发展绿色金融，会提升中小企业的现代社会责任水平，从而对公司利润形成影响，大部分研究都指出中小企业主动履行现代社会责任，能够使企业建立良好形象，增强公司信誉，从而提升中小企业品牌价值、市场竞争性和获利能力等，对公司利润的影响也是比较正面的。所以，中小企业必须积极发展绿色金融，并增加绿色金融活动参与度，才能提高企业社会责任程度，从而让中小企业获得更多的效益。

绿色债券作为我国绿色金融机构中最具标志性的产业之一，近年来发展势头很快。绿色债券的主要用途就是为绿色项目创造新型的投资途径和长期的投资来源，从而为投资人创造可持续的绿色资产。鉴于绿色债券的正外部性特点，中国政府对绿色债券的发放、使用和审核都有了政策保障：首先发放绿色债券的公司可以不受发债指标约束，在资产负债率和募集资本占项目总体资金投入的比重限制上都有所放松；其次，发放绿色债券的公司还可以把募集资本用来偿还银行借款和补充项目营运资本；最后，我国政府还设立了专门的申请受理和审批绿色通道，大大提高了申请速度和工作效率。所以，绿色国债相比较一般债券而言，对发行者、中介机构以及投资人员都有着相对优势。具体来讲，对于发行者来说，绿色债券的发放年限更长，通常为3~5年期，能更合理匹配绿色项目的执行期限。同时绿色债券的发行收费也更低廉，比如上海清算所规定绿色债券的发售登记费用和付息资金服务费比例为最低 50%，而广州则对发行绿色债券的公司予以发售收费 10% 的一次性补助等。另外，绿色国债还利用了专业的绿色渠道发放，发行质量也较好。对中介来说，由于承销发放绿色债券，中介能够在监管评级以及美国证券业协会的水平考核上得到加分。而对投资人来说，由于绿色债券既具有较好的流动性又可以满足投资人在绿色生态环境主题上的融资需要。除这些显性优点，部分绿色国债还可免税，且得到发行单位与第三方金融机构的双重认可，而上述隐性优点也导致了绿色国债的吸引力非常大。

绿色债券作为绿色金融市场上较为成熟的融资工具，是吸引社会资金流入低碳环保等领域的重要抓手。中国金融体系长期存在对银行贷款依赖度过高和短期债务水平过高的问题，引入绿色债券这一融资工具，不仅能缓解企业在环保领域融资渠道单一的限制，还能向企业提供长期的资金，为绿色项目的顺利开展提质增效。上市企业发行绿色债券的前后 3 天时间窗口期内，企业获取了 5% ~ 7% 的股票累积超额收益。在该时间窗口期内，发行绿色债券的上市企业股票累积超额收益率相比发行传统债券的企业高 0.96%。生产率提升的主要原因在于发行绿色债券的企业更多关注技术创新和研发，绿色创新能力更强。这一结果不仅对上市企业的绿色发展具有参考价值，也为今后引导和培育绿色市场，实施相关政策提供了一定借鉴和启示。

政府要加速推动公司发展绿色债券，而调研结果也从一定意义上表明了资本市场已经形成绿色偏好，投资人对发展绿色债券的上市公司认同感与期待正在逐步增强，上市公司发展绿色债券将有助于提高其在资本市场中的市场评价，从而促进了上市公司加大向环保方面努力的信心。当前有部分公司已经满足绿色债券的条件但仍未主动提出发展绿色债券。只有让这些公司认识到发展绿色债券可以获得投资的正向反应，才会主动发展绿色债券，增加绿色债券市场数量，扩大直接投资途径。

要提高中小企业绿色技术创新，推动制造效益提高。投资约束有所减轻后，已经发放绿色债券的公司全要素生产率都获得了提高，这就表明对社会资本的直接融资与引导已经产生了良好的社会经济效应。下一步就必须对公司在直接投资中所获得资本的有效利用情况加以指导与监管，确保公司将通过绿色债券融资与股权投资所获得的资金投入到研究开发周期较长且对国民经济能产生重大影响的绿色科技研究领域，进而提高公司的整体生产力，推进工业经济的绿色转型升级，继而促进国民经济的优质迅速发展。

实现碳达峰、碳中和是中央为统筹兼顾国内、国际两个大局而提出的重要战略决定，绿色发展是中国新型经济发展理念的重要组成部分，是可持续发展的必然需要，绿色低碳的经济发展模式将给中国经济社会高质量发展不断带来新动力与活力，金融改革是中国市场经济的核心内容，在逐步向低碳发展模式转变的过程中，绿色金融会成为绿色发展的重要引擎，是推进"3060"双碳目标的关键环节之一。

中国银行保险监督管理委员会出台《银行业、保险业、绿色金融指引》，要求银行保险等机构积极在政策层面推动发展绿色金融，进一步强化对绿色低碳循环发展的政策支撑，积极预防生态、经济社会发展和环境治理等问题，推动中国经济全方位的转型，助力实现低碳达峰、碳中和。

在推进绿色金融的过程中，数据中心成为各大金融机构发力的"靶心"。数据中心作为金融行业的关键基础设施，在金融科技快速发展和数字化转型的浪潮中，起着非常重要的作用。国家发布的多项政策文件中，对数据中心的耗能标准提出明确要求。因此，金融行业建设安全、高效、绿色的数据中心，是践行新基建和实现双碳目标的重要举措。

结合相关政策，国家对建设数据中心有三大方向：第一，通过集约供给，高效调度，提升算力和能效；第二，通过绿色管理，热能回收，提升能源使用效率；第三，从长远看，金融行业要加大清洁能源的使用，改善能源结构。

但来自数据中心的挑战也不小。有专家就曾表示，数据中心可能成为我们实现2030年碳达峰目标中"最难啃的骨头"之一。数据中心不仅是高耗能部门，还面临设施设备运营效率低、机房可用面积紧缺、新技术潜藏安全风险等问题。

在推动绿色金融和数字化转型过程中，数据中心成为落地的关键基础设施，也是实现双碳战略的重要举措。建设绿色、安全和高效的数据中心，成为金融行业的重要抓手。这不仅是金融行业履行社会责任、政治责任，也是自身业务可持续发展的必由之路。

在过去数十年，国内经济处于快速增长时期。由于我国产业化步伐的不断加大，资源环境难题也越发凸显，对经济社会可持续发展构成严重威胁。虽然政府不断强调环境保护，但节能减排政策不可避免地放缓了地方经济发展速度，使地方政府陷入进退两难的窘境。《中华人民共和国国民经济和社会发展第十四个五年规划和 2035 年远景目标纲要》中提出，必须坚持环境优先、绿色经济，构建市场导向的绿色技术创新体系，实施绿色技术攻关行动。绿色技术已经成为缓解当前中国经济社会及生态环境发展矛盾的主要动力，是推进社会主义生态文明建设、推动中国经济社会高质量发展的关键保障。绿色技术的优点主要表现在以下两个方面：一是具备双重外部性特点，绿色技术除了可以形成科技溢出效应之外，还可以降低环保成本；二是绿色技术供应与市场需求的缺失，由于市场主体权责不一致造成绿色技术供应与市场需求不平衡。绿色技术供给企业成本与利益不相匹配，公众绿色消费意识转化为有效需求的比例低，难以形成绿色技术创新合力。增强对企业的创新投入，离不开政策引导和对企业经营的扶持。环保与创新成为绿色技术创新的两个外部推动要素，影响区域绿色技术创新发展。此外，绿色技术创新能够产生扩散溢出效应。所以，考察政府与社会两大推动要素对区域绿色技术创新的作用，可为绿色技术创新水平提升和协调发展提供参考依据。

由于资源环保问题越来越突出，公司面临的内外部环境出现很大变化，公司创新驱动力将受到更加深远的影响。其中，影响公司绿色技术创新的内在驱动因子包含企业利润最大化、公司市场认知和企业形象塑造，而对外驱动力因子则包含企业科技进步、政府机构激励机制、竞争和市场需求。所以，公司科技创新是促进绿色科技创新的直接原因，政府引导和市场导向是影响绿色技术创新的外部原因，而企业利益最大化、社会责任和企业形象则是内部影响因素。

有研究成果证实，政府环境政策对本区域的绿色技术创新具有 U 型作用效果，并利用示范—模仿机制对周边地区形成了正向溢出效果；市场因素也对本区域的绿色技术创新产生了显著的促进作用，并呈现"涟漪效应"；环境政策及市场因素对绿色技术创新的效应存在显著的空间和时间异质性。1997—2007 年粗放型经济发展模式导致绿色市场需求不升反降，市场需求变化与绿色技术创新方向相反；2008—2019 年则表现为市场因素拉动区域绿色技术创新水平提升。创新投入在环境政策与绿色技术创新、市场因素与绿色技术创新之间发挥部分中介作用。环境政策通过遵循成本效应抑制区域创新投入，不利于区域绿色技术创新发展，环境政策的创新补偿效应并非通过改变创新投入来实现。

若环境规制政策强度不够，企业更愿意承担规制成本而不是进行绿色技术创新；若环境规制政策强度过大则会导致企业难以达到要求，有可能继续使用污染类技术。因此，各级地方政府应在不断探索中综合使用各类环境规制政策，如排污费政策、环境污染治理投资等，使环境规制政策发挥最大效用。此外，由于环境规制政策具有正向空间溢出效应，因此东部地区应发挥示范带头作用，以供周围资源禀赋相似地区模仿，并迅速推出适宜的环境政策，带动区域绿色技术创新发展。

市场能够拉动绿色技术创新发展，市场因素包含市场需求、公众环保意识等。需求决定因素是指消费者收入水平和偏好，且消费者既有购买欲望又有购买能力的有效需求。因此，应首先将绿色消费观念融入人们生产生活的方方面面，通过为顾客提供补贴等方式鼓励绿色消费。以新能源汽车为例，国家应加大新能源汽车宣传力度，加强企业之间的竞争，提升应用体验，为新能源汽车用户提供购买优惠、审核优惠等一系列政策。

在采取措施推动区域绿色技术创新发展时，应考虑区域实际情况。对于绿色技术创新发展水平较高的东部地区，应合理运用环境政策，增强绿色市场活力，提高对外开放水平，构建良好的技术交易体系，吸引更多资金、人才流入；对于绿色技术创新水平较低的中西部地区，应重点考虑资源禀赋、环境、地理因素等条件，因地制宜地确定适合本区域发展的绿色创新技术，通过人才引进政策、落户政策等留住创新人才，避免绿色创新资源反向吸收，并加大基础设施建设力度。此外，充分发挥绿色技术创新空间溢出效应，加强省份之间的绿色技术创新交流与合作，搭建绿色技术创新合作平台，促进区域绿色创新发展。

环保概念的出现对产业体系的发展造成巨大的影响，很多环保企业在发达国家快速兴起，而环保生产的概念是相对于传统工业来说的，与工业社会的方式相反，它和自然环境保护关系是一个和谐的利益关系。资源的线性利用，主要是指人类以对大自然的资源消耗作为代价来完成生产过程，而形成的污染物则滞留在自然环境中；环保的线性利用，主要指的是人们在开展生产过程中，仅仅顾及人类对自然保护的能力，而并未顾及未来人类可发展的能力；环保生产过程则有所不同，它不但注重自己的经济发展能力，还致力于消除人类对大自然的损害，并在经济发展的同时提高自然环境，改善生态品质，和大自然形成了一个平等互惠的伙伴关系，在一定意义上将增强大自然的能力。

人们还缺乏明确的绿色行业理论概念。从更狭义的角度上来说，绿色行业通常所指的都是与环境产生直接联系的行业，但是许多发达国家也将与自然资源的合理开发利用相关的行业视为环保产业，而保护环境起初认为是对目前生产方式的一个限制，但是为了使环保产业不对环境产生无休止的损害，所以在资源投入上也要有一定幅度的增加，有的则体现为在生产规模上有一定幅度的下降，但这些都是一个外部的经济影响，而随着人类社会对环保认识的逐步提高，有些与环保领域有关的行业也在成长，例如某些公司是专门进行研究开发环保领域的装备，也有的是对工业生产中留下的垃圾进行处置的公司，而这说明他们已经把握了倡导环保意识的趋势。

从更广义的层次上来看，绿色产品一般指的是在生产发展过程中所有环境友好型企业，因此广义的绿色产品也包含着狭义的绿色产品。它本身的内涵则更为宽泛，在制造与消费过程中所有对环境友好的企业产品，都可以叫作广义的绿色产品。环境友好型企业指的是，在商品生产的过程中没有对自然造成污染，并且所制造的商品在城镇居民消费的过程中也没有造成污染，因为同时实现制造和城镇居民消费都没有造成污染还是存在着较大的困难，并且由于人类目前对绿色经济的关注度更多的是在城镇居民消费的过程中，因此只要企业在生产及消费时没有出现对环保不利的物品，也能够称为绿色商品或者绿色企业。

绿色产业在不同发达国家的发展程度也有所不同，例如部分发达国家仅仅处在兴起的初级阶段，但它对全球经济发展已形成非常大的影响，而且随着世界经济的进一步发展，绿色产业对全球经济的影响也会不断深入，尤其是在世界经济高度依存的当今社会，绿色产业的发展已不是简单的关乎环保方面的问题，而是已经引发国家竞争的重要层面，所以一定要提高人们对绿色产业发展的关注。

根据经济增长的绿色水平而在发展中国家和发达国家之间产生的国际贸易纠纷，既是双方所处经济层次不相同的一个体现，也是全球贸易发展不均衡的一个体现。可以预料的是，这方面的困难并非短期内可以克服，今后一段时间内还可能会更加尖锐。但是人们也必须看到，环保产品在各个大国的发展进程不相同，也可以给全球经济竞争的长期态势带来重要的改变。

绿色产品对国际市场的竞争力作用很大。由于中国对外开放步伐的日益推进，我国的产能布局出现了较大的改变，国家对企业产品的要求已经逐步向着绿色生产的方向转变，这一市场需求的转变就需要公司朝绿色生产的方向发展，如果公司不能满足市场需求变化，将极有可能失去成长的空间，甚至陷入倒闭的状态。但在绿色生产的进程中，公司可以减少能源消耗，合理控制生产成本，以此推动公司的转型与经济成长。

绿色产业的开发，对于世界各国的经济社会发展的作用是非常广泛的，从一定程度上讲，绿色产业将成为世界未来竞争的前沿性阵地。而随着知识经济时代的来临，绿色产业的开发不但会获得更为完善的社会投资环境，同时本身也形成了知识经济的一个内在特点。不同的国度、不同的群体分布在一个世界中，彼此间的经济关系越来越紧密，彼此间的经济争夺也会越来越剧烈。绿色经济的发展趋势会深层次地改变各个国家在全球经济中的竞争力。

绿色工业的发展,对提高全球竞争力具有很重要的影响。绿色产品的发展已不仅仅是市场经济的需要,更多的是受新产品技术和生产组织方法的影响,所以在未来的经济社会发展中,绿色产品将是发展的必然趋势,在改造现有企业和发展未来业态的同时,都要注意从发展绿色产品的视角考虑,对一些新产品科技的发展都要以绿色产品为指导准则,让绿色的概念成为新科技发展的力量和源泉,让其更好地为经济社会发展服务。

全球经济的持续发展,对绿色产品的要求也越来越高,它不但能够带动国民经济的发展,提升中国在国际上的影响力,而且直接改变中国经济在未来的发展方式,通过对绿色产业结构的改变,提高中国的国际竞争能力,从而推动社会主义市场经济的发展。从绿色产品对全球发展的积极作用可知,中国今后一定要不断提高对环保产业的重视程度。

低碳高质量赋能经济新格局 6.3

通过协调环保和发展的问题，实现共同富裕，是人类经济社会发展中的永恒问题，低碳环保、高质量发展的根本内涵正是要克服世界自然气候和人类赖以生存与发展中的问题，处理好人与自然和谐共存的问题，为建设人类命运共同体提供更大机遇。

推动低碳绿色、高质量发展是生态文明建设的重要任务。人类的文明史，正是人类在历史发展过程中研究如何正确处理环保问题和发展经济关系的历史，生态文明是人类经济发展的历史文化趋向。全面实施社会主义生态文明理念，是对传统工业粗放式发展的深入反省，是推动人与自然和谐健康发展的新需要。推动社会主义生态文明构建，推动人与自然和谐共处的社会主义现代化，就需要更重视推动建立绿色低碳生产方式和消费方式，建立内生动力机制，形成绿色低碳的工业系统和城市空间布局。适应当代科学技术革命和城市产业布局的发展趋势，以技术创新为核心驱动，促进经济、能耗、制造业结构的转变升级，进一步开辟了生产力发达、人民生活富裕、环境生态良好的社会主义生态文明发展路子。以碳达峰、碳中和目标为核心内容的中国绿色低碳革命，是中国一次广泛而深远的经济社会系统性改革，同时也标志着中国进入全新的发展阶段，努力推进高质量发展新格局，倡导全球低碳绿色发展方式的生动实践。

绿色发展是中国建设社会主义现代化市场经济体制的必然需要。宫室必有度，禁发必有时，从古代朴素的生态文明理念到当代环境保护运动兴起，从伦理、审美的驱动到建立经济、政治、法治等全面的支撑体系，绿色发展理念根植于历史、顺应潮流，反映的是当代对人与自然关系、人与社会认知上的巨大飞跃。从生产视角而言，绿色发展理论解决了人们需要走怎样的新工业化路线的问题。在西方发展史上，虽然文艺复兴运动成功奠定了人的社会主体地位，资本主义扩张也为工业化打下了基础，但随着时代进步，也产生了诸如生态问题等各种现代性问题。也因此，一方面西方国家产生后现代主义等新思想以实现自身救赎，另一方面又向外大量传播着束缚他国民众生存权、发展权的话语。必须指出，追求美好生活是人享有的基本权利之一，当人类还不能处理好贫困问题时，一定要从现代化中寻找克服现代化产生的难题、在工业化轨道中克服物质匮乏的问题。绿水青山就是金山银山，在产业文化和生态环境之间并非有着无法调和的冲突，而是二者统一的过程。根本上就是工业化、现代化水平的逐步提升。市场经济视角下，绿色发展理念也同样为推广绿色经济发展模式指明了实践方向。不论是具体的衣食住行用等基本生活，还是社会风尚、人生追求等更广泛的活动方式，无不要求渗透大自然元素，从而使人文、社会与自然、生态有机融合，并统筹起来。

实施社会主义绿色开发理想，要增强市场体系发展意识，系统性产生的经济问题就必须用系统化的方法来处理，以不断完善的顶层设计来保证策略执行效果。在社会主义市场中，产品价格体系、需求机制都是社会主义市场体系的重要基础，而产品价格变化又能够调节供求、推动市场创新。不过，在污染、气候变化和生物灭绝这一类典型的由外部特征所导致的市场失效案例中，社会主义市场体系的独立运营就很难起到应有效果。党的十九大报告把推动社会主义绿色发展融入我国发展大局。在贯彻落实绿色发展理念的过程中，党委政府担当了无法替代的角色，唯有坚持以人民为中心，在顶层设计中彰显气魄与勇气，才能为国家绿色发展策略提供高效执行的有力保证。

在发达国家，经济社会增长、人均收入提高造成的第三产业规模增长，却并不代表维持社会生活水平的环境污染问题得以缓解，往往只是单纯地把环境污染问题搬离发达国家，但对世界范围内带来的外部效应不能减少。所以，经济全球化对推动绿色经济方面是有利的，无论是从动力还是从制度层面都具有促进作用，有利于形成共同规约以促进公平。"一带一路"倡导遵循共商合作的基础，坚持公开、节俭、绿色政策，致力于走国民经济、社会、生态统筹发展之道，是切实增加民众幸福感的合理途径。

政府必须注重进一步发展绿色银行业的功能。银行业的作用，就是为中国实体经济提供服务、配置资金。绿色金融，是指中国金融机构积极支持对节能环保企业投资的活动，是让绿水青山变成金山银山科学论断的主要创新方式，它在改变中国产业结构、撬开新经济增长点等方面，能够起到更多作用。绿色金融不但能够推动环保和治理，还能带动资金从重环境污染、高能耗等领域，进入理念、科技前沿先进的行业。随着中国绿色金融的进一步推动，信托、券商、保险公司等方面也获得发展。

绿色金融的资源配置优势也意味着将颠覆既有利益体系，这也要求各地政府在具体贯彻绿色金融政策措施的同时，增强地方统筹的主体意识。应该讲，绿色发展给我国提供了新动力，环保产业成为融资领域的新风口，但应该适时坚持货币的根本功能，并使货币切实起到推动经济社会发展、改善生态环境的功能。

绿色发展理念是实现我国经济高质量发展的关键保障，在习近平生态文明思想的指导下，为构建美丽中国奠定了基石。党的十九届五中全会审议通过了《中共中央关于制定国民经济和社会发展第十四个五年规划和二〇三五年远景目标的建议》，清晰展望了2035年基本实现社会主义现代化的远景目标，明确了"十四五"时期我国发展的指导方针、主要目标、重点任务、重大举措，以及生态环境保护的目标任务，同时也布置了"强化绿色发展的法律和政策保障"的具体任务。总体而言，为创新环境政策、更好地服务"十四五"时期国民经济绿色发展新目标与大格局提出了新任务与新挑战。

"十三五"时期是决胜全面脱贫攻坚战的最后5年，也是污染防治攻坚战全面打响的5年。在这一时期，我国生态环境保护工作始终坚持以打赢打好污染防治攻坚战为主线，突出精准治污、科学治污、依法治污，在法律法规体系和政策体系建设方面均取得突出进展。

第一，法律体系进一步完善。2015年以来，先后制、修订了9部法律。截至目前，由生态环境部门负责组织实施的法律共13部，另有22部与生态环境保护紧密相关的资源法律，涵盖水污染、大气污染、土壤污染、固体废物、噪声防治、海洋环境保护等方面，基本实现了生态环境领域各环节、各方面有法可依。2020年5月，十三届全国人大三次会议审议通过了《民法典》，确立"绿色原则"为民事主体从事民事活动的基本原则，并就"环境污染和生态破坏责任"单设专章进行规定。

第二，标准体系进一步丰富。"十三五"期间，生态环境部累计制、修订并发布国家生态环境标准551项，包括4项环境质量标准、37项污染物排放标准、8项环境基础标准、305项环境监测标准、197项环境管理技术规范。

第三，政策体系进一步健全。生态文明建设"四梁八柱"搭建完成。2015年9月，中共中央、国务院印发《生态文明体制改革总体方案》，其中提出了健全自然资源资产产权制度、建立国土空间开发保护制度、建立空间规划体系等8项制度。

环境管理制度从依靠源头准入向强化事中事后监管转变。近年来，生态环境部先后推动污染物排放总量控制、区域流域限批、达标排放、排污许可、生态环境损害赔偿、企业环境信息公开等工作，不断强化法律体系建设，加大对环境违法行为的处罚力度，事中监管和事后严惩的管理理念逐步加强。

强化公民环境知情权的环境信息公开与强制性披露要求愈

加严格。《环境保护法》首次将"信息公开与公众参与"单独成章，进一步明确了环境信息公开的法律地位并强化了公众参与。党的十八大以来，党中央高度重视环境信息强制性披露工作，《生态文明体制改革总体方案》提出建立上市公司环保信息强制性披露机制；七部委联合印发的《关于构建绿色金融体系的指导意见》明确"逐步建立和完善上市公司和发债企业强制性环境信息披露制度"；党的十九大报告中，明确要求"强化排污者责任，健全环保信用评价、信息强制性披露、严惩重罚等制度"；中共中央、国务院印发的《关于全面加强生态环境保护坚决打好污染防治攻坚战的实施意见》，提出健全信息强制性披露制度。

完善环境经济政策体系。2016 年 12 月第十二届全国人大常委会第二十五次会议审议通过了《环境保护税法》，2017 年 12 月国务院公布《环境保护税法实施条例》，对征税对象、计税依据、税收减免以及税收征管等进行了细化，进一步增强了可操作性。2013 年，环境保护部、证监会联合印发《关于开展环境污染强制责任保险试点工作的指导意见》，旨在推动环境污染强制责任保险试点工作，建立环境风险管理的长效机制，全国 20 余个省份先后开展环境污染责任保险试点工作。

近年来，国际国内形势发生深刻变化，国家战略提出诸多新要求，经济社会发展呈现诸多新特征。总体来看，"十四五"和中长期我国发展形势将较既往有明显变化，对于环境政策制定也提出了诸多新要求。

第一，国家绿色发展新目标设定更高，需要环境政策推动经济社会产业生活全面系统绿色转型。明确提出碳中和目标时间表。目前我国二氧化碳年排放量在 90 亿吨左右，产业结构、能源结构、交通结构现状以及消费升级趋势等均对节能减碳提出了挑战。碳中和涉及政府行为、企业行为、个人行为，需要全民共识和全社会的行动。

更加重视人民生命健康。全面推进健康中国建设，顺应和满足群众对于吃穿住用行方面更高的安全绿色水平要求，这就需要改变传统的污染控制型环境管理政策体系，从环境质量导向型进一步向风险防控型、健康导向型拓展升级，不仅控制污染物排放，也要对有害物质迁移转化和暴露进行识别与管控，更高水平地保障人民生命健康。同时，"重视新污染物治理"也是环境管理以人为本导向的进一步彰显。目前环境管理体系仍主要局限于 COD、VOCs 等综合理化指标，对于具体物质类特别是毒性比较强的物质统计、监测、监管等方面体系仍有较明显欠缺。而且近年来新产品、新物质、新业态竞相迸发，出现诸多污染因子与有害物质难以纳入现有环境监管体系，未能全面有效保护人民生命健康，管控污染因子清单覆盖度与环境政策有效性均需提升。

高水平生态环境保护成为人类命运共同体构建重要组成部分。近年来，生态环境保护因素成为高水平自贸谈判与区域合作的重要考虑因素，无论是 RCEP、CPTPP，还是"一带一路"倡议相关协议与参与国家，均高度重视生态环境保护条件。而且，在目前大多数主要国家均已做出碳中和承诺、环保要求可能成为国际竞争新角力场的背景下，我们一方面需要通过环境政策解决国内环境问题、保护生态安全与群众健康；另一方面，也需要通过环境政策塑造国际影响，赢得广泛理解与支持。

第二，国家经济社会发展新理念、新目标对环境政策提出新使命。创新在我国现代化建设全局中的核心地位为环境政策改革创新指明新方向。一方面，环境政策的改革与创新要坚持问题导向，即更低成本高效率地解决好现有突出环境问题，以及应对好潜在的新问题。因为我国发展阶段、国情特征、发展道路等方面情况，既会逐步遇到发达国家在工业化过程中遇到过的一些环境问题，也会遇到一些新问题，既需要学习、吸收发达国家制度与政策经验，也需要我们根据国情特征和问题特性做出原始创新，用中国方法解决中国问题。另一方面，根据波特假说，恰当的环境规制能够有效促进技术创新与技术进步，这在我国着力推进技术创新和高质量发展的大背景下，是有力有效的政策工具。所以，环境政策应该逐步优化力度和方式，努力达到既解决环境问题，又力促社会主体创新推动高质量发展的双重功效。

总体国家安全观给生态安全提出新内涵，给环境政策提出新任务。生态安全一直是传统国家安全的重要领域、基础领域，建议提出新的总体国家安全观对于国家安全概念给出了更系统、更全面的描绘。作为国家经济社会和人类活动的基础载体，生态环境不仅事关生态系统健康和人民群众身体健康，同时事关国家经济安全、社会可持续发展、社会稳定等，环境政策也需要相应拓展关注和服务领域，为国家总体安全作出更全面贡献。

第三，国家经济社会发展新趋势、新特征对环境政策提出新机遇和新挑战。深度信息化、智能化、数字化社会给环境治理和政策制定提出了挑战、提供了机遇。一方面，环境监管部门、企业自身、社会三方关于污染排放、环境质量、环境管理等方面的信息种类、来源、数量、形式都发生了显著变化或显著增长，但是到目前为止，相关数据未在环境政策制定中形成固定有效应用。另一方面，随着5G、人工智能、大数据、区块链等技术的创新进展，无论是直接还是间接关于生态环境方面的数据种类会更多、数据量会更大。要想在深度信息化、智能化和数字化社会背景下制定能够凝聚共识的环境政策，需要加强对于数据的有效利用，可以为未来根治非传统、各种尺度、精细化、个性化等环境问题痼疾时提供有效支撑。

内循环主导的经济结构和制造业占据更重要地位的产业结构，给环境政策制定提出了挑战、提供了机遇。未来较长一个时期，我国要形成以国内大循环为主体、国内国际双循环相互促进的新发展格局，这给国家经济产业人口的空间布局，以及行业布局、生产方式和消费模式都可能带来根本性变化。中低端制造业向中西部转移、乡村振兴带来的"五环外"消费增长、中产阶级规模扩大和消费升级等变化，都有可能给生态环境带来诸多新影响，需要环境政策未雨绸缪储备手段。另外，制造业是我国经济基本盘，是国之重器，未来会主要采取推动在国内就地转型、升级和提高的策略，不会走污染转移的发达国家老路。所以，对于工业园的污染控制，更高清洁生产水平、更高治理水平、更低排放水平、更低的管制成本和治理成本，仍是未来较长时期的环境政策主题，不会因为近年来总量因子已经显著下降、火电和部分非典型污染行业阶段性实现超低排放而止步。

聚焦全面绿色发展新要求，以政策创新与改革提升生态环境治理效能。"十四五"时期，要紧扣"升级版污染防治攻坚战"重点领域，啃"硬骨头"攻重难点。第一，在大气污染治理领域，以PM2.5与臭氧协同控制为重点，将VOCs纳入环境保护税征收范围，建立涂料、皮革、油墨等行业的环保"领跑者"制度，强化区域联防联控与重污染天气应对，深入推进挥发性有机物减排。第二，在水环境管理领域，推动建立全成本覆盖的污水处理费政策，健全低毒低残留农药、有机肥、可回收地膜补贴，推进总氮、总磷污染削减，彻底消除劣V类水体。第三，在土壤环境风险管控领域，推进土壤环境安全分级管控，健全固体废物处理收费机制，探索建立农村垃圾处理收费制度。第四，在海洋生态环保领域，建立实施"陆海统筹"的重点海湾生态环境综合治理制度，加强海洋突发环境事件应急体系建设。第五，在生态保护领域，加强生态保护红线监管，实施自然保护地分类分级监管，建立生态修复绩效监管和生态遥感监测制度。第六，在气候变化应对领域，实施二氧化碳排放总量和强度双控，协同推进碳排放权、用能权交易政策。

推动结构优化与升级，促进生态产业化、产业生态化，推进构建生态文明经济体系，设计约束与激励政策，从根源上推进节能减排。第一，进一步实施超低排放政策优化产业结构，建立钢铁、水泥、建材、有色等行业超低排放企业清单，落实税收、奖励、信贷、电价等优惠措施和环境执法差异化政策；研究制定超低排放企业排污权回购制度，针对企业减排所腾出的排放指标进行有偿回购。第二，深化清洁取暖政策推进能源结构调整，将京津冀及周边地区、汾渭平原城市全部纳入清洁取暖的试点城市范围；继续实施农村住户清洁取暖补助政策，完善北方地区清洁取暖的长效保障机制；建立企业使用清洁能源补贴政策。第三，健全多式联运政策机制优化交通运输结构，利用车购税资金、中央基建投资等现有资金，统筹推进公铁联运、海铁联运等多式联运发展；鼓励社会资本设立多式联运产业基金，采用PPP、BOT、BT以及"轨道＋土地"等融资模式，加大政策性、开发性等金融机构信贷资金支持力度。

以责任链条为主线，形成政府、企业、社会多主体共治、良性互动的新格局。以深入落实"党政同责""一岗双责"为总基调，构建权责清晰、责任落实、多方协作、自觉行动的政策体系，强化党委领导、政府主导、企业主体、社会及公众积极参与的长效机制建设。第一，完善责权利相匹配的政府责任体系，探索完善对属地高层领导的问责机制，构建"问责少数人、警示一大片"的作用机制；要完善"一市一策"，针对区域性、共性问题、突出问题提出监督帮扶方案。健全生态环境评价考核制度，建立GDP核算和绿色GDP核算双评价体系。第二，打通政策链条推进企业主体责任落实，以排污许可为核心打通企业环境数据信息加强政策协同，将企业的排污许可、监测、处罚、环境税、绿色金融等各类信息和数据打通，建设全国统一固定源数据库，推动环境信息强制性披露制度改革落地；建立生态环境信用评价体系，实施环境失信联合惩戒与守信联合激励。第三，完善公众监督激励政策，实施补助补贴、名誉认证等激励政策，推进建立民间生态环境保护监督员、网格员、河长、环保志愿者等制度；建立统一信息来源、工作平台、分析研判、部门管理的信访举报反馈机制，完善信访举报信息的应用政策，实施有奖举报激励。

2020年全国两会期间，明确要逐步形成以国内大循环系统为市场主体、国内国际双循环互补的新增长发展战略，这为我们进入双循环新局面拉开了序幕。新冠肺炎疫情直接导致了当前的贸易投资布局和生产线布置都遭受重要打击。为了适应这种复杂多变的全球经济发展态势，我国需要进一步推行国内外一体大循环战略，使内需市场变成产品需求的最重要需求方，从而实现经济的内生循环发展，以减少因全球经济社会复杂多变严峻的增长态势所造成的国民经济发展质量减缓等一系列影响。

尽管新冠肺炎疫情增加了中国外贸的难度，使中国进出口受到了一定程度的伤害，但随着中国疫情控制效果显著，加之实现高质量发展的战略布局，进一步凸显并巩固了中国在这个全球经贸增长系统中的地位，并为完成外部循环奠定了基石。

中国目前已经转入了高质量发展阶段，其国际循环的目标也不是只吸引高质量的人才与技术，更要利用高质量的经济发展对外输出大量由国内企业制造的、具有不可替代性的优质产品，从而使中国制造逐渐升华为中国创造。利用高层次开放技术和内循环促进产业升级，凭借高质量的技术优势向外出口产品，以便于更好地支持全球循环、优化生产结构和释放中国的双向经济潜力。国外循环衔接了国内外的循环，进而带动了国内循环，促进内部循环互补，从而达到了国内外的双向增长，使国内需求与全球发展的相结合。双循环新发展格局的意义在于独立自主，降低了对国外产品生产和消费的依赖性。双循环新增长模式不但顺应目前国内国际形势，还全面协调了供给侧与需求端、国内循环系统与国外循环系统、可持续性和高质量增长。双循环新发展格局以中国国内大循环为主体，突出了中国市场经济的独立自主属性，但并没有完全与全球市场经济脱节，是为适应国内外宏观经济形势转变而提出的新战略部署，不断推动更高层次的改革开放，以达到经济互动、社会共同进步的辩证与统一。目前，双循环已成为国家中长期的重大经济政策。

双循环新格局主要以国内的大循环为主，绿色金融是为改变中国生态，帮助中国企业的安全增长设计而来的。以内循环方式，建立国内外的绿色金融循环制度，完善绿色金融有关规章制度，健全对绿色金融的政策引导体系是进一步提高中国绿色金融内循环、促进绿色金融发展，将中国的棕色产业改造提升为环保产业，并大力发展绿色金融的重大措施。

进行绿色金融内循环系统的一个主要路径是充分发挥循环系统经济效益的功能，循环系统经济效益是促进绿色可持续发展的重要路子。双循环新布局下绿色生态金融企业利用循环系统经营管理的模式，进行中国国内绿色金融循环系统一体化，不但能够降低因外界干扰和外界负面影响所造成的负面冲击，还可以降低绿色金融投资成本。所以，充分发挥循环系统金融服务的功能对绿色生态金融业发展来说至关重要。这重点表现在以下两个层面上：一是绿色生态金融机构必须借助循环金融服务完成企业的内循环，进而快速发展并完善一个绿色生态金融机构体系。二是绿色生态金融机构内循环要求银行与企业和政府部门之间进行整体联系，做到在银行、企业、政府部门三个层面的互相协调。如果政府能够通过支持企业转型升级，使棕色产业转变为绿色产业，那么商业银行就可以通过绿色生态贷款来帮助棕色企业转变并形成更加健康可持续的经营。同理，环保银行还能够对高污染企业或碳排放量较大的公司进行环保绿色贷款，以支持它们通过持续的技术提升与创新来完成绿色转型升级。循环互联网金融机构在兴起绿色金融中起到了很大的作用，同时绿色生态金融建设还促进了中国循环经济的茁壮成长。绿色金融的建设与中国循环经济的茁壮成长，二者是彼此互补和共同进步的，并将对我国的低碳经济快速发展做出巨大贡献。

绿色金融体系也成了企业的安全与可持续发展的稳定剂。以国内外循环为先，形成国内外统一的绿色金融体系格局是中国国内绿色金融系统顺利进行的重要基础，而商业银行已经成为中国绿色金融体系中的关键部分，因此开展国内外环保贷款项目将会成为促进中国绿色金融体系进行国内外循环发展的重要措施。当前，中国国内棕色工业仍存在着比较大的规模，绿色健康可持续发展的行业也处在初期，由棕色向绿色转变将是各大公司未来的主要方向。在低碳经济的推动下，棕色企业势必会逐渐转变为绿色资本，美国国家商业投资银行急需向市场投放更大规模的绿色贷款支持，以助力棕色公司逐步转变成为绿色公司。这一类的绿色信贷公司大多集中于日本国内。中国经济高速发展对环保事业带来了一定的破坏，因此国内外依然存在大批的棕色公司急需转型升级，但是，在内循环的效应下，中国商业银行可能只面向国内外企业进行绿色信贷业务。这不但能够降低企业外部对投放贷款的依赖程度，同时也能够聚焦于投资目标，从而加大力度地解决了国内外企业绿色贷款供应不足的紧张局势。当前，绿色信贷已形成了内循环的主要支柱之一。中国多数商业银行都已大力开展了绿色信贷业务，重点投融资范围主要是国内中小企业，以帮助中国国内的棕色产业加速转变为环保产业，进而推动中国国内外的经济发展循环。

绿色金融内循环要求企业具有相对稳定的经济成长水平。据我国银行业稳定发展分析委员会的调查结果表明，已发行的多数企业根据其经营稳健性分数（用于评价金融机构稳定成长的能力，通过企业管理能力、盈利可持续能力、风险管控力量、经营控制能力、服务水平、竞争、系统现代化力量、职工知会管理能力、股本补偿九大方面对企业稳定潜力做出评价）与该企业的绿色信贷余额比例具有正向相关性，企业环保贷款的比例也较大限度地决定着企业的稳定成长水平，而绿色信贷比率较大的企业则具有更高的稳定成长水平。这种绿色生态贷款的内循环，一方面促进了企业对绿色生态贷款的投入进一步增加，另一方面又加强了企业本身的稳定管理和经营功能，这对于绿色生态金融机构的稳定增长和绿色银行的顺利运作都必不可少。

当前，中国国内经济发展开始逐步从高速增长转为绿色生态可持续发展，低碳可持续经济将会是中国经济到2030年实施碳达峰后几年的主要发展模式。银行业作为中国现代市场的核心内容、实体经济的血脉，其发展趋势也将逐渐趋向绿色生态化，因此绿色金融也会是中国未来银行业蓬勃发展的方向。而由于我国国内消费的提升和国内外宏观经济结构的调节，在双循环新布局下，国家正逐步变成一种依赖内需主导的国家，绿色金融也必须顺应双循环的发展格局。以内循环为方式的绿色金融体系，是为了促进国内经济大循环和解决数十年来由于发展经济所产生的一系列环保问题，进而达到碳中和目标和走低碳可持续发展道路的重要措施，同时也是推动中国金融内生可持续增长，并改变国内外的金融环境，使金融服务产品更好地为实体经济服务的新型经济发展模式。

以环保促进发展，环保金融不但能赋能绿色环保经济发展，带动企业经济走上健康发展道路，还能促进效率革命、质量革新、动力革命，促进经济的发展。目前，中国开展绿色金融的力度大多还停留在政策阶段，政府必须动员和鼓励更多社会资本参与创造，进一步完善金融市场体系建设和金融市场投入管理的新制度，培育和发展更多的绿色金融工具，进一步扩大公众资金的绿色领域。绿色环保融资不但可以赋能绿色生态环保行业发展，带动企业经济发展进入绿色生态发展道路，也能促进企业品质变革、效益变革、动力变革，从而实现经济社会高质量的健康发展。特别是在打赢环境污染防控攻坚战中，绿色金融更有望起到联系环境供需的桥梁和整合资源的作用，为提高环境质量贡献力量。

近年来，中国的环保金融业发展很快，在政府鼓励措施、地方试点、绿色债券、绿色产品基金、环境压力监测、环保评价和验证等领域均走在了全球前列。2012 年以来，我国银保监会、中国人民银行、国家发展改革委、沪深交易所等有关部门，陆续出台了有关环保贷款、绿色债券发放、绿色公司债、绿色金融体系建设等文件。开展绿色金融可以有效赋能环保经济，一方面可以扶持具有环境效益的企业，增加环保企业的投资回报率和资金可沟通成本，减少污染特征企业的投资回报率和资金可通达成本；但是，从服务企业经营的角度看，推广绿色金融可以提高公司和用户的绿色偏好，提升资产配置效益，减少公司投资成本，减少公司与企业的期限错配，为股东创造全新的财富类别。

目前，中国发展绿色金融的力度仍大多停留在政策层面，许多中小型银行和市场主体投入意识淡薄，没有社会资本进入环保领域的可行途径。据估计，中国每年的清洁能源、节能环保、大气污染防治等各类环保投入总额近 4 万亿元，政府只投入约 10%。这就必须动员和鼓励全体社会资本参与创造，完善创新体系制度和社会投入的制度，培育和发展更多的环保金融工具，拓宽社会资金参与环保产业途径。

不过，单靠目前的政府保障还不足。首先，从宏观层面上，将积极考虑利用政府再信贷、专业化的担保制度、财政补贴等方法来扶持绿色贷款，并研究把绿色贷款机制引入国家宏观审慎评价框架中，对具有较优秀环保绿色表现的商业银行给予相应支持。同时，将进一步引导冲破传统的绿色贷款限制，成立更多环保绿色发展基金，研究在环保高风险应用领域设置强制性的绿色保险制度，引导更多商业银行积极探索环保风险应用领域对商业银行的压力测试，并引导更多上市公司积极发布环保信息。

其次，从微观研究层次看，通过指导更多的地方政府机构成立绿色基金，主动研发绿色生态指数及相应产品，以吸引更多的民间资本加入绿色金融研究领域。同时，将深入推进我国绿色金融改革综合创新实验区建设，积极引导有关地区企业制定更符合自身的绿色生态金融服务方案，建立区域内绿色生态项目资源库，为区域项目对接国内绿色融资。

最后，政府不要关起门来发展绿色金融，要在主动配合我国"一带一路"倡议实施基石上，主动吸纳绿色外商投资，进一步发展低碳金融市场、环保股权抵质押制度，切实运用国内外的金融市场和环保绿色金融资源，以最好的金融服务于国内实体经济的绿色生态转变。

未来的思考、机遇与挑战 6.4

2020 年，中国正式提出"3060"双碳目标，作为当今世界上最大的发展中国家，我们正计划以世界历史上最少的时间完成自由碳达峰后的碳中和。中国想要转变为健康的增长方式，不但需要借助政策的金融投资和政府引导作用，还需要资本来实现其投融资作用。绿色金融能够引导资本流转，促进社会资金流入环保行业，进而发展壮大环保行业，形成全新的生态社会系统，从而在节约能源与环保的条件下最终达到稳健的经济增长。

我国目前在绿色金融的宏观顶层设计、微观评估标准等方面构建了一个全面的政策框架，已成为全球首个建立系统性绿色金融政策框架的国家。我国的绿色金融在实践领域和理论体系等方面借鉴了国际的研究和范例，同时不断建立自有的顶层设计和体系。绿色金融体系的建立有助于加强国家碳足迹管理，推动国家环境管理体系的现代化发展。绿色金融经过多年的探索与实践，在我国已经取得明显成绩，市场规模不断扩大，在降低碳排放方面的作用不断增强。绿色金融的发展也促进金融机构自身进行低碳转型，优化了投资结构向绿色环保发展。

我国许多资源向绿色产品倾倒。在碳达峰、碳中和的目标下，在我国致力于社会主义生态文明建设、提倡绿水青山就是金山银山的号召下，绿色可持续发展是国家发展政策的重头戏。绿色金融通过将社会资金汇集于绿色产业，实现资源的合理优化配置、经济结构的优化升级以及生态文明建设的协调发展，有利于打破我国资源环境瓶颈，促进经济结构绿色转型。因此国家采取众多政策措施致力于推进绿色金融的发展，以达到碳减排等环保目标。像全国碳排放权交易市场的开放有助于加强电力交易、用能权交易和碳排放权交易的统筹衔接，以市场化方式推动节能减排和生态保护。绿色信贷和绿色债券在这样的政策"聚光灯"下规模增长迅速，前景可期。

但是在有许多机遇的同时，中国绿色金融机构发展仍遇到了不少问题，从总体来看中国的绿色金融机构尚处在探索发展期，也面临着许多困难，在政策体系、激励机制、标准规范、组织机制、风险管理等领域，与双碳的要求仍存在差异。绿色金融的政策法规体系也亟待更加完善，绿色金融的政策文件立法层级相对较少，多是规范性文本，在立法上，目前还没有全国性绿色金融法规制度。对于绿色金融的法律规范还不完善，对 ESG 数据的规范要求更加明确、强化，激励和约束标准需要更加完善。绿色金融中介服务体系发展相对落后，由于绿色金融融资发展的不均衡，对于间接投资，如利用绿色贷款等信用借款手段进行直接投资的绝对份额，绿色债券的比例一般不高于 5%。由于贴标绿色债券的发行标准较高，发行贴标绿债的动力不强。同时当前的金融机构缺少有效的政策法规指导，没有权威的第三方评价机制，会加大市场中的信息不对称问题。绿色金融风险管理水平的欠缺，银行对绿色金融业务只能是被动发展，没有业务发展的环境风险和管理体系章程，环境风险管理水平薄弱，不能有效应对和预防风险。

除此之外，由于绿色金融产品种类单一，且供求并不匹配，绿色金融产品的多样性和创新性仍待增强。绿化信托市场仍处于绝对地位（达90%以上），但绿色债券、绿色股权融资、绿色资产证券化、环保股票指数化等相关产品种类和资金数量仍很少，满足 ESG 需求的资管公司类产品所占比远不及发达国家或地区水平。疫情也明显影响了中国绿色产业的市场化运营。

此外，在金融科技领域专业水平也亟待提高。随着中国绿色金融的迅速发展，新产业、新业务、新业态不断涌现，对金融服务技术的应用要求也迅速提高，但由于没有具体的相关规范与规定，金融科技应用仍面临着相当的不确定性与挑战。另外，对于绿色金融的技术交流与合作大多停留在对绿色金融技术的政策支持方面，而在金融科技领域中相关的资金应用、技术与市场信息的交流与合作等领域，也亟待进一步开展。

基于中国当前的绿色金融发展现实背景和技术水平，将逐步完善绿色生态金融业发展途径，即在社会主义市场机制下的政策扶持模式，具体内容应包括如下方面。

完善绿色生态金融立法，通过明晰主要责任和目标，政府逐步完善绿色金融法规体制。一是硬法根基、软法效果，即由国家法律以强制力保证执行的法律规定，和地方政府部门统一编制的自律性标准相结合，在基本硬法的根基上起到软法效果。二是约束和鼓励性共存，中国政府目前制定的政策法规多以限制性规定为基本，政府部门在立法时应注重增强市场引导功能，进而增强对金融机构、中小企业等的社会责任感。三是将市场主体引导功能和政府促进相结合，即以市场主体自身调整为基本，以政府部门积极引导为辅助，在发挥市场主体功能的同时，进一步明晰各市场主体的职责和地位。

健全地方政府政策机制，以增强市场主体投入积极作用。一是健全政府财税支持体制。强化政府财政、所得税政策措施及对机构绿化借贷的贴息、减免税等支持，采取所得税特惠、借贷补助、财务补助、信用保证等政策促进机构融资。如政府对绿色生态证券的投资者予以免税优惠政策，增强了投机者的绿色融资积极性。二是完善绿色金融风险补偿基金，通过规范具体的赔付比例和赔偿条件，将有助于商业银行和贷款客户更好地避免经营风险。三是进一步优化监管考核条件。如减少绿化贷款项目在商业银行中的风险权重，以调动商业银行的融资意愿。同时减少资金占用，从而使得商业银行能够收到相对低廉的融资利息，从而降低了绿色项目的投资成本。

强化国内外的绿色金融协同，形成国内统一、国外衔接绿色金融技术标准管理体系，在从严管控金融机构套利的前提条件下，推动中国绿色金融应用领域资产账户双边对外开放。引进境外融资者和国外资金投入，强化国内外协同，适应中国绿色生态金融开发的投融资需求。全面发掘"一带一路"沿线各国对可持续发展的投资需求，不断丰富绿色金融应用领域核心资产。不断完善涵盖绿色金融认定基础、技术支持、评估认定、数据发布等方面的绿色生态金融技术标准框架，做好与各种绿色生态金融技术标准间的合理衔接。在此基础上，完善各监管部门工作协调制度，克服绿色金融产品技术标准间出现的交叉、不衔接的现象，努力增强绿色金融产品技术标准制度的统一与合理性。

加强相关的技术保障，推动绿色信贷责任落实。完善相关配套产品服务，促进绿色信贷责任实施。在积极推动政府绿色信贷责任落实的同时，引入新市场机制。一是继续推进国家政策性商业银行的改革进程，继续完善国家政策性商业银行的政府功能定位，并适当凸显国家政策性商业银行在绿色金融等薄弱领域的重要支撑功能，如由国家政策性商业银行按照政府扶持性融资的规模，开发中长期、短低息绿色金融品种，以适应市场主体融资需要等。二是在中低碳企业抵质品不足的情形下，不断创新绿色信贷品种，积极推行排放权质押贷款、污染物节约减排收益权质押贷款、应收账款及保理业务融资等贷款产品。三是积极推动绿色债券、碳基金、碳配额托管等服务的开展，并尽可能地汲取欧盟、北美等成熟经济体在环保市场经济领域的成功经验，积极研发在商业银行内互换、掉期等多样化的衍生产品。四是继续完善相关市场经济设施体系。如在《绿色债券评估认证机制规范化评定操作细则（试点）》及相关文件的指导下，积极培养专门、独立、具有良好市场信誉的环保债券评级认定机制，以促进产业自律与标准化的建设。并继续推动能源交易、环保产权交易所等交易平台建设，吸引更多的优秀机构投资者，以提高市场经济活跃度。

在促进绿色信贷责任实施的同时，引入市场机制。

随着网络信息技术的蓬勃发展及其向不同行业中的渗透，数字经济浪潮席卷世界。随着互联网、大数据、云计算、物联网、人工智能等新型数字信息技术扩散和广泛应用到生产生活中的各个方面，传统的生产模式逐渐向网络化、协同化、生态化方向发展。金融业的发展也得到了数字科技的助力，移动支付、网上银行、网上基金等数字金融服务得到了飞速的发展。在亟需绿色发展的时代背景下，无纸化办公、线上会议沟通、云支付等数字技术在企业的大规模运用，在提高其生产力的同时也实现了节能减排的目的。正因为大数据技术的这一特性，绿色金融也与数字经济发展息息相关。绿色金融是推动社会发展、利用环保资源和可持续发展的重要方式，而随着中国信息化的蓬勃发展，数字金融浪潮的到来必将给传统产业带来大变化、大提升。二者都是中国促进当前经济增长的重点，也可以预期二者将会深度互融，给中国的经济高质量发展带来源源不断的动能。

金融科技作为绿色发展的重要支撑，极大提高服务实体经济的效率，发挥了关键性作用。从技术手段来说，绿色金融也需要很多数字科技的加成。目前，大数据、AI 和云计算是环境技术中应用较为频繁的三个技术，如利用大数据技术、AI 模型等，可以提高绿色识别认证和环境效益评价，利用区块链技术可用以支撑环境资金交易，对环境信用资金的投向进行追踪管理，并可以利用大数据技术建立环境风险的基础数据库、提高企业环境评估、建立健全环境诚信制度、进行企业环境风险的压力测评等。

2021 年 10 月，国务院印发《2030 年前碳达峰行动方案》，提出要推进工业领域数字化、智能化、绿色化融合发展。数字经济以其"精准性"推动绿色金融高质量发展。数字经济通过大数据、云计算等数字技术，可形成网络状的开放式生态，为绿色金融提供上下游的链接平台，建立信息共享机制，保障信息安全性与有效性，提升投融资匹配效率，降低信息错配带来的风险，从而提升投融资规模，帮助绿色金融更好地融入产业链、价值链。

数字经济可以以其普惠性促进绿色金融高效发展。通过数字技术的创新，可以大大降低数据收集技术门槛、提高金融投融资普适性，让对金融知识的缺乏人群得到更多优质服务。而借助数字经济的普惠性，金融机构还可以整合集聚更多的社会闲置资本和优质金融资源，并把这部分资源注入经济社会运行中，这就为绿色金融的高效发展创造了可以合理动用更多社会资金的机会。从而缓解了尾部群体获取资金的困难，也缓解了经济社会发展不均衡的问题；而只有得到金融机构扶持，才可为更多经济欠发达地区的发展实现新跨越奠定经济基础，为建立比较合理的产业体制创造条件。数字经济和绿色金融的融合可以让中小企业投资的效益得以提升。

虽然数字经济可以利用数字化信息技术促进资源转化，提高制造效率，从而推动环保经济，但其企业的资源效率问题也不容忽略，因此对众多数据中心、超算中枢以及对数码货币的挖矿均是一种高效经济行为。据对环境发展的研究表明，全球数据中心在 2018 年的超临界二氧化碳排放量高达 9900 万吨。研究还指出，世界温室气体总量的 2% ~ 3% 都是由数码设备等基础设施的建造及运作所产生的。而与此同时，全球数据中心运作所产生的电子垃圾已超过了 5500 万吨，其回收率还不到 25%。此外，生产比特币所需要的资源也是开采同样价格的黄金所需要资源的两倍以上。绿色金融将通过与上述的能源和数据经济产业结合，大力推动各领域技术创新、减少消耗，进而助力数字经济社会的低碳发展。由此可见，绿色是处理问题的基础，也是建设先进发展制度的必然需求。在环保发展语境下，传统工业转型发展也将是实现碳达峰的切入点，而传统工业转型为企业数字化奠定了发展基础。

数字经济对绿色创新也有直接影响，带来创新效率的提升以及创新范围的扩大。区域发展的竞争力和潜力归根结底是由创新能力决定的，而数字技术的出现和应用加速了创新能力的提升。一方面，数字技术打破时空壁垒，拓宽了信息传播的渠道和范围，促进了创新主体间的资源交互。大量信息可以被及时存储和共享，不同创新主体之间可以通过合作，以更高的效率和更低的成本去共享和吸收知识。而创新主体资源共享的目的是获得利益最大化，数字技术就是在创新主体具有资源共享意愿时为其构建资源共享网络，便利资源的发送和获取。另一方面，由于数字技术的存在，使创新过程中顾客参与存在可能，创新成功率提升。市场激励是企业绿色创新动力之一，而当下消费者环保需求的扩大推动了绿色创新的发展。数字技术的出现和应用为普通消费者和企业搭建了桥梁，普通消费者不需要专业知识也不需要主动参与意愿，只要有在线行为就可以为企业创造信息价值，且数字技术的成熟和深层次的应用，极大降低了企业获取消费者行为信息的成本和交易成本。

为促进绿色金融与数字经济的融合发展，我国已陆续出台多项政策措施。2020 年，工信部印发《关于推动工业互联网加快发展的通知》和《中小企业数字化赋能专项行动方案》，旨在以产业数字化运营赋能中小企业实现可持续发展，工信部提出加快新型基础设施建设，深化融合创新普及与应用领域，加快工业互联网创新发展工程建设，增强发展创新动能。2019年，工信部印发《关于加快推进工业节能与绿色发展的通知》，明确了金融支持工业节能与绿色发展的重要意义，要求充分发挥绿色金融服务重要引导作用，实施节能系统性改造，加快绿色数据中心建设，支持企业建立绿色发展体系，推进高端智能制造与工业能效提升。虽然绿色金融与数字经济的相关政策较多，但是促进二者融合发展仍然缺少良好的政策环境，相关政策法律体系有待完善。同时，地方保护主义、扶持政策分散或滞后以及信息披露不足等现象比较普遍。

我国已将环保相关指标纳入地方政府的政绩考核体系中，但一些地方政府仍然保留着地方保护主义的相关制度，导致绿色金融的实施缺乏有力的支撑，缺少配套的政策和制度保护。同时，由于环保信息披露方面政策法规力度不足，金融机构等多方信息使用者面临着信息获取成本过高的问题，信息使用者只能通过自行调查或媒体报道等渠道获取信息，信息准确性存疑以及信息不对称问题严重。现行环保政策多以扶持节能环保型企业为主，较少涉及数字经济相关产业，地方政府对数字经济的宽松政策导致其高能耗、低效能以及其他环保相关问题易被忽视，造成一定的环境负担。另外，现行环保政策下，对助力其他领域企业节能减排的数字产业企业激励力度不足，导致数字产业企业能动性较弱，依托数字化技术推进节能减排工作有待加强，亟需构建绿色金融与数字经济融合发展的政策机制。

中国人民银行多次表示要积极促进绿色金融科技发展，提出推动金融科技在绿色金融场景的应用；依托现代数字化技术，加强对绿色金融科技的监管力度，优化设计监管路径与流程；基于现代数字化技术，建设数字化绿色金融基础设施，建立跨越不同部门、产业与地区的融合型数字化平台体系，加快探索融合发展所需的复合型人才培养方案，实现人才队伍的可持续发展。目前国内绿色金融产品较少且门类单一，以绿色债券为例，2016年我国设计建立绿色债券市场以来，其增长态势强劲，但与发达国家相比，相应的衍生品数量还是比较少。我国数字科学技术与绿色金融的融合度依然有待提升。数字化技术已成为金融服务实体经济的重要支撑，因此，数字化技术赋能绿色金融，对解决其产品单一、同质化严重等问题具有长远意义，通过推广数字化技术在信用评级、风险控制、个性化产品定制等方面的应用，帮助其建立成熟完善、品种齐全的绿色信贷体系。另外，我国在绿色金融监管方面同样需要数字科技的加持。监管部门对数字科技的应用不足，导致监管实时性、有效性无法得到保障，没有合理的自动预警机制，导致风险预案实施与监察执法准备滞后。

我国尚未建立国家层面的系统全面的绿色金融法律法规，仅是相关国家部委以及地方政府颁布了一些规章制度；当前我国的数字产业监管的法律法规主要包括《数据安全法》《互联网信息服务管理办法》《电信条例》《网络安全法》以及《个人信息保护法》等。二是监管部门存在职能交叉。我国现阶段没有建立统一的绿色金融监管指标体系，地方政策较为分散，监管机构的义务和责任不够具体、清晰，造成监管缺乏效率。三是对金融机构的监管力度不足，特别是绿色金融信息不对称和产品制度不明确形成监管盲区，造成对金融机构监管不足。四是缺少绿色金融的风险防控机制。市场"漂绿"行为频出，对整个绿色金融市场体系的健康运行与投资者信息造成负面影响。数字经济在重构经济社会发展方式的同时，也带来了数据监管、隐私保护、网络安全、平台管理以及新技术监管等一系列的监管问题。

综上所述，绿色低碳经济转型是我国实现可持续发展的必由之路，绿色金融是推进经济低碳发展的重要助推剂。数字经济为绿色金融提供了深度的支持和更具有创新性的技术环境。展望未来，数字经济与绿色发展正在深度融合，为经济社会发展赋能。在数字经济的加持下绿色金融的发展能完善体制机制和政策体系建设，培养众多绿色金融科技复合型人才，绿色金融场景的科技创新应用更丰富，以更多元化的方式增加对绿色金融场景应用的科研投入，应强调绿色与数字协同发展，从而实现碳达峰碳中和的目标、美丽中国的绿水青山以及全球生态环境的改善，这也是宏观经济高质量、可持续发展的新路径。